网络教育生态系统研究

杨焰婵　著

中国商务出版社
CHINA COMMERCE AND TRADE PRESS

图书在版编目（CIP）数据

网络教育生态系统研究 / 杨焰婵著 . —— 北京 : 中国商务出版社 , 2021.9 （2023.3 重印）

ISBN 978-7-5103-4033-8

Ⅰ . ①网… Ⅱ . ①杨… Ⅲ . ①网络教育—教育研究
Ⅳ . ① G434

中国版本图书馆 CIP 数据核字 (2021) 第 197306 号

网络教育生态系统研究
WANGLUO JIAOYU SHENGTAI XITONG YANJIU

杨焰婵　著

出　　版：中国商务出版社

地　　址：北京市东城区安外东后巷 28 号　　邮　编：　100710

责任部门：教育事业部（010-64255862　cctpswb@163.com）

责任编辑：刘文捷

直销客服：010-64255862

总 发 行：中国商务出版社发行部（010-64208388　64515150）

网购零售：中国商务出版社淘宝店（010-64286917）

网　　址：http://www.cctpress.com

网　　店：https://shop162373850.taobao.com

邮　　箱：cctp@cctpress.com

排　　版：德州华朔广告有限公司

印　　刷：河北赛文印刷有限公司

开　　本：787 毫米 × 1092 毫米　1/16

印　　张：14　　　　　　　　　　字　数：244 千字

版　　次：2021 年 10 月第 1 版　　印　次：2023 年 3 月第 2 次印刷

书　　号：ISBN 978-7-5103-4033-8

定　　价：48.00 元

前　言

　　网络技术的发展与普及，对当代国民的文化、道德各方面产生了举足轻重的影响。这种影响具有"两面性"，正确把握和利用，能够促进学生群体的智慧性、创造性的发展与发挥；反之，也可以阻碍和危及学生群体健康心理的形成和提高。当然，这种影响不仅仅体现在学生身上，处于高等教育主导地位的教师也深受其影响。所以高校必须强化自身的建设。

　　当然，这本书的完成也更坚定了作为学生管理工作者进行学生管理工作的决心，我想这本书的成稿，应该是我进行高校教育工作创新发展思路的新开始和新起点。

　　网络教育是教育与网络信息技术相结合的产物，是教育在网络社会的延伸。随着信息技术的发展网络不仅是工具，已俨然成为我们身处其中的环境。

　　利用网络教育体系进行系统、完善、生动、有效的网上教育，把握网上教育的主动权，已经成为当前加强和改进教育的当务之急。本书有以下几个亮点：

一、多角度

　　网络媒体具有承载信息量大、互动性强、传输快、覆盖面广、形式多元等特点。

二、创新性

　　网络将世界变为地球村提供了全球范围教育的最新理论、最新视角、资讯和素材。教育工作者可以借助网络及时更新自己的知识储备，还可以搜集、整理教育最新案例并将它运用于教育工作中。

三、时效性

本书以理论新、视角新、案例新的特点提高了教育工作的时效性。

四、自主性

本书以价值观的取向集中表现为独立自主、喜欢尝试和乐于接受新媒体等新鲜事物。高大全式正面灌输的教育方式对他们的影响日趋衰弱。网络以音频、视频等多媒体组合、声光电画合一的形式进行传播。在书中读者可以依据个体获取信息的自主性与网络传播的新颖性和互动性相契合，从而使网络教育深入人心。

当下开展教育的传统方式是以课堂教学为主，座谈、面对面交流、社会实践、宣传栏等为辅。在网络时代各类传播平台不断涌现，手机等成为崭新的教育载体，使开展教育突破了时空限制。网络教育体系包括网络道德教育、网络成长指导教育和信息素养教育。网络道德教育包括网络理论教育、网络公民意识教育、信仰教育等，是德育教育在网络上的扩展与深化。

因此，可以通过设立站群、微博学习、在线学习、推进党支部部分活动和学习的网络化等改变灌输、宣讲式的德育模式；充分利用网络的即时性、互动性、多媒体的性质吸引人们的网络注意力，抓得住眼球，解得了困惑，利用网络为人们提供丰富、可共享的资源在全面服务于当代人的学习、科研、生活、工作等需要的同时，把正确的世界观、人生观、价值观、公民意识等融合其中，春风化雨润物无声般地推进道德教育。

写作过程尽管很艰难，最终的成文或许不尽如人意，但是希望书中的些许观点能够引起高校教育工作者的共鸣，引起高校教育工作者的一些联想与思考。

我们当具骥骜之气，鸿鹄之志，相信在党中央的领导下，我们高校的教育工作一定能够继往开来，与时俱进，英才辈出，为实现伟大的"中国梦"增砖添瓦，谱写新的篇章。

作者
2021 年 3 月

内容简介

　　本书从教育学、社会学、心理学和新闻学等多学科交叉的角度，以全新的视角全面论述和阐释了网络教育生态系统的基本要素、现实背景、思维转换、话语变革、内容结构优化、载体合力、网络参与、网络自组织管理、模式构建和评估机制等，并做出深度探讨和研究。

　　生态学是自然界中生命体与其生存环境之间关系的科学。其研究强调整体与联系的思维方式，地球上的一切生命形式都是整个自然生态系统的有机组成部分，其间存在不同程度的相互联系，对系统的动态平衡与有序发展产生影响。

　　网络教育作为网络社会生态系统的有机组成部分，对社会生态系统的稳定有序运行起着至关重要的作用。尤其在网络超越技术所固有的工具理性意义，已然成为人类一种崭新的生存方式的时代背景下，对网络教育进行生态学考察显得十分必要且必须。本文意图综合运用生态学理论与系统科学相关理论来对网络教育进行生态剖析，以期使我们能够全面清晰地把握网络教育整体运行与发展情况以及内部诸要素的结构和功能关系。

目　录

第一章　新时代教育概论

第一节　教育中的网络发展

一、网络的纵向发展

筛选媒体的发展，可以将其分为语言阶段、文字工具阶段、印刷阶段以及网络阶段。在人类远古的旧石器时代，这一时期几乎无媒体可言。语言的出现使人类的信息交流和传播变成了可能。直接的口语媒介使得各种信息得以传播，由于缺乏必要的载体和手段，人类的信息交流仅仅是借助实物而不是抽象的符号来进行信息交流。此时这种传播还是有局限性的，口语所能表达的数量和种类的有限性以及不能及时进行保留也成为促进文字工具产生的动力。随着文字的发明，人类进入了有"历史"记载的重要时期，宣告了新石器时代的终结。这一时期真正的媒体得以成型，具有代表性的如甲骨文、青铜器、古币等，这标志着信息得以以某种可被大家理解的方式记录和传播。在媒体领域，人类进入到"金木水火土"文字传播领域，人类创造了文字，文字将人类推到了金字塔时代。造纸术与印刷术的发明，印刷技术手段的应用，使得人类文明传播的速度和传播的质量大大提高，印刷时代的来临宣告了人类传播媒体的又一场伟大革命。虽然此时印刷术还处在"原生状态"，但是毫无疑问它的效率已经超越了单纯的"手工制造"，使得信息传播更具系统性，此时，人们获得信息的来源也更加丰富了。始于 1969 年的因特网将全球变成了地球村，此刻人类进入了网络媒体时代，由于网络特有的便捷性、普及性，这使得以其为载体的人类信息传播的速度迅速加快，传播的广度迅速扩展，此时此刻，媒体突破了原有的定义，被赋予了前所未有的价值和意义。

当今，网络已经不再特指某种固定的媒体，因而被赋予了时代技术的特点和烙印，从而有了相对性的指称。总之，网络是一个相对概念。网络是相对于传统媒体而言，是指借助互联网技术等新兴技术，通过因特网、多种通信网络、卫星等中介，通过手机、电脑、电视等不同形式的终端，向用户提供信息等相关服务。自此，"网络"概念得以提出，并由美国这块自由国度流行至全世界。

二、网络的横向发展

网络自互联网问世以来就具有了和传统媒体截然不同的发展方向和趋势，自然也更符合时代发展的方向和趋势。从传播学的角度来看，就现代而言横向的媒体发展，指的就是主流的四大传统媒体，即广播、报纸、杂志和电视。相比较这四种传统的媒体而言，网络包括数字杂志、数字报纸、数字广播、手机、移动电视、网页、桌面视窗、数字电视、数字电影、触摸媒体等，相对于传统的媒体，网络被形象地称为"第五媒体"。

当然，站在"媒体"角度来看，网络和传统媒体之间存在诸多共性，现在我们讨论的是网络与传统媒体的区别度，因此要从区别说起。"新""旧"之间最大的区别是传播机制的问题。

传播机制在传统媒体之间的区分度不是太明显，但较之于网络其具有历史性意义。所谓的传播机制具体指信息传播的形式、方法以及流程等各个环节，包括传播者、传播途径、传播媒介以及接受者等所有构成的统一体。它是一种对信息从发布者到接收者的渠道的总体概况。可以说传统媒体的传播机制是一对多点。对多点，或者点对面的传播机制。在这种传播机制下，传播者或者称之为信息源一层一层构成了"信息金字塔"，稀缺资源都由精英人士掌握，并且他们享有处理信息的话语权。这使得传统媒体在进行信息处理时，可以通过控制信息传播源而轻易地控制传播内容。

相比较传统媒体的传播机制，网络的传播机制是多点对多点、全立体、全方位的传播机制。在网络的传播机制下，信息源和受众之间的角色逐渐模糊。传统意义上的信息源在发布信息的同时，通过和受众的互动本身也称给力信息的接收者，受众在一定意义上也成为信息源。例如通过微博或者微信等手段，很多受众自身也成为信息的发布者，由此信息的提供开始逐步走向自发性和自产性阶段。网络出现尤其是这种多点对多点的特点对相关管理部门的管理提出了极大的要求和挑战。由于每个人都可以成为信息源，信息的发布渠道和数量呈现"病毒式"量的增长，这使得对信息的收集变得异常艰难，很难有充足的人力、物力对信息进行全面检查，这要求网络环境下必须变"以堵为主"的管理方式为"以疏为主"的管理方式。20世纪原创媒介理论家麦克卢汉认为媒介的主要功能就是改变人类的生活方式。网络尽管冠之以"新"，但是它改变人类生活方式的能力不比其他传统媒体要差。网络由于具有较低的进入门槛和更为自由、民主的氛围，网络媒体也大幅度拓宽了普及大众获得信息的渠道和降低了获得信息的成本，把大量的过去消费不起媒体信息的潜在消费者转变为真实的信息消费人群。

当然，撇开复杂的技术概念，单就传播而言，我们可以用"三个新"来概括出"网络"和传统媒体的本质和不同。第一，技术新。在数字技术全面运用的基础上，释放巨大的频率资源的同时，极大地提升了信息传输的效率。第二，功能新。除去网络多对多较之于传统媒体一对多，点对面的传播优势，网络的功能的"新"主要体现在其传播的时效性和全面性，同时在这个过程中也体现了一种点对点的互动性和沟通性。第三，效果新。网络的传播结果是能使更多的潜在信息接收者变成受众，这只是一种传播数量上的效果。基于这种数量上的广度，其与传统媒体的"面"的表面效果相比，网络传播的效果在于深入的"点"，这使得其传播质量和效率更高。

三、网络的本质内涵

综上所述，可以将网络进行描述性的定义。网络可以概括为：相对性、技术性、媒介性、服务性。相对性指的就是网络是相对于传统媒体的一种形式，是继广播、电视、报刊等传统媒体之后发展起来的新的媒体形式；技术性指的是网络在实现其功能的过程中利用了数字、网络、移动等技术得以实现；媒介性指的就是网络借助各种媒介，例如互联网、无线通信网、卫星等媒介实现传播，借助电脑、手机、数字电视机等客户端实现信息接收、上传；服务性指的是网络作为一种媒体形态，向用户提供信息分享和互动娱乐的服务。在整个过程中，网络表现出自主开放、平等交互、即时快捷、信息海量共享且丰富多样等特点。

第二节　教育中的网络特点

网络自产生之初就表现了其异于传统媒体独有的特点，网络时代的来临也赋予了信息传播明显的时代特征，突出表现为信息内容更加丰富、信息形式更加多样、信息价值更加多重、信息来源更加隐蔽、信息检索更加便捷、信息真伪更加难辨。同时，随着科学技术的迅猛发展，加之各种各样的网络形式的层出不穷，网络特有的便捷性、互动性更加深刻地影响着人们的生活，这种影响与高校结合后，使得高校教育活动，特别是对高校学生的观念、道德评价、价值判断的形成和发展都有着极为重要的意义和影响。因此，现阶段了解网络的特点，把握和利用网络优势，对促进高校教育活动的顺利开展具有重要意义。

一、网络的特点

对于新旧媒体而言，虽然二者在内涵和外延方面不尽相同，但网络对传统媒体传播形式和内容的改造与发展是毋容置疑的。因此，基于传统媒体基础上的改造和发展都可以作为网络的特点。美国著名理论家保罗·莱文森认为，具有新旧相继性的媒体之间，其中居后的媒介都是对先前媒体的边缘性或本质性的补充，这种边缘性或本质性的补充的区分要看是不是产生历史性的价值。后来，这种论断也被称为"补偿性媒介理论"。从这种理论出发我们可以看到，在媒体发展历史过程中，报纸的出现是对人们的口口相传的小道消息的平面化和文字化，广播的出现则弥补了报纸缺乏实时性和现场感的缺陷，电视的出现和发展以图像的形式将信息更具价值观的呈现给受众，给受众极大的视觉冲击。根据保罗·莱文森的理论，当今时代以互联网和智能移动终端为主要载体的网络，的确完成了对传统媒体的"补偿"，而且这种"补偿"具有历史性和划时代的意义。这种补偿还体现在其传播方式和传播内容上，呈现出以下几大特点。

（一）迎合人们休闲娱乐、学习时间"碎片化"的需求

随着社会发展的高速化，加之人们生活节奏的高速化，这使得人们很难抽出集中的时间来娱乐、学习与消遣。网络的出现正好迎合了这种"碎片化"时间消费的趋势，这种迎合体现在几个方面：首先网络打破了地域的限制，使得信息的传播超越了地理条件的制约，无论是城市还是乡村，信息伴随着各种媒介出现在大众面前，使得在信息面前"人人平等"的局面出现。其次网络打破了时间的限制，对于信息的获取，人们可以随时随地，伴随着无线网络的普及，这种趋势会更加明显，网络的"碎片化"特征或许更为明显。再次，借助于客户终端的多样化，受众可以借助形式多样的网络实现"碎片化"的时间消费，例如现今比较流行的微博、推特、Facebook，这些形式都可以迎合受众的"碎片化"状态。

（二）满足随时随地互动性表达、娱乐与信息需要，更加网络化、智能化

传统的报纸、广播、电视等它们的传播方式是"中心化"，是一对多的圆锥形传播。但是网络则完全"去中心化"，实现点对点，面对面的传播。这样就有利于

受众针对不同的信息进行自我化、个性化的"评头论足"。同时受众还可以借助各种客户端实现远程视频、远程图片的交流，使得交流的形式更具多元化、多样化。这些优势是传统媒体所不具备的，也是传统媒体所"望尘莫及"的。这种智能化、网络化的信息交流与传播进一步扩大了社会透明度和民主度，利于现代社会文明的建设。

（三）人们使用网络的目的性与选择的主动性更强

在传统媒体条件下，个人试图向大量公众发言是处处受阻的。这种阻力被称为进入的门槛高，人们如果要在传统媒体上发表意见，往往需要付出比较高的代价，这种代价有经济实力方面的，有社会地位方面的，还有个人水平方面，没有一定的代价是无法进入传统媒体的视野的。网络技术的发展彻底改变了受众这种被动接受、传播信息的局面。随着以互联网为主的网络等手段的发展，受众可以借助各种形式的"话筒"发表自己的个性化的语言。现在比较流行的形式有：论坛、微博、微信、邮箱等。这些新颖的信息传播工具的出现，一方面给受众带来了极大的便利性，受众可以持各种观点进行交流、探讨；另一方面也伸张了民主，利于民主权利的普及，利于社会主义文化建设。网络确实降低了信息接收和传播的门槛，这对传统的媒体产生了不少冲击，传统媒体也是想方设法去迎合这种"低门槛"的趋势，拿出自己的看家本领。的的确确，网络的出现开辟出一种民主、平等的平台。

（四）网络的使用使市场细分更加充分，内容选择更具个性化

网络已经对传统媒体的所有方面进行了全面的融合，应用日益广泛。现在，通信早已由文字聊天发展到了语音聊天、可视化聊天；博客也已经发展到利用语音甚至图像传播信息了；手机媒体更是有一种融合所有传统媒体的势头。网络多种多样的载体媒介形式能够很好地供使用者更替使用，同时也使网络资料得到不断更新和扩充。网络融图形、文字、声音、动画等为一体，提供点对点的信息传播服务，每个人都可以用一个私有的可信赖的传播载体，而信息传播者针对不同的受众提供个性化的服务，在传播形式上，它具有很强的直观性、形象性和娱乐性。

二、网络传播的特点

从岩画和巫会的模拟传播，到诗歌和戏剧的口语传播，到造纸术和印刷术发明之后的文字传播，再到无线电发明之后的电子传播，回顾人类的传播史我们可以发

现，传播的媒介形态日趋丰富，而传播行为日趋自由。随着科学技术的发展，网络除去传统媒体的传播特点外，还有自身的优势。

（一）传播行为更加个性化

原型的概念是由荣格提出的，被誉为人类心灵的集大成之理论。人类的存在可以划分为一些模式，如父亲和母亲，英雄和失败者，情人、丈夫和妻子，年老者和年轻者等人格角色和模式。这些原型先天就存在于人们的头脑里。

虽然每个人有着不同于他人的想法和观点，不容易抓住共性，但其实都有着相同的原型，是人的意识的发源地，是思考的起点。

这也就解释了每个进行创造性活动的人都会发现自己总是不可避免地受到某个类型的影响，这是因为这些已有类型是媒介。"个性化"被认为是一个终身的过程，由此引导个体达到表示基本完整的人格整合。按照原型来思考网络传播个体的个性化行为具有实际价值。网络通过借助科技化的力量实现了更加自我和个性化的传播。网络环境下，博客、播客、移动终端这些网络实现的手段使得每一个个体都可能成为信息的发布者，并且每一个个体都可以随意个性地借助其来表达自己的观点，传播自己相关或关注的观点。这样，使得传播内容以及传播的形式等完全实现个体化和自我。当然，这种个性化的传播行为也带来了一定的负面影响，无限制化的自我个体内容使得个人隐私得以泛滥，传播内容更加良莠不齐。这也给网络下的信息管理带来了不可小觑的挑战。当然对受众的信息筛选能力也提出了前所未有的要求。

（二）传播速度实时化

相比较传统的媒体，网络在现在技术的辅助下可以实现信息传播的实时化。与传统媒体的复杂的剪辑和烦琐的后期制作和排版，技术的简单化和便捷性使得信息可以在全世界范围内实时传播。例如，在 2014 年巴西世界杯足球赛比赛中，借助网络技术，可以实现网络、移动终端等方式实时化收看以及实时的评论。这使得人们获取信息的手段更加多元化，信息更实效，信息的时空距离被缩小到最小化。借助科技的力量，在网络生活中，即使比较慢腾腾的人写好一个微博估计也只需要三分钟的时间，转发的时间只就鼠标点击一下的时间。转发、评论等各种信息的传播速度已经完全不同于乡村大喇叭的扩散速度，瞬间就会扩散到互联网。

（三）传播方式多元化

传统媒体的传播方式依旧是点对点、点对面的传播，这种传播是单向的、线性的、不可选择的。它集中表现为在特定时间内信息发布者向受众传播信息，受众扮演的是被动的接收者，信息发布的整个过程没有信息的反馈。整个静态的传播过程使得信息不具有流动性，当然，这种单向的传播方式，使得信息管理者更加容易去处理信息。相比较之下，网络的传播方式更加多元化，这种多元展现的是一种多点对多点的方式，并且整个过程是双向的、互动的。这样使得信息的发布者和受众都成为信息的发布者。例如许多网上论坛贴吧发展十分迅速，原因就是通过文字的互动和交流，使得每一个个体成为自己信息的主人，增加了信息发布者的归属感，同时，这种文字的互动性也提高了受众交流的积极性，使得信息变得更有价值。信息传播的多元化使得信息参与者互动性和积极性高涨。

（四）接收方式移动化。

"移动接收"，即信息受众可在任何时间（Anytime）、任何地点（Anywhere）处理与其相关的任何事情（Anything）。这种全新的移动化信息接收模式，可以让信息受众摆脱时间和空间的束缚。信息可以随时随地通畅地进行交互流动，工作将更加轻松有效，整体运作更加协调。利用移动端的移动信息化软件，建立移动端与电脑互联互通的应用系统，摆脱时间和场所局限，随时进行随身化的交流和沟通，有效提高信息接收和管理效率。

传统媒体信息的接受比较固定，在时间和地点上不具备选择性。网络时代，随着移动终端和互联网的发展，受众可以在不同地点、不同时间对信息进行接收，实现真正的接收信息的移动化。当然，随着3G（WCDMA、CDMA-2000、TD-SCDMA）、4G（HSPA+、FDD-LTE、TDD-LTE）和WiFi等无线技术的布局，这种移动化更加凸显，移动化的特点必将成为网络的重要特征。

（五）传播内容交融化

与传统媒体相比，网络在传播内容方面更加丰富，将文字、图像、声音、影像等多媒体化成为一种趋势。随着无线网络的普及，移动终端的发展，这使得移动终端在承担基本的功能外，同时还可以通过浏览网页，视频通话这些功能集合为一身，而这些功能的实现是以互联网、通信网、广播电视网等多重网络的融合为基础的。另外，网络使得地域化、国界的界限得以打破，相对于传统媒体，网络使得传统的四大媒体（电视、广播、报纸、杂志）之间的界限被打破而变成交融的一体。

三、网络时代的特点

网络时代是相对于传统媒体而言的，是继报刊、广播、电视等传统媒体之后发展起来的新的媒体形态，是利用数字技术、网络技术、移动技术等新的技术支撑体系，通过互联网、无线通信网、卫星等渠道以及电脑、手机、数字电视机等终端，向用户提供信息和娱乐服务的传播形态和媒体形态。严格来说，网络应该称为数字化媒体。熊澄宇认为："网络是一个不断变化的概念。在今天网络基础上又有延伸，无线移动的问题，还有出现其他新的媒体形态，跟计算机相关的。这都可以说是网络。"网络时代使得我们置身其中，很多信息能够在第一时间内获取和传播。

（一）"能发声"的时代

随着网络相关技术的发展，特别是网络技术的发展，这使得每一个人都能够借助网络这个平台去表达自我的心声，每个人都可以成为传播信息的渠道，都可能成为意见表达的主体。有人曾经形容这个时代为"能发声"的时代，"大众麦克风"的时代。互联网成为不同利益群体进行利益表达，特别是弱势群众维护基本权益的"发声"平台。

（二）平等的时代

社会的公平正义是围绕社会秩序、社会价值为核心的方法论概念。网络的公平正义应该体现在：如何保障网络成员实现其价值平衡。只有在保证网络社会中的信息基本对等，才能保证社会的存在的意义。在这个意义的前提下，作为社会成员的现实工具——人，才会继续参与网络背景下平衡的可持续发展。可以认为网络环境下的公平正义是纯粹按照规则与契约的形式进行的。同时，可以发现，在网络环境下，各成员有着如罗尔斯所论述的"无知之幕"一般的原始状态，及通过社会规则而达成的"契约形式"。也就是说，网络时代有天然的公平正义讨论的基础，网络时代的公平正义是借助网络技术为社会生活的一种形式而存在的广义上的公平与正义的体现。当然，随着社会或科技的发展，在许多领域都可能会遇到同样的"非平常社会"的特殊公平与正义问题。

传统的社会群体结构和人际互动方式得以根本改变。加之网络时代的来临，因特网将世界上数万计的计算机、网络互联在一起，既互通信息，共享资源，又相互独立。由于因特网没有中心，没有领导管理机构，因此也就没有人比其他人享有更多的特权，每个网民都可能成为中心，人与人之间的联系和交往趋于平等，个体的平等意识和权利意识也进一步加强，不再受传统社会等级制度的控制，最大限度地体现了人际交往的平等性。

可见，互联网络所表现出的开放、自由、互动体现了一种与生俱来的平等性。由于互联网空前的开放和自由，不仅使其拥有了无限的信息量，也使网络中的每一个成员可以平等地共享这些信息。

人们可以利用互联网所特有的交互功能，互相交流、制造和使用各种信息资源，以及进行人际沟通。美国未来学者约翰·奈斯比特认为，"计算机将摧毁领域的金字塔；我们建立等级森严的金字塔式的管理系统是因为我们需要掌握下属的去向以及他们的任务完成情况，而有了计算机的帮助，我们可以用平行联系的方法重新设计我们的组织结构"。

网络时代，使得各个阶层借助网络这个平台实现平等的对话。例如最近一段时间，各级政府部门开通"网络教育"平台，收集网络民生。每年"两会"期间，各级政府还会借助网络视频等网络手段答疑解惑。因此弱势群体的权利达到了一个无限扩大的时代。

（三）"全媒体"的时代

"全媒体"即"Omnimedia"，源自美国一家名叫 Martha Stewart Living Omnimedia（玛莎·斯图尔特生活全媒体）的家政公司。十多年来，随着科技发展日新月异，传播手段层出不穷，传统媒体与网络之间日益融合互通，"全媒体"的概念尽管没有获得学术界的共识，却在传播领域的实践中日复一日丰富发展着它的内涵。"全媒体"的"全"不仅包括报纸、杂志、广播、电视、音像、电影、出版、网络、电信、卫星通信在内的各类传播工具，涵盖视、听、形象、触觉等人们接受资讯的全部感官，而且针对受众的不同需求，选择最适合的媒体形式和管道，深度融合，提供超细分的服务，实现对受众的全面覆盖及最佳传播效果。全媒体的概念并没有在学界被正式提出，它来自传媒界的应用层面。媒体形式的不断出现和变化，媒体内容、渠道、功能层面的融合，使得人们在使用媒体的概念时需要意义涵盖更广阔的词语，至此，"全媒体"的概念近年来得到很大的发展，引起了越来越多的重视，并开始在新闻传播、远程教育等领域广泛运用。其具有动静结合、深浅互补、全时在线、即时传输、实时终端、交互联动等特点。

现阶段，传统媒体和网络是相互融合发展的阶段，既有体制内舆论场也有民间舆论场。体制内舆论场包括党报、国家电视台和网站新闻；民间舆论场包括口头舆论场、网络和"自媒体"。在剖析两个舆论场关系时有人曾经这样描述："两个舆论场重叠的部分越大，舆论引导的针对性和有效性越强；两个舆论场重叠的部分越小，舆论引导的针对性和有效性就越弱。如果两个舆论场根本不能重叠，主流媒体就有丧失舆论影响力的危险。"所以如果传统媒体失语，互联网、手机和无线电足以撼动社会。

（四）民主彰显的时代

在网络时代，任何一个有条件上网的人，都有可能曝光一场丑闻，发动一场声势浩大的舆论，因为在网络世界里，每一个人都可以成为记者，每一个人都可以成为媒体，新闻与传播再也不是由专业机构垄断的一种自上而下的过程，而越来越成为大众广泛参与并集思广益的活动，在网络时代，管理者将感受到前所未有的压力，处处感觉到有一双双注视的眼睛在监督自己，任何事情都难逃公众的眼睛，身处网络时代的人更能深刻地感受到"法网恢恢"的含义。各阶层包括公共知识分子、中等收入阶层、成功人士、草根阶层、政府和官员、媒体记者、辟谣者、境外媒体和互联网上各色人等。因而互联网经常成为弱势群体展示伤痕和相互取暖的地方，这也更加彰显了民主的含义。

（五）网络成为民众利益表达的第一通道

传统媒体时代，民众对信息的接收和传播处于被动地位，这样就造成了一系列非公开性的因素，影响了社会的公平正义。传统媒体时代，社会司法制度不透明，司法监督不到位；同时官员贪腐现象普遍，且不能得到有效监督和遏制；民众的"话筒"被控制，上访制度成为形式。网络时代，信息的自主性完全掌握在民众手中，借助于网络技术，民众可以反映自己的意见，借助司法手段维护自己的切实利益和合法权利，同时，针对官员的贪腐现象，能够及时有效地做到监督，减少了社会"蛀虫"的危害，彰显了社会的公平正义。传统媒体的舆论监督功能持续弱化，而兼具便捷性、时效性和广泛影响性的互联网成为老百姓最便捷地表达利益诉求和赢取公众支持的通道。

网络成为突发公共事件的第一信息源。借助互联网技术，民众一方面可以洞悉事件发生的真相，另一方面可以针对事件形成个性化的评论。网民深度搜索的欲望和网络信息获取能力的强大，使得"关联性"话题层出不穷。互联网已成为突发公共事件第一信源，2/3 的信息来自互联网，仅 1/3 信息来自传统媒体。微博已成为重要的网络舆论载体。以人民网舆情监测室的数据显示，由微博曝光的危机事件，呈现上升趋势：2010 年占比 33.3%，2011 年占比 66.8%。

第二章　新时代教育的内涵

教育是属于意识形态领域的重要的社会实践。任何国家为了维系它所实行的社会制度，维护社会的稳定和发展，以及培养青少年一代，都十分重视意识形态领域的工作。

因此，教育是一个比较重要的研究领域。网络时代，我国高校承担着人才培养和服务社会两项重要职能，而高校的人才培养对我国社会主义现代化建设具有举足轻重的意义，因为我国高等院校是培养和造就高素质创造型人才的摇篮，是培养和造就社会主义事业建设者和接班人的重要阵地。如何结合高校发展的特点，进一步明确高校的教育的内涵建设，从而实现教育与发展的互动机制，更好地为社会建设服务，这是高校力求解决的重要问题。因此高等院校必须重视教育，加强教育的内涵研究，充分发挥教育服务个体、服务社会的能力，加大教育成果的显性教育意义的转化，充分发挥高校育人功能，优化人才培养机制和人才培养模式，从而实现高校科学性、系统性、和谐性发展。

第一节　高校教育的特点

高等教育作为改革开放以来发展起来的一种特殊类型的教育形式，它既有教育的共性，同时又有自己鲜明的个性特色：不仅是专业特色，还包括其他各个层面的特色，尤其是高等教育阶段学生教育的特色。要想做好高等教育阶段学生的教育工作，首先必须正确认识和把握高等院校学生教育的特殊性，同时兼顾学生个性心理发展特点，以此为依据才能制定正确的教育的内容、目标、任务和方针，从而进一步促进高等院校的教育工作取得实效。高校教育过程作为一种相对独立的教育过程，也有其发展特色，在这一方面，思政教育的研究者已经形成共识。具体而言，有下面几种突出的特点。

一、高校教育具有明确的计划性和鲜明的正面性

哲学将世界分为物质和意识，那么就可将环境分为物质环境和精神环境。在社会发展过程中，精神环境表现为一个国家和社会的精神状态、社会面貌、社会风

气、进取精神等现象，是一个国家和社会中最活跃、最有潜力、最富有生气的动态系统，是社会发展的整体性精神力量，是社会进步与发展的精神资源，是人全面发展的精神基地，建设一个良好的精神环境是一个国家对人民最基本的价值承诺。物质环境以及精神环境构成了影响人类生存发展的两大环境。其中对人类影响最大的是精神环境，其突出表现就是精神环境对人的道德发展的作用最大。在现实生活中精神环境和物质环境纵横交错，交织在一起，相互叠加。环境对人的影响具有随意性，对人影响的过程往往是盲目的、无序的、随意的，如若不加以控制，很难把握环境影响的方向性，当然其影响的后果也是难以预料的。

教育作为精神世界的组成部分，对人的影响却是积极的、有序的、计划的、条理的。因为教育是指社会或社会群体用一定的观念、观点、道德规范，对其成员实施有目的、有计划、有组织的影响，使他们形成符合一定社会所要求的和道德品质的社会实践活动。简而言之，进行教育，目的就是将外在的社会要求内化为受教育者的内心信念并推动其产生良好行为。教育活动的计划性表现在以下几个方面。一是目的性，教育的目的明确，就是培养社会主义现代化建设者和接班人。二是组织性，教育由一系列的组织单元构成，这其中包括教材、教育工作教育者、思政部门等，通过制订完备的教育计划，努力营造良好的环境氛围，使教育过程更有成效。三是针对性，高校教育针对的是受教育者，也就是学生，并且能够根据学生精神世界发展的需求及其品德发展的实际以及心理发展特点进行教育。

与计划性密切相关的另一个特征是正面性。所谓正面性是指教育影响总是选择积极的价值内容和最有利于受教育者发展的教育方式。教育鲜明的正面性要求教育的内容选择和教育影响都应是积极的、有价值的。中国共产党在不同的时期始终坚持教育的正面性，形成中国人和中国社会发展的强大动力，推动中国社会改革与发展。

纵观社会主义中国革命和建设的历史，创立和大革命时期，中国共产党人满腔热忱，宣传革命、革命理想，马克思主义、共产主义的理想等作为一种全新的世界观和方法论，是先进文化的典型，也是成千上万的人民群众抛头颅、洒热血，反帝反封建的强大动力。抗日战争时期，中国共产党所主张和积极宣传的民主主义、爱国主义、统一战线、持久战、全民抗战等成为中国人民众志成城，万众一心，战胜日本法西斯强盗、寻求民族解放的精神动力。在解放战争时期，中国人为争取民主、争取和平的主张，以及新民主主义土地政策、建设的宣传，毫无疑问也成了人民解放的驱动力量。新中国成立初期，爱国主义的教育正是推动全国范围内抗美援朝运动的精神动力，也是志愿军战士以劣势装备战胜强大敌人的重要动力源泉。改革开放初期，中国特色的社会主义理论，代表中国先进文化，推动中国改革开放，推动中国经济、社会的高速发展。

教育的正面性就是促进人的全面发展，即教育要体现出人的个体价值和社会价值。坚持教育内容的正面性，在高校教育过程中，教育工作者应该积极弘扬社会主义主旋律，向学生传达社会主义核心价值体系的相关内容，坚持用以科学发展观进行统筹，坚持教育手段的正面性，而高校教育的展开必须处处体现公正和公平，这种特质在教育手段上应该鲜明体现。教育手段的正面性是维系教育正面性的重要标志，舍此便无所谓教育。因此，在教育过程中，应始终旗帜鲜明地坚持积极的正面的、道德价值的选择和引导。

二、高校教育具有突出的复杂性和广泛的社会性

高校教育的本质性任务是促进学生群体的全面发展。高校教育是组成我国教育的重要一环，是促进我国现代化建设的重要力量，是培养高素质合格人才的根本保证。与高等教育其他内容相比，教育工作的时间、空间、方法和手段是不同的，具有显著的复杂性特征。高校教育的复杂性体现在两个方面。一是学生群体的开放性、自主性。考量到高校教育的主体的个性心理发展特点的开放性和自主性，这不得不使思政教育变得更为复杂。由于教育过程中必须注重个体性同时还要注重个体的社会性，这使得高校思政活动必须做到"因人施教"。二是高校的整体性。高校在发展的同时还要帮助个体的成长。哲学中强调的是部分与整体的关系。所以在处理高校教育的过程中，也应该考量整体性发展。

三、高校教育具有积极引导性和明显长期性

高校教育是一项育人工程，它的好坏关系到我国现代化建设质量的好坏。高校教育工作具有明显的正面引导性。这种引导性体现在教育的内容、手段、方针等各个方面，要求对学生的、道德等方面的发展做到正面引导。积极的正面引导利于学生形成高校的道德情怀，利于构建学生科学的世界观、人生观、价值观。

高校教育还是一项长期性和坚持性的教育活动。高校教育是在长期生活实践中逐渐形成的，是一个渐进性的过程。这种长期性一方面要求教育者坚持高校教育活动的系统性和连续性，另一方面要求受教育者坚持将教育内容本身化，并将这一活动坚持下去。

当然，在高校教育的发展完善过程中还会出现新的特点，需要我们时刻把握教育的发展动态。

第二节　高校教育过程及基本规律

一、高校教育过程的含义

高校教育是一种特定的信息传播活动，是以中国特色社会主义理论体系为核心内容的价值观念的信息传播，是以提高学生的教育素养为特定目的的教育的信息传递过程。学生教育过程是高校教育者根据一定社会的品德要求和学生教育素质形成发展的规律，通过对学生施加有目的、有计划、有组织的教育影响，把一定社会的观念、价值观念、道德规范转化为学生品德的过程。学生教育过程是教育过程的一个子集，是专门针对学生这一特殊群体所进行的探寻。

截至目前学术界对"教育过程"含义界定中，比较具有代表性的观点有：

（1）教育过程，是指在一定环境的影响下，教育者根据本阶级的目的和社会指导的要求，对受教育者有组织地进行有目的、有计划的教育，帮助他们形成正确的教育品德所经历的程序。该观点在第一种观点基础上，强调了教育过程中的环境因素。

（2）教育过程是教育者组织教育活动，通过有目的有计划有组织的影响，把社会要求的观点、体系和道德规范，转化为受教育者的教育品德，它包括教育者施加影响和受教育者接受影响这两个方面的活动。这是提出教育过程的概念的最早的一个观点，说明了教育过程是一个双向互动的过程。

（3）教育过程是教育者根据一定社会的品德要求和教育对象的品德形成与发展规律，借助一定的教育物资和教育中介与受教育者发生互动，通过教育者对教育对象施加有目的、有计划、有组织的教育影响，促使教育对象内在的品德产生矛盾运动，使教育对象养成符合社会与人协调发展所要求的品德的过程。这一概念把教育过程应遵循的规律和要求都界定在概念之中，使概念更加完善，从中可以看出教育过程是一个有目的的过程，需要教育者和受教育者的共同参与完成，这是目前学界比较认同的观点。

以上几种观点都认为，教育过程包括了教育者自觉地施加教育影响和受教育者能动地接受教育影响这两个方面的教育活动，它是教育者和受教育者相互作用影响的过程。所不同的是在后来的研究中，学者们把影响教育过程的环境、教育的价值、遵循的规律、采取的教育方法以及教育的本质的内容等也概述在其中，使教育的概念得到了不断丰富和完善。

根据以上诸家对于"教育过程"含义的界定，总结出高校教育过程应该包含以下四个过程。

第一，高校教育过程是一种双向互动的活动过程，是教育主体与教育者之间交流的过程。

第二，高校教育过程是一种目的性凸显活动过程。就是要培养受教育者形成符合一定社会所期望的品德的过程。

第三，高校教育过程是教育者和受教育者共同参与、相互作用的过程。

第四，高校教育过程是教育主体实现个体价值与社会价值的过程。

二、高校教育的构成要素

教育过程理论是教育学理论体系的重要组成部分，而教育过程的构成要素则是研究教育过程不可回避的一个重要问题。自教育学原理诞生以来，理论界一直都在对这一问题进行探讨并取得了可喜的成绩。但是，直至今天，学界对教育过程构成要素的认识还存在分歧，在对某些要素能否成为教育过程构成要素的分歧还较大。教育过程的构成要素归纳起来主要有以下几种。

一种认为是"教育者、受教育者和社会要求的教育品德规范"。一种认为是"一是教育工作者及其教育活动；二是教育对象及其接受、内化、外化教育信息活动；三是教育者与教育对象之间的中介物即教育手段，包括教育内容、途径、方法等"。还有一种观点认为"构成教育过程的要素主要有四个，即教育者（主体）、受教育者（客体）、教育的内容和方法（介体）、社会环境及其所提供的教育支撑条件（环体）"。

综上观点，我们采取最后一种观点进行论述。

教育主体，是指在教育过程中有目的地对受教育者施加教育影响的个人或群体。既可以是各种组织团体即团体代表，像家庭、学校、机关、企业、社团、群团各级组织、共产党各级组织等，又可以为各类的教育工作者即个人，像教师、专家、学者、英模、老党员、老军人、老干部、老工人等。

教育客体，是指在正在教育过程中有目的的被教育者施加教育影响的对象。这里指高校学生。学生学习的过程就是受教育的过程，在这一过程中学生有对教育影响的理解性、判断性和自主选择性。

教育介体，包括教育内容和教育方法等，是指在教育过程中，教育者用来影响受教育者形成一定社会所要求的品德规范以及教育活动的各种方式和手段。

教育环体，是指对人的即教育有推动或阻碍作用的环境。环境对教育的影响是自发的、潜移默化的。其中既有积极正面的影响，也有消极负面的影响，优良的环境会促进教育过程的顺利进行，而恶、劣、衰、败、差的环境会阻碍教育过程的前进，影响或推迟教育目标的最终实现。因此，在教育过程中，要努力营造优良的社会及自然环境，为教育目标的实现提供环境支持。

三、高校教育的基本规律

关于教育的基本规律，列宁指出："教育的规律其实就是一种教与学的关系……其奥妙就是本质的关系或本质之间的关系。"教育过程有其自身固有的规律。其规律也就是教育过程中诸要素之间的本质联系及其矛盾运动的必然趋势。规律具有客观性。教育过程的规律同样是不以人的意志为转移的，不管人们是否意识到它，它都在起作用。规律是事物发展中本身所固有的、必然的、本质的、稳定的联系，决定着事物发展的必然趋向。规律具有客观性，人们不能随意创造和改变规律，只能发现、把握和利用规律。

高校教育过程规律就是指高校在进行教育的过程中各要素之间的固有的、本质的、稳定的、必然的联系。高校教育的规律所揭示的就是各要素之间矛盾运行及其发展的必然轨迹。它可具体表述为：教育者的教育活动一定要适合受教育者的品德状况的规律。简称为"适应超越规律"。它包括两个方面的内容：一方面，高校教育的层次性要求要根据教育主体的个性心理发展特点和道德状况来决定，不同的教育主体应该采取"因人而异"的教育方式；另一方面，高校教育工作者与教育主体之间存在互动关系。

具体地理解高校教育规律，至少应该包含以下几点：

（一）教育的广泛性特点，是教育的唯一性

这主要说的就是教育对象的"唯一性"。

所谓教育的唯一性指的就是教育客体的唯一，这是针对教育的广泛性而言。高校教育的特点决定了高校教育必须是"多对一"的关系，即教育内容、教育方法、教育者服务的对象只能是高校学生群体。超出这一群体，或者超出这一群体的道德

发展水平的教育都违背了教育的唯一性。

（二）教育过程是教育主体与客体、环体和介体之间相互联系的关系

高校教育过程研究的是教育主体、教育客体、教育环体、教育介体之间的相互联系或相互关系。在实际的思政活动中，教育主体在教育介体中，借助教育环体对教育客体施加影响。这其中，教育主体与教育客体通过间接的方式进行互动联系。教育环体与教育介体的优劣都或多或少地影响教育效果的发挥。因此在进行教育的过程中一定要善于利用教育介体和教育环体。要想发挥高校教育过程中教育主体、教育客体、教育环体、教育介体的作用，应该做到以下几点：一是要注重发挥教育主体和教育客体的主体性。在教育实践活动中，无论是教育主体，还是教育客体，都是具有一定社会意识和行为活动能力的人，都具有主体性，在教育过程中，应该积极促成教育者与受教育者必须双向互动。二是要积极发挥教育环体和教育介体的积极性，做到"趋利避害"。

（三）高校教育的过程是内化与外化相统一的过程

关于内化与外化的含义，理论界已做出精辟的阐释，外化就是把内化要求的"我要这么做"化为"我已经或者正在这么做"。内外化目标的实现不可能一蹴而就，要分阶段进行。

内化分盲从、认同和信奉阶段；外化分明确问题阶段，选择合适的行为方式和实践并养成习惯三个阶段来完成，而且对于内、外化的顺利实现，还需要一定的内外部条件。内化的实现途径主要是从注意教育者的影响和选择合适的教育方式这些实现内化的外围方面来探讨，外化的实现主要是在教育者的引导下，调动教育对象的主动性，组织各种形式的社会实践活动，进行强化行为训练。高校教育过程是一个完整的整体，一个完整的教育过程包括内化与外化两个环节。在教育过程中，内化和外化是辩证统一的。内化是前提，外化是目的，内化是外化的基础，外化是内化的归宿，没有外化内化就会失去意义，没有内化，外化显得"捉襟见肘"。外化存在于内化中，教育客体教育素养的形成来源于自身的外化来的社会实践；内化中也有外化，教育客体进行实践的依据就是来源于内化的教育素养。

（四）注重部分与整体关系与系统作用的规律

高校教育过程是一个整体，这个整体是由教育主体、教育客体、教育环体、教

育介体等部分构成。这些部分之间相互协作，和谐相处，才有利于教育过程的整体发挥。在教育的过程中应该积极发挥各方面的合力，调节各方面活动的积极性进行开展。《关于进一步加强和改进学生教育的意见》提出了"教育首位、合力育德的'德育'整体观念，教育的整体观是教育的'主导'观念"。这就要求我们应该发挥各方面诸多因素积极进行教育的整体性构建。

（五）理论创新和方法创新相统一的规律

兼具理论性和实践性是高校教育的重要特点。教育理论要突出实践性，这不仅是时代的需要，更是学生健康成长的需要。高校教育过程中教育理论的研究要充分实现该理论的价值，而理论价值得以实现的最有效的方式就是要将其应用于实践。实践是检验真理的唯一标准。因此，针对教育理论的缺失，我们可以尝试将教育理论与高校实践相结合，在检验理论的同时发展和丰富理论。同时，高校教育也要紧紧依靠理论，借助于理论的"先知"推动教育实践的深入研究。这不仅是教育理论的创新，也会引发教育实践的发展和创新。

教育活动是一项理论性很强的社会实践活动。我们要牢牢把握这一实践活动和理论活动不动摇。高校在进行教育实践的过程中，应该将理论与实践结合，不断丰富和发展理论，创新理论内容和形式。在实践过程中要紧紧把握理论的科学性、现代性、专业性的特点。理论创新和方法创新相统一的规律，是教育的一条重要规律。

（六）把握好教育规律与教育过程规律之间的辨别和区分

高校教育规律与教育过程规律、教育工作规律联系在于它们都属于教育规律体系范畴，教育过程中的内容、方法、手段之间存在共性。它们既有联系，又有区别。

高校教育过程规律与教育过程规律的差别表现在：高校教育过程规律与教育过程规律的教育、研究对象不同；教育过程规律的研究对象涉及范围较广，包括社会生活中的诸多群体，诸多阶层；而高校教育过程规律涉及对象具有针对性，只针对学生群体而言。所以，高校教育过程规律包含于教育活动过程中，两者是特殊与一般的关系。

高校教育过程规律与教育工作规律的差别表现在：教育工作规律是从教育主体的角度出发，站在教育主体角色上通过整合各种教育的资源，来有针对性地开展教育活动。而高校教育过程规律则并非从教育主体一个角度出发，而是多角度出发，进行规律总结。

四、高校教育的价值

教育的价值是指其传播和发散中教育内容的作用和意义。它是由高校教育在整个教育体系中的地位及其在两个文明建设中所起的作用决定的，其价值主要体现在对具有创新精神和实践能力的高素质人才的培养和对社会主义物质文明和精神文明的协调。

高校教育价值是指高校教育的属性、功能对学生的需要满足的效用。教育的价值形态结构是相对应存在的，主要有理想价值和现实价值；正面价值和负面价值；直接价值和间接价值；绝对价值和相对价值；个体价值和社会价值及目的价值和工具价值。另外，教育还有广泛的社会价值即价值、经济价值、文化价值和管理价值。在此主要研究高校教育的社会价值。

（一）主题价值

在高校教育社会价值中居于首要地位，要从整体上认识和把握教育的价值，主要应从以下三个方面去研究和理解：其一，净化社会风气，弘扬主旋律。学生作为社会中的精英阶层，通过适当的教育可以净化大众精神生活，实现为社会经济基础和制度服务。其二，为推动发展提供基础，精神动力和方向引导。价值的实现有利于保障我国发展的马克思主义方向。其三，是实现社会和谐稳定的价值，对于化解社会矛盾，维护民生和社会稳定，促进社会和谐起着十分重大的作用。

（二）经济价值

经济价值即促进经济发展，满足人们物质生活需要的价值。具体来讲，高校教育的经济价值体现在三个方面：一是高校教育为经济发展提供智力支持，高校教育通过激发和调动学生参与社会生活的积极性促进经济的发展和社会的进步；二是高校教育一定程度上保障了经济发展的方向，高校教育反对种种"私有化"的倾向，它能够使我国市场经济与社会主义基本经济制度相结合；三是高校教育营造了经济发展的有利环境，高校教育过程中，通过法制教育、道德教育可以塑造学生良好的参与经济的道德基础和法制基础，这样利于经济快速、和谐、健康发展。

（三）文化价值

文化是中国的软实力，高校教育的文化价值具体体现在两个方面：一是具有文化选择功能。通过高校教育，培养了学生对不同文化的甄选和判断能力，对于优秀、积极向上的文化，学生群体能够吸收并积极发扬，营造出良好的文化氛围；二是具有文化创造、再生功能。高校教育总是渗透到社会生活的方方面面，因此学生与文化进行发酵后，能够创造出正能量的文化因素。通过传播主导的文化，尤其对亚文化进行主导文化的渗透，使其沿着正确的方向发展。创造出优秀文化，培养出具有个性特征的个人。

（四）管理价值

管理主要分为硬管理和软管理两个方面，硬管理是指依靠法律、规章和制度等强制性手段；而软管理也称柔性管理，是指用文化教育进行熏陶。教育的管理价值主要体现在两个方面：一是有利于降低管理成本，切实提高了管理的效率。二是在管理过程中培养了未来的管理者。高校教育过程中通过学生的自我管理，锻炼了一批有能力、讲素质的实干管理人才，他们进入社会后，能够更加娴熟地运用各种管理手段，参与社会管理。

教育这四个方面的社会价值体现了教育最本质的价值，它们之间相互作用才能更好地发挥出教育的价值，满足人们对教育的期望和需求。

第三章　网络给教育工作带来的机遇和挑战

教育的过程其本质就是学生发展的过程，从某种意义上讲教育过程也就是信息的搜集、选择和传播的过程，也就是利用丰富、正确、生动的信息资源，影响熏陶学生的观念、价值观念和精神世界的过程。当今时代，以数字信息技术为基础，以互动传播为特征，具有创新形态的网络技术，借助通信网络、计算机、数据库以及日用电子产品于一体的电子信息交换系统平台，使得媒体信息（文本、声音、图像、电视信息）迅速传播到设有终端设备的世界任何地方的任何个人，传播的效率和传播的品质高清化，传播的速度实时化。网络就像一把"双刃剑"，网络一方面给高校教育工作带来了前所未有的机遇，开拓了其发展的新思路，拓宽了教育工作的新渠道，同时另一方面也给教育带来了极大的挑战，挑战着高校教育的诸多方面。因此教育要抓住网络发展机遇，顺势而为，同时积极应对挑战，力避其害。

第一节　网络给教育工作带来的机遇

网络具有资源共享性、功能多样性、内容广泛性、速度快捷性、环境开放性、作用双重性等诸多的鲜明特点，深得学生的喜爱并已被广泛的应用。学生是文化的排头兵，现在来看学生群体可以借助网络的力量，将信息更加个性化的传播，这使得学生这个群体成为网络时代的重量级别的"发言人"。同时网络传播的信息是全人类所共有的，每个人都可以获得、都可以拥有。美国著名作家戴维·H.罗思曼在《网络就是新生活》一书中指出：网络给我们的教育带来了难得的机遇。在网络条件下，教育工作可以同网络相结合，利用新的认识工具、新的交流方式使高校教育工作具有更强的生机和活力。借助网络获取信息的同时，也应尽自己的可能向别人提供信息。所以高校教育工作可以利用和借助网络技术优势与优点，克服传统教育的不足与弱点，扩大受教育面，提高教育效果。

高校教育工作者可以借助网络了解和把握学生的动态，有针对性地发布相关信息对学生进行正确引导，从而促进教育活动的有效开展。

一、网络拓宽了高校教育工作的显性教育和隐性教育的载体

显性教育与隐性教育在高校教育工作中，以其各自优势发挥着教育、熏陶作用。但在实践过程中它们又存在着局限性，不能充分发挥全方位育人的功能。只有将两者有机整合，相互补充，才能充分发挥个体受教育者的潜力，达到良好的教育效果。网络以其得天独厚的优势，承载起这一角色。显性教育与隐性教育是教育的两种基本模式，二者各具特色，在教育工作中，片面地强调一方而否定另一方均有失偏颇。必须将二者有机地结合起来，克服其局限性，最大限度地发挥其优势，才能增强教育的实效性，使高校教育工作焕发出新的生机与活力。

（一）网络教育工作中的显性教育

显性教育是指通过有意识的、直接的、外显的教育活动使受教育者受到教育的有形教育，是教育的主体方式。显性教育的主要形式有：课堂教学、先进人物报告会、谈心、交流会等。教育中的显性教育属于理论性、知识性的课程教学体系中的一项重要内容，具有目的性、计划性、组织性、社会性和实践性等特点。显性教育在我国高校教育的发展过程中起到过举足轻重的地位，不失时机地促进了高校教育的长足发展。

显性教育这种教育模式曾经长期在我国教育过程中占据主导地位。高校教育工作中的显性教育就是利用公开场合，教育工作者向受教育者进行的有关教育内容、目标等方面的知识的传授，进而使高校学生形成科学并且系统的观念、观念、道德观念、法制观念的过程。

诚然，在教育过程中以显性教育为主，但显性教育也存在着不足的方面。

首先，从显性教育的内容来看：过分看重道德教育，轻视道德实践；只注重道德理想教育，忽视基本文明素养。例如：在显性教育的教学过程中，过分地强调集体主义原则、爱国主义精神等，讲的都是概念、观点和原理性的东西，实践性不强。从显性教育的方法来看：显性教育一个很明显的特征就是班级授课、填鸭式教学。这种教学方法，一方面忽视了学生的个性，阻碍了学生主动性的发挥；另一方面，显性教育重在理论、政策的宣传和解说，具有强制的成分，直接地说使教育显得枯燥乏味，更容易引起学生的反感和不可信心理。

其次，显性教育往往是把道德教育目标作为教育活动的出发点，而不是把道德需要作为教育的前提。事实上，根据不同阶级的不同需要，道德目标与道德需要存在脱节，这样会使得显性教育失去其先天的"有效性"。

（二）高校教育工作中的隐性教育

隐性教育，是相对于显性教育而言的，指在教育过程中自觉运用隐性课程理论，注重开发利用隐性教育资源，通过比较隐蔽的形式，使受教育者在无意识间获得某种或经验的教育方式。它包括以大学校园的物质环境为载体的物质形态隐性教育、以学校的管理制度为载体的制度形态隐性教育和以大学精神为载体的精神形态隐性教育。在实践中，有效应用学生隐性教育模式，发挥学生隐性教育模式的最大功用，要着重开发以上三个方面的隐性教育资源。也就是说，隐性教育常采用"迂回""渗透"的教育形式，而不直接作用于受教育者。它实现教育目的于日常生活中，渗透教育过程于休闲逸致间，以"潜移默化""润物无声"的方式对受教育者的、观念、价值、道德、态度、情感等产生影响。隐性教育的教育主体体现为"宏观性主导"，或者说隐性教育的"操作者"是"宏观性主导"。隐性教育具有如下特点：一是教育主体的参与性，教育家苏霍姆林斯基的一句话可以用来形容教育主体的参与性，他说："用学生自己创造的周围环境，用丰富集体生产的一切东西进行教育，这是教育过程中最微妙的领域之一。"二是教育内容的隐蔽性、渗透性，隐性教育是把教育内容渗透到个人的社会实践中，从而对受教育者产生导向作用。三是教育方式的间接性，隐性教育可以通过侧面、间接的教育对学生产生潜移默化的影响。四是教育载体具有多样性、广泛性。五是教育主客体之间具有平等性、互动性，隐性教育的基础就是平等和互动，平等为受教育者交流提供了平台，互动为受教育者交流提供了保障。

高校实施隐性教育不仅能弥补现实的显性教育的缺陷，而且符合网络时代信息传递多样化、开放性的要求，适应学生主体意识增强的迫切需要，覆盖学生品德形成和发展的全过程。目前我国高校在实施隐性教育的过程中存在着高校部分教师和管理人员隐性教育意识薄弱，资源开发和利用不力，方式方法手段传统，与显性教育衔接欠佳的问题等，造成这些问题的原因有：受传统的"重显性轻隐性"观念的束缚，教育者综合素质不高尤其是现代教育技术技能欠缺，综合保障机制的不健全，隐性教育自身局限性的制约。因此，高校在进行隐性教育的过程中应做到两个保障。一是保障"育人为先"，做到教育的目的是以提高学生的道德水平为首要任务。二是保障育人机制，建立高校进行教育健全的保障机制，通过人力保障、制度保障，加强学生的教育建设，同时将显性教育与隐形教育相结合，以进一步提高学生的道德素质和高校教育的效果。

（三）网络拓宽了教育工作的显性教育和隐性教育的载体

以网络时代的典型事件为载体，进行学生教育的显性教育。比如重大的国际国内新闻事件和学生利益密切相关的社会现实等，历来都是学生关注的重点。对网上出现的一些新闻热门话题诸如就业的形势与分析、房价的飙升与拐点、贪官的落马与幕后、名人的趣闻与逸事等，广大学生同样给予热切关注，高校应该利用这些事件的影响作用，对学生进行隐性教育。高校教育工作者可以通过课堂讨论、事件沙龙、高峰论坛等形式就这些网络重大事件和热门话题与同学们展开讨论，形成一种双向互动的局面。在这个过程中，高校教育的要求无形中就传递给学生，使其树立正确的人生观、世界观与价值观，形成正确的和行为方式，避免误入歧途。

另外，高校可以利用网络事件当中蕴含的内容新颖、形式丰富多样的精神文化产品，寓教育于娱乐活动之中，使学生在情感共鸣中达到精神的升华。高校在进行网络教育的过程中，网络事件还能将显性教育所倡导的符合社会发展要求的价值导向进行隐性渗透，在潜移默化中达到高校教育的目的。通过不同的方式无形中引导学生，对他们的观念和行为进行隐性引导，这是网络环境下高校进行隐性教育的实践，可以使学生在关注热点问题的过程中受到潜移默化的隐性教育。

此外，高校还可以利用各种硬件设施，诸如户外电子屏、学生电脑、各种移动设备等，对学生进行显性和隐性的教育与引导。借助这些措施，通过学生较为关注的网站、论坛、手机等以主题化的形式出现。在这个过程中，教师并不干预学生的参与过程，况且学生也非常回避教师的干预，所以教育的关键是引导而不是说教。要利用好网络丰富的信息资源搭建信息平台，以学生喜闻乐见的方式进行有说服力、有针对性的宣传和教育，在寓教于乐中，把科学理论和路线方针政策渗透到学生头脑中去；还可以利用网络方便快捷的传播方式，借助网络手段，通过手机短信、博客、QQ群、贴吧、微信、微博等加强与学生的交流，及时发现并解决问题，提高工作效率，增强师生情感，进而潜移默化的解决学生的教育。

二、网络使高校教育的信息传达更为及时

高校教育的理论研究因为"载体"概念的引入而打开了局面，并不断深入。但随着社会化程度的不断提高，特别是网络的日益发展，当代学生主体意识和价值取向的不断增强，单一的载体模式在网络语境下已经显得苍白而无力。打造一个全新的载体平台，生成教育载体合力，从而有效地服务于教育，已成为高校教育工作者

进行理论研究的一个新的视域。借助网络技术，高校教育的信息传达更为及时。网络技术的发展打破了信息传递时间和地点的限制，同样高校教育的相关信息可以通过网络来传播。网络的使用提高了高校教育信息传递的时效性，特别是随着互联网技术的广泛发展，尤其是互联网络的发展，通过网络，能及时、迅速让学生全面了解国内外重大时政要闻，缩短了学生与外部世界的距离，在扩展学生视野的同时，也使得教育的过程变得潜移默化。借助网络技术，网络可以通过迅速、及时、准确的传播方式，使教育工作者及时调整教育内容和教学方式，达到更佳的教育效果。

三、网络拓展了教育工作的空间、领域和模式

根据《现代汉语词典》（外语教学与研究出版社 2002 年增补本，第 1103 页）的释义，"空间——物质存在的一种客观形式，由长度、宽度、高度表现出来，是物质存在的广延性和伸张性的表现，如三维空间等"。

网络为高校教育工作开辟了新领域和新空间。数字技术、计算机网络技术和移动通信技术等使网络形成了巨大的网络体系，具有资源丰富、信息容量大、传输快捷和交互性强、形式多元、覆盖面广等优势，较之以往任何一种传播技术和交流工具都有根本性跨越。学生借助多媒体手段可以跨越时间和距离实现交流、感情传达。在这一新的领域，随着教育内容的不断丰富，范围变得尤为广阔，形式变得越发多样，形态变得更加无形，形势变得更为复杂，难度变得越来越大。网络使家校联系在一起，通过网络手段，家长可以做到随时、随地地了解学生在学校的生活、学习状态，这样可以使教育保持一定的连贯性。开展网络时代的高校教育，高校可以借助信息网络平台建立自己的教育网站，积极利用网站的信息传播空间进行教育的宣传，对学生进行卓有成效的教育。同时，学生可以借助教育网站了解时事，丰富和提高自己的道德素养。

网络为高校教育工作创建了新平台。传统的教育的形式局限于课堂、交流会、面对面的谈话等形式，这使得教育形式单一化，同时也受到时间、地域的局限。

网络时代，高校教育可以借助网络技术，突破时间和地域的限制，借助于丰富的、多样的教育内容对高校学生进行教育。网络时代发展出一系列社交方式，例如手机短信、飞信、QQ、微信、博客、网络论坛等，这些社交方式具有快捷、灵活、互动性强的特点，在高校教育的过程中发挥了重要作用。

网络为高校教育工作提供了新模式。传统的教育模式由于缺乏时代特征，所以传统的教育模式和方法已经不能与网络的时代特征完全接轨。传统的教育模式是一

种单向的模式，是一种"一刀切"的模式，更多的是一种指令性的教育。网络背景下的教育模式是一种双向的模式，借助网络技术，这种交流模式能够通过图片、文字、视频、音频等声情并茂的形式进行传达。网络时代的教育模式做到了两结合，一是将高校的校园文化与网络文化相结合，在发展网络技术的同时，促进高校的文化建设，丰富校园文化内容，拓展校园文化内涵，延伸校园文化功能。二是将学生的成长与网络文化相结合，不断丰富学生道德素质，促进学生思维将"现实"与"虚拟"结合，促进教育与网络价值影响的相互协调，在丰富高校教育内涵的同时，更好地营造健康向上、积极文明的高校文化氛围。

四、网络扩大了教育工作的开放性和自主性

网络时代最主要的特征就是信息环境的开放性。这种网络的开放性当与高校教育相结合时，使得高校教育变得更加开放，一改传统教育方式和教育模式，使传统的信息渠道单一的状态变得更加多元化。当今社会，网络的开放性和自主性使得人们能够多元地表达个人，成为传播教育的新手段、新载体。在网络迅速发展的时代，高校学生作为新文化的排头兵，他们运用网络获取信息的能力走在了时代的前列。网络时代的学生表达话语权的空间日益增大，扩大的话语权使得他们在民主平等的教育环境中与社会上不良事件及风气做斗争，表达着自己的价值观。

网上教育工作坚持网上宣传的主旋律，研究宣传形式的多样化问题，以适应网上教育工作的需要，不断改进方式方法，努力增强说服力、影响力和战斗力。教育工作者要充分利用网络得天独厚的优势，把准时代的脉搏，弘扬时代的主旋律，在新形势下发挥教育工作的"服务保证"作用。高校教育借助网络技术进行发展。高校教育在网络技术的助力下，借助学科力量、教育者的力量帮助学生进行教育。在网络的作用下，教育者与受教育者的地位处于平等状态，这种平等是平等的地位、平等的交流，这种教育模式使受教育者的主体能动性受到尊重，发挥了他们学习的主动性、创造性。

五、网络信息传播的多边和平等性使学生教育主客体双方的信任度大为增强

师生之间的信任感，一直是影响和制约学生教育效果和质量的关键。由于人的隐蔽性的客观存在，当前学生一般不愿意向老师讲真话和说实情，这是高校一个较为普遍的现象，并成为学生教育过程中的情感教育阻碍。当前学生教育可以借网络

虚拟传播手段与学生进行双向交流，消除学生的心理戒备和隔阂，增强学生教育主体与主导者之间的信任，达到良好的教学效果。由于网络技术的发展，这使得高校教育的两大群体——教育者和受教育者之间的信任感大为增加。借助网络技术，高校教育的工作者一改传统的教育思维，通过网络与学生进行沟通交流，由于网络传播技术打破了真实世界和虚拟世界的界限，这使得教育者和受教育者之间的心理距离逐步缩小，许多学生在进行网络社交的过程中心理防范减小，能够敞开心扉与对方进行交流，发表自己的意见，真正实现畅所欲言，正因为是虚拟身份的交流，教育者和受教育者之间的交流是在完全信赖的基础上完成的。也正是基于此种认识，教育者能够借助网络社交媒体从源头了解学生的心理发展状态，了解学生内心的真实想法和感受，这比传统的机械教育的效果更加明显。

第二节 网络给教育工作带来的挑战

网络时代，信息的自由传播扰乱了信息传播的环境，容易造成媒体的失范，使得个人隐私、伦理道德、信息安全等一系列问题频频出现，这一切很容易对高校学生的、道德、观念产生负面影响，对高校教育工作带来了极大的挑战。

随着以互联网为载体的"第四媒体"的渗透和普及，网络越来越成为各种社会交锋的前沿阵地。其中，网络舆情就是公众对互联网上传播的某一"焦点"或"热点"问题所表现的有一定影响力、带有倾向性的意见或言论的情况。对于高校教育工作来说，网络舆情已经成为教育工作者了解社会状况的"晴雨表"。因此，了解网络舆情，把握舆情动态，引领舆情方向已经成为高校教育工作面临的新课题。网络技术正在时时刻刻地改变着学生的生活、学习方式，这一技术的应用成为改变学生行为模式的一大重要因素。新时代，网络的普及和应用给高校的教育提出了新课题，对新时期的高校教育工作提出了新的挑战。

一、网络对意识形态提出挑战

随着网络技术的发展，一些"西方国家"借助网络技术对我国进行"意识形态"的渗透。这种渗透过程体现在以下几个方面。一是标榜西方化的世界观、人生观、价值观。企图利用生活方式上的"优势"对我国进行利益化的引诱，网络技术的发展为西方国家对社会主义国家实施"和平演变"战略提供了极大的便利条件。二是西方国家善于利用网络技术与我国进行"舆论战",西方大国借助各种媒体肆意炒作、攻击和诽谤,影响和损坏我国在国际社会中的声誉。三是非常重要的一方面,西方国家利用先进的网络技术对发展中国家进行文化渗透,传播西式"文明"。从这个意义上讲网络从外部环境上对我国现时的高校教育工作提出的挑战是严峻的。

据不完全统计,互联网上以英文的主页为主体的,占据了95%,中文的网站不足1%,这就意味着以美国为首的西方发达国家垄断着互联网上的信息资源,很大程度上掌控着信息的传播权,并以此进行信息"垄断化"处理。对信息传播具有极大的控制力和影响力,并据此在世界范围内宣扬西方的意识形态、制度、价值观念、文化,尤其对社会主义国家力度更大。西方国家对我们实行的"西化"和"分化",冲击着我们的阵地,社会主义社会正面临着一种文化上的新殖民主义的挑战。因此,在网络环境治理中,要高度重视学生受西方影响而产生的意识、价值观念、行为准则的"西化"和异化问题。网络的发展使境内外反动势力异常活跃,他们利用网络技术的信息传播优势极力地对我国高校进行反动言论的渗透,对高校学生"心理防线"进行着不断的攻击和打压,更有甚者,一些破坏分子直接攻击高校网站,大张旗鼓地宣扬一些消极的灰色言论。网络安全的形势异常险峻,这一切"渗透、攻击和打压"严重冲击着高校教育健康发展的步伐,对传统的信息内容及其传播方式,特别是对马克思主义的传播发展和文化阵地的建设构成了严峻挑战。诚然,由于高校学生的世界观、人生观、价值观尚处于构建阶段,对各方面信息缺乏正确的判断,所以如果长期接触互联网,很容易受到网络上"西化"的冲击和影响,从而导致其民族观念和爱国主义观念的淡薄。毋庸置疑的是,西方国家利用互联网的优势,对我国进行文化和意识的渗透、攻击和打压是不会停息的。我们务必高度重视,万万不可粗心大意。

二、网络对学生健康成长教育提出挑战

网络是在数字技术和网络技术的基础之上延伸出来的各种媒体形式。网络的出现对学生的教育提出了一系列新的课题,特别是以互联网和手机短信为典型代表的网络在学生中的流行,使学生的交往方式、学习手段等出现了新的变化。与之相应,教育者必须转变教育理念,学会利用网络的信息优势,只有这样,才能行之有效地应对网络时代的教育。网络背景下,网络不良信息的侵袭导致了高校学生各种心理问题日益突出,严重影响了广学生的身心健康。网络不良信息对学生教育的消

极影响是多方面的，主要体现在以下几个方面：

第一，来自西方资产阶级的人生观、价值观、道德观的侵袭。西方大国充分利用其信息传播的先进技术，极力宣扬自身"优越"的意识形态、制度、文化，尤其对广大发展中国家特别是我们社会主义国家影响甚大。而高校学生的世界观、人生观、价值观正值成长期，可塑性强，很容易受网上不符合我国国情的思潮影响，从而导致我国学生形成偏颇甚至错误的世界观、人生观、价值观及道德观，对学生的健康成长产生不利的影响。

第二，学生的心理健康受到挑战。许多学生因为沉迷于网络而患上网络综合征。症状包括抑郁、失眠、精力不集中、精神分裂等，科学家发现这些症状与吸烟、酗酒甚至是吸毒等其他上瘾行为导致的症状有惊人的相似。网络的不良信息使学生很难真正认识自我价值，很难与他人和谐相处，甚至会逃避现实生活和学习，不能很好地控制情绪。面临选择时，很多学生不能做出及时准确的判断和选择。更有甚者，把网络作为自己宣泄情绪和违法乱纪的平台，走上了网络犯罪的不归之路。心理上出了问题，心理上丧失了自我，很容易会导致学生丧失正确的人生态度和信仰，对现实社会生活产生消极悲观情绪，这些都严重侵蚀着学生的灵魂，导致学生的心理不健全，影响学生的全面发展。

第三，网络削弱了学生的自制力和课堂学习能力。学生的尚未成熟，自制能力差，网络的吸引力尤其是网络游戏和虚拟功能的存在，使部分学生沉溺其中，自制能力不断下降。网络蕴藏海量的信息资源，使得部分接触网络信息的学生自认为自己的知识储备差不多了，无须在课堂上认真听讲，从而导致做任何事情都不能集中注意力，精神涣散。

三、网络对高校教育方式、方法提出挑战

明者因时而变，知者随事而制。宣传工作创新，重点要抓好理念创新、手段创新、基层工作创新，努力以认识新飞跃打开工作新局面。网络以信息资源的海量性、传播技术的数字化、传授双方的互动性、传播方式的多样化与个性化的特点，迅速被社会大众所接受和广泛使用。它在为人们提供便捷的信息服务的同时，也深刻地影响着人们的生活，使他们的思维模式、行为方式、心理意识等方面都发生了变化。目前，学生已成为网络使用群体中的主力军。因此分析网络对学生的影响，并且探索在网络环境下创新学生教育的策略和方法，就显得尤为重要。

众所周知，网络时代高校传统的教育方式和方法已经远远不能满足学生发展要

求。高校传统的教育方式仅仅局限在课堂授课、知识灌输、交流座谈等形式。这些方式由于缺乏互动性、生动性的特点使得网络时代的教育效果显得十分单薄。传统的高校教育的教育方式一般具有可控性的特点，教育者可以针对具体的问题提供有针对性的答案，方式简单有效，通过有意识地向学生传播含有特定信息的内容，及时对学生进行教育，帮助学生解决上的问题，促进教育对象的发生转变。网络所进行的是多对多的教育方式，满足大多数学生的学习需求，其方法也更具多样性，更容易被学生接受。网络的这些发展对高校传统教育方式和方法形成了一定的冲击。

四、网络对高校教师的话语权提出挑战

在传统媒体为主导的社会中，两个方面的原因促成了教师权威地位的凸显。一方面，知识的更新和流动速度慢。另一方面，知识具有相对的封闭性。

教师权威，即教师的教育权威，是学校教育权威的集中体现，是教师在教育过程中对学生产生的巨大影响力，从而使学生对教师表现出信赖和服从。当前教师权威面临很多挑战，包括网络和信息技术的发展、社会转型期价值观念的多元化、教育教学改革的深入、部分教师行为失当影响到教师的职业声望与社会评价等，这使得教师权威呈现出逐渐被淡化、甚至被消解的趋势。网络对高校教师的话语权提出挑战。高校教育工作者素有"人类灵魂工程师"的称号，在学生的心目中享有极高的声誉。但是随着社会的发展，信息的不对称性开始减弱。高等教育教师的专业性也开始受到不同程度的挑战。网络发展所形成的新的教育环境，使得在传统教育中独享的教师权威受到了挑战，教师权威赖以建立的基础不断被分裂、瓦解。网络时代教师的权威性便开始渐渐褪色，沦落到不得不和网络分享权威的境地。网络时代使高校教育处于平等发展状态。高校教育工作者与学生处于接收信息同一阶层，由于其接受能力低于学生，所以甚至在接收信息时处于不利地位。基于这种认识，教育工作者的地位被撼动，原有的权威性光环褪色。基于此种状况很多学生开始怀疑高校教育者的教学能力，从而对高校教育者产生信任危机，出现课堂散乱无序甚至不听讲的状况。

高校的教育是通过教育工作者进行的，教育工作者的素质直接影响到教育的效果。传统的教育，教育者处于一种权威的优势地位，一直给学生一种知识广博的教育者印象。通过这种权威上的优势，教育工作者得到了受教育者的尊重、信任和支持，这样使得教育活动得以展开。在传统的教育的过程中，教育者比较容易树立权威。在网络时代，高校教育工作者的这种地位得以终结，教育者的信息优势在逐步

丧失，网络的交互性、平等性对教育工作者的权威性提出挑战。而且学生大学期间的学习能力处于相对较强的时期，学习和接收信息知识的速度和能力都比较快，有些话题或信息可能会比高校教育者掌握得更加全面，导致高校教育者处于相对被动的地位，话语权地位遭到挑战。网络技术的特点就是受众之间的互动性。通过网络技术，学生不再轻易接受教育工作者的灌输，而要求进行对话和交流。学生通过网络可以方便地查看到各种公开或内部信息及真假难辨的各种信息，而教育者有时候却处于信息劣势的境地。所以在教育过程中，容易出现这样的"荒诞情景"。高校教育者所说的"新鲜事物"学生早已知道，事物已不再新鲜了。而学生嘴里传达出的新名词和新鲜事教育者却是闻所未闻，相比较之下，学生对高校教育者的信任度和尊重度严重下降。使得教育工作者面临一个非常尴尬的境地。高校教育工作者作为高校教育的主体，有着角色规定和制度安排的话语权，但其话语权随着环境的变化而变化。网络时代，信息的传播途径、信息的多元化特色以及学生的观念和行为方式都在深刻变化，学生在信息传播中的自主权明显增强。高校教育的话语权不再只为教育者所独有，学生也有了自己的话语权。高校教育工作者只有与时俱进，采取相适应的策略，才能提升自己话语权的影响力，进而增强学生教育的实效性。"老办法行不通，新办法不会用"是目前教育工作者的苦涩心声。互联网的迅猛发展对高校教育工作者的素质提出了新的更高的要求。作为教育工作者，应转变教育观念，正视网络发展带来的种种机遇和挑战，与时俱进，将网络教育与实践教育相结合，优势互补，从而提高高校教育的实效。

第四章　网络教育中的现状分析

《中共中央国务院关于进一步加强和改进大学生思想政治教育的意见》指出大学生是十分宝贵的人才资源，是民族的希望，是祖国的未来。梁启超先生也曾经在《少年中国说中》描述："故今日之责任，不在他人，而全在我少年。少年智则国智，少年富则国富；少年强则国强，少年独立则国独立；少年自由则国自由；少年进步则国进步；少年胜于欧洲则国胜于欧洲；少年雄于地球，则国雄于地球。红日初升，其道大光。河出伏流，一泻汪洋。潜龙腾渊，鳞爪飞扬。乳虎啸谷，百兽震惶。鹰隼试翼，风尘翕张。奇花初胎，矞矞皇皇。干将发硎，有作其芒。天戴其苍，地履其黄，纵有千古，横有八荒，前途似海，来日方长。美哉我少年中国，与天不老！壮哉我中国少年，与国无疆！"这番慷慨激昂的名典辞章，足以凸显中国青年在国家的重要地位及在社会进步发展中的重要职责和关键作用。

第一节　当代学生的心理状况分析

19 世纪德国哲学家、心理学家，科学教育学的奠基人赫尔巴特曾经说过："青年初期最宝贵的心理成果是发现自己的内心世界。"而学生随着自我意识的深入发展，自尊心越来越强，虽然患各种严重躯体疾病的的确不多，但由于受择业、自卑、早恋等问题的困扰，有心理问题的人数比例不小。而这些心理问题严重影响了学生的学习工作和正常生活。

心理健康与一个人的成就、贡献、成才关系重大，是学生成才的基础。心理健康可以促进学生形成健康的心理品质，是学生全面发展的基本要求，也是将来走向社会，在工作岗位上发挥智力水平，积极从事社会活动和不断向更高层次发展的重要条件。心理健康可以使学生克服依赖心理，增强独立性，利于学生培养健康的个性心理，是学生取得事业成功的坚实心理基础。

就当前学生的观念和心态环境的集中表现而言，有人概括为"一个中心""两个矛盾""三个压力""四个转变""五个更多"。"一个中心"：即以自我成才为中心，主导是自我价值与自我奋斗，集体和协作观念、服务和奉献精神以及艰苦奋斗的作风不足，与"四有"标准有较大差距。

　　"两个矛盾"：即学生自我期望值高与教育改革的矛盾，改革一旦触及自身利益，就会出现抵触情绪；学生日益增长的精神文化需求与落后的文化娱乐设施的矛盾，许多校园周边是低俗文化场所的娱乐厅、歌舞厅。"三个压力"：学习压力，就业市场的竞争使学生求知欲旺盛；经济压力，招生收费并轨导致不少学生经济困难；就业压力，人才招录的某些不公平竞争使学生担心自身的前程被断送。与20世纪80年代相比，90年代以来的学生有"四个转变"：由关心西方、文化思潮，转变到关心中国国情；由不着边际的高谈阔论，转变到比较求真务实；由关心国家和社会，转变到更多地关心个人发展；由一味地追求出国留学，转变到国内寻求用才之地。在观察和处理问题上，往往表现出"五个更多"：更多地采用生产力的标准，而不是意识形态的标准；更多地采用市场经济标准，而不是传统道德标准；更多地采用批判的标准，而不是建设的标准；更多地采用"与国际接轨"的标准，而不是"中国特色"的标准；更多地采用具体利益的标准，而不是抽象的标准。至于当代学生的价值取向，主流是呈现健康向上的趋势，自立、竞争、公平、效率时代意识明显增强。从整体看，多种取向并存；从个体看，多数学生尚未形成完整的、稳定的人生价值观念，在一些问题上常常表现出矛盾或多变状态。就发展趋势而言，随着社会主义市场经济的不断发展，加之网络时代的到来，使得各方面利益交织多元，人们的利益观逐步强化。在这一系列背景下，影响学生的负面消息不断增长，如果没有系统的教育进行积极引导，必然导致学生的发展走错方向，酿成不堪后果。

　　早在20世纪30年代，美国健康教育家鲍尔和霍尔就提出一个较完善的健康主义观念，认为："健康是人们在身体、心情和精神方面都自觉良好、精力充沛的一种状态。"健康的概念在全球得到传播且被人们接受，但是心理健康的定义却一直是一个有争议的问题，《简明不列颠百科全书》提出，心理健康是指个体心理在本身及环境条件许可范围内所能达到的最佳功能状态，但不是十全十美的绝对状态。我国心理健康教育工作者陈家麟教授从长期的工作经验，提出了六项标准：智力发展正常；情绪稳定乐观；意志品质健全；心理协调适度；人际关系和谐；人格完整独立。尽管内容及表达各有差异，但都强调充分发挥个体的心理潜能以及个体内部心理协调外部行为两个方面。因此，健康心理，表现为人与社会环境的互动中行为适应，而人在对环境的良好适应中，个人能力得到发挥、发展、完善的健康心理特质。

　　当前高校学生心理健康问题的主要表现为：

一、网络环境下造成的自我封闭和自我孤独

自我封闭是指将自己与外界隔绝开来，很少参与社交活动，除了必要的工作、学习、购物以外，大部分时间将自己关在家里，不与他人来往。自我封闭者都很孤独，没有朋友，甚至害怕社交活动，因而是一种环境不适的病态心理现象。著名心理学家拜克拉认为，学生如果沉迷于互联网，减少与外界口语交谈的人际接触机会，他们会变得与现实社会相隔离，与真实的人际关系切断开来，造成自我封闭。网络背景下，在网络技术的迅猛发展下，学生借助网络这一载体参与网络中不同组织的交流，与网络中陌生的伙伴侃侃而谈。但是一旦他们回归到现实生活中，参与人际交流时却不知所措。具体表现为有的同学恐惧直接接触，这便导致个人心灵更加封闭，造成网络外自我封闭，从而在情感上对网络世界产生眷恋和过分依赖，不善于与人交流，产生人际关系障碍和交往心理变异。

自我孤独总是希望通过上网获取现实生活中得不到的信息资源以便改变自己，但上网未能解除孤独反而使孤独感加重。

网络具有隐藏性特点，一部分学生往往借助网络的这种特点来修补自己的"心灵创伤"。他们常常通过网络平台向网友发泄自己的情绪，排解忧虑，通过这种匿名的方式，他们的心理压力得以释放，但心理压力的消除并不等于得到了"救赎"。

在这一过程中，网络的虚拟性就得以体现。由于没法预知对方的真实身份，所以真真假假，虚虚实实，这一过程便以游戏的方式结束，当脱离网络时，又回归自然，又处在一种空荡荡的境地。有些学生却表现出相反的状况，他们本身有时间去参加社交活动，但是网络的出现，使得他们把大部分时间投入到网络交流，这样长期"顾此失彼"，使得自己的现实生活被网络挤掉，减少了与朋友见面交流的机会，自然友情淡化，不由自主地将自己的交际圈缩小。因此这种网络交流方式有别于现实生活中的复杂的人际交往，但也可在一定程度上缓解人的心理压力。现实生活中，人与人之间的交往是通过身体语言的方式进行交流的，通过这种交流可以了解和读懂对方的心理和所要传达的信息。但是，借助网络载体，许多学生"隔靴搔痒"只能是借助键盘、鼠标和显示器所造就的书面语言，这使得这种孤独感的发展更加畸形。同时，网络增加了"撒谎"和"说真话"的辨别难度，这与现实生活中的直接交往相比，人际距离变得疏远。网络的虚拟性使得学生完全将自己沉溺其中，使得他们与人交往与社会接触的机会和时间大大压缩。这种情况自然衍生出学生忽视人与人之间的情感，自闭与孤独倾向更加严重，致使学生走向孤立、冷漠的

境地。网络交流一方面开拓了学生交流的途径，但是某种程度上却也剥夺了学生参与现实交流的机会，压缩了自然交流的空间。

二、网络背景下造成的人际交往障碍

人际交往能力已被公认为现代人才重要的素质之一，是情商的一项极为重要的内容。常言道："欲学为事，先学为人。"人际关系是当代学生的一个敏感问题。不少学生常常对此处于矛盾之中：一方面迫切希望参与社交，得到友谊；另一方面又不愿敞开心扉，与同学交往小心翼翼，自我封闭。这种关系对于沟通不畅有性格缺陷的高校学生来说，必然会产生难以解除的心理矛盾。现实生活中，有些学生不会主动与人交往，在不肯轻易向外人展示真实自我的同时，又渴望别人能理解自己、渴望别人能与自己做"心灵交流"，这种需求如果得不到满足，就会感到无所寄托，产生孤独感。有的学生缺乏在公共场合表达自己的勇气和能力，惧怕自己因此而遭遇更大的失败，不敢参与社交活动；有的由于受到批评或遭遇挫折后心中不舒畅，更加缺乏与人交往和沟通的主动性，总觉得学生活空虚、无聊和压抑。

三、网络时代造成痴迷网络，影响学习动力

网络环境下，学生借助网络平台构筑了自己虚拟的网上生活，但这其中存在许多问题，过度的痴迷于网络会给学生的人生发展带来极为不利的影响。学生如果长时间的沉溺于网络，醉心于网上信息与网上猎奇，就会产生对网络的过度依赖，将自己的现实生活时间挤掉而转移到网络生活的空间中来，这样会造成对网络的过度依赖和依恋，正常的学习生活及社会交往受到严重影响，给学生的身心健康和学习造成了严重的不良影响。痴迷网络的这类学生在精神上往往会表现出两种极端：一是上网时精神振奋，全神贯注；二是下网后精神萎靡，抑郁忧闷，身体虚弱。有些学生长时间沉浸网络，这些一"网"情深者，个人心理越来越闭锁，自然也给正常的学习生活带来不少问题。由于这些学生坚持上网不上课、不和同学交往，只与网络为伴，造成了其校园生活与现实的脱轨。从现状分析看，痴迷网络包括这样几种类型：一是痴迷于网络色情，长期对网络上的色情音乐、图片、视频浏览，以至于发生痴迷；二是痴迷于各种网络游戏，长时间沉浸在游戏带来的快感中而不能自拔；三是痴迷于网络恋情，网恋对于学生而言已经不是新鲜事物，他们利用各种聊天软件及聊天室长时间聊天，借助网络完成自我的"恋情"生活，沉醉在网络所创造的虚幻的罗曼蒂克的"网恋"中。

痴迷网络会给学生发展带来极大的消极影响，其中最直接的就是导致学生学习动力不足。这种影响主要体现在以下几个方面：一是缺乏进取心、畏难情绪严重。主要表现在困难面前缺乏勇气和信心，对社会上存在的某些不正之风恨之入骨，但又不敢承担责任，不敢与坏人坏事做斗争，回避困难，逃避责任，等等，这样的学生常常抱怨自身的不幸，却又宁愿忍受痛苦而不主动追求。二是学习观念保守，缺乏学习的自主性，自学能力明显不足。三是学习态度不端正，对所学知识兴趣不浓，总认为与自己原来所向往的专业相差甚远，总感到是在为别人学习，缺乏学习的热情和动力，即使到了课堂也是"人在曹营心在汉"，学习效率低下。四是学习行为不良，旷课、逃课、睡课现象比较严重，对待作业敷衍了事，作业抄袭，考试作弊，"做一天和尚撞一天钟"，厌倦学习，逃避学习，得过且过，缺少抱负和期望，没有压力感和紧迫感，对成绩好坏持无所谓的态度。

四、网络时代造成自我认知失调

自我认知是对自己的洞察和理解，包括自我观察和自我评价。自我认知与自我观察和自我评价是截然不同的。自我观察是指对自己的感知、思维和意向等方面的觉察；自我评价是指对自己的想法、期望、行为及人格特征的判断与评估，这是自我调节的重要条件。

如果一个人不能正确地认识自我，看不到自我的优点，觉得处处不如别人，就会产生自卑，丧失信心，做事畏缩不前。

相反，如果一个人过高地估计自己，也会骄傲自大、盲目乐观，导致失误。因此，正确地认识自我，实事求是地评价自己，是自我调节和人格完善的重要前提。

学生的认知和习惯的培养不仅是练习和强化的结果，更重要的决定于他原有的认知结构和当前所处的环境。社会心理学家菲斯汀格说过："一个人对自己的价值，是通过与他人的能力和条件的比较而实现的。"网络环境下，学生的"自我陶冶"能力显著增强，这使得其对外界事物的认识更加感性和随意，当然基于这种对外界事物评价的随意性，转移在自我身上，就显得更加随意和自我。网络环境下认为可以为所欲为，可以效仿网络的思维方式进行思维和处事。这使得学生在现实和虚拟之间产生了严重的断层，并且深深不能自拔。不同的学生有不同的认知基础，不同的价值目标，不同的个性行为规范，在网络盛行的今天，围绕统一的标准就难以进行有效的正确引导，往往会受到学生的抵制，影响教育效果。

五、网络时代的"就业"怪圈

迈入大学校门的同时，许多学生便背上了"就业"的负担，并且这种负担有的甚至背负于四年学生生涯的始终。众多高校也认识到这个问题的严重性，纷纷行动起来，通过开展各类讲座、社会实践活动、就业培训等方式，指导学生树立正确的择业观、职业观和就业观。

学生就业指导是教育者根据学生个人特征和社会需要，帮助学生规划职业发展、培养职业能力、选择适宜职业，以促进学生个人和社会的和谐发展而实施的有组织有计划的教育实践活动。学生就业指导对于学生自身的就业和成才、高等教育的可持续发展以及社会稳定和发展都有着十分重要的意义，是当前高校亟待加强的重要工作。随着高等教育大众化的发展和信息技术时代的到来，无论是发达国家还是发展中国家都面临着就业问题，整体就业形势日趋严峻。俗话说："良禽择木而栖，贤臣择主而事。"但现在就业的严峻是每一个高校学生都清楚的，若还按照传统标准未免碰壁。高校学生的择业过程是一种个人理想与追求相结合的过程，是一种自我能力与社会需要相结合的过程。网络时代，面对同一个"择业与就业"问题，不同的心理表现出不同的心态，学生的功名心理、忧患心理、郁闷心理、求闲心理、求便心理、从众心理、依赖心理等，都会以不同的形态突出地表现出来。

第二节　影响学生心理教育的主要原因

人的观念是社会实践活动和客观现实双重影响的产物。进入 21 世纪，我国学生的有了许多新的变化，这些变化是新时期社会现实生活的折射，但归根到底离不开其成长和生活环境的影响，离不开学生自身因素的影响。

一、对网络给思政教育带来的问题认识不足

就像全球化的趋势一样，网络的发展也是一把"双刃剑"，一方面网络为高校教育工作提供了新的阵地和领域，拓宽了高校教育的载体，对加强和改进高校学生教育工作带来了新的机遇；另一方面，网络的发展改变了学生的心理和结构，也冲击了高校传统的教育的方式方法。首先，网络使得学生获取信息的途径更加多元、更加便捷，获取的信息更加丰富、更加开放，这样的信息获取方式使得学生对高校知识的权威性和信任度降低。

相比较学生能够积极并善于利用多媒体而言，高校教育工作者则显得有点"捉襟见肘"，教育工作的相关部门和相关教师在获取信息的渠道、时间、数量上已不占明显优势。其次，随着网络技术的发展，许多不良信息借助网络平台得以肆意传播，这使得网络成为有害信息的滋生地和传播地。

社会中的破坏分子利用网络平台传播虚假、反动信息，这样会给高校教育工作产生不利影响，给社会经验尚缺的学生群体带来不良影响。

网络时代，随着网络技术的发展，各个高校也选择网络平台作为自己进行教育的阵地，基本上都建立了自己的教育和宣传网站。这些网站数量众多，但相比之下其浏览量着实很少。同时，这些网站大部分都是专题性质的网站，普遍存在投入力量有限、与现实结合不够、覆盖面较窄、交互性不强等问题。在网站建立后的维护过程中，重视网页的观感，忽视网页的本质内容的建设，这就使得网站的存在有着"华而不实"的虚名。

网络教育工作被肢解地服从于网络不断翻新的形式，手段与目的、形式与内容的关系，被无形地颠倒过来了，网络教育的内容和长效机制反而被忽视了。教育网络阵地的建设不能认为建几个"教育网站"或在网上占有一席之地就行了，关键在于如何吸引学生的关注，提高点击率，使"教育网站"真正成为学生的精神家园。

二、学生心理发展的不稳定性，易受网络不良因素的影响

目前我国的学生心理健康状况令人担忧，所以高校必须加大心理健康教育的力度。当代学生面临诸多的压力和困惑，学业的压力，就业的竞争，情感的困扰，人际关系的交往，理想和现实的冲突，等等。虽然现阶段我国学生心理健康状况从总体上看，不论是量的绝对性还是质的相对性，主流都是健康积极的，但也存在很多值得重视的问题。主要有：学生中心理不健康者比例较高，且呈现日益上升的趋势。在社会主义市场经济体制建立过程中，各种利益的重新调整与分配，社会价值评判标准的多元甚至混乱，高校教学、管理方式的变革等均给学生带来巨大的心理压力，困惑、迷茫、紧张、焦虑等情绪体验在学生中有相当市场。学生心理危机发生率呈现上升的趋势。

三、虚拟世界中的道德失范，对学生学习、生活和心理的影响

道德是人格的核心。网络社会，高校学生容易受网络影响，由于东西方文化差距较大，使得学生群体很容易对异国文化产生痴迷而陷入迷离的境地，从而丧失价

值观。网络环境的虚拟性使得学生在进行网络社交的过程中过于自我陶醉，而在现实生活中道德却变得冷酷无情。众所周知，教育的功能远非是仅仅的知识传授，更重要的功能就是培养学生成为一个独立的个体。这其中唤醒"人格心灵"是重要的功能。网络不能替代教学，网络不能替代交往，网络也不能替代社会实践，因此我们在进行网络道德教育过程中，不能让学生产生对网络环境的依赖，要避免学生的感情纠葛和交往心理变异，消除其各种不健康的情感问题；网络使用的不规范，容易造成学生沉迷于电脑网络游戏，从而诱发学生的人格障碍、认知冲突与思维障碍等网络心理障碍，不利于培养学生多层次的逆向思维能力和随机思维能力。因此，伴随着网络而产生的学生心理问题必须引起我们的高度重视。

由于缺乏规范和引导，网络上非理性的交互环境会引起民主参与形式的变异，造成群体情绪波动，甚至引发群体性事件。同时互联网带来的西化和分化仍有发展的倾向，少数青年在自由网络环境中诱发出的理性缺失、道德失范、信息沉溺、人际交往异化等不良现象仍然突出。

课堂教学是学生获得正确观念的主渠道、主阵地，通过积极地课堂教学帮助和引导学生树立正确的生活质量观、幸福观和价值观，从而重新树立高尚的道德观念。首先，要加强生命质量观教育，让学生了解什么是真正的高质量生活。其次，加强幸福观教育，让学生了解幸福的真正含义，以及采取何种方式追求幸福。最后，加强价值观教育，使学生树立正确的价值观，从而提升学生道德水平。作为年轻的群体，学生正处在生理和心理逐步走向成熟的时期，他们已经能够积极主动地对自我和客观事物做出价值判断和选择。但是，由于他们认识问题的深度不够、实践经验不足，学生的价值判断和评价带有明显的局限性。因此，加强学生生命质量观、幸福观和价值观教育是重树学生道德观念的基础。

第三节　教育的现状

新中国高等教育的德育，是继承了教育工作优良传统，并逐渐发展起来的。因此，其表述与教育工作有关概念的演变有密不可分的联系。高等教育的德育，包括高校对学生的品德、心理素质教育的各个方面。因而，通称为"教育"。教育理论课应运而生于探索高校教育工作科学化的实践中，历经初步探索和曲折建立、恢复、改革发展等建设阶段，发生了许多深刻的变化：在课程设置顺序上，它经历了马克思主义理论课、再到教育品德课、最后到共同发展融合的演变过程；在名称上，它经历了从"高校马克思主义理论课"、到"高校品德课"、再到"高校两课"、又到"高校教育理论课"的演变过程。在基本建设上，它经历了由不成熟、不规范到比较成熟规范，再到在深化改革中发展，又到在创新中发展的演变过程。

在我国，教育主要通过教育教学得以实现，这门课程承担着对高校学生进行自我价值观、社会主义相关理论、马克思主义理论等教学任务，是学生教育的主要途径和主要阵地。纵观新中国成立以来的高校教育课，教育教学在高等教育中的地位，总体上保持了与其他学科教育平衡的水平。然而随着不同时期的社会变迁和需要，高校教育理论课教育教学的地位也时常发生变化，呈现出忽高忽低的状态，曾给高等教育尤其是高校德育造成了极大的危害。当然，进行教育课这也是社会主义国家的一大特色。纵览我国教育课，其在不同的历史阶段有不同的发展。

网络时代高校校园已成为互联网用户最密集的区域，这就使得高校教育处在不断开放的环境中。网络时代既给高校教育理论教育带来了严峻挑战，也带来了新的机遇。一方面，社会网络化必然会充实教育的内容，推动其理论与时俱进。另一方面，社会网络化进一步开阔了教育理论教育的视野。一是由课堂延伸到课外。二是由校内延伸到校外。三是由国内延伸到国外。落后、封闭保守的观念遭到抛弃，创新观念、实效观念、信息观念、竞争观念被普遍认同，开辟了高校教育理论教育的广阔天地。

教育现状总体状况是先进的、科学的、积极的、进步的，同时也存在着一些不可回避的问题和不足，具体的可概括为对学生教育的重要性认识不到位，对教育的相关规划与管理不到位，高校教育的内容没有很好地体现科学性和人文关怀，高校教育的工作方法存在简单化、机械化倾向等。

一、高校对学生教育的重要性认识不到位

《中共中央国务院关于进一步加强和改进大学生思想政治教育的意见》指出"高度重视大学生生活社区、学生公寓、网络虚拟群体等新型大学生组织的思想政治教育工作。"强调指出大学生是十分宝贵的人才资源，是民族的希望、是祖国的未来。为了贯彻该文件精神，各地教育部门制定了相关实施办法。网络的出现切实加强和改进学生教育工作，培养造就千千万万具有高尚品质和良好道德修养、掌握现代化建设所需要的丰富知识和扎实本领的优秀人才，使学生们能够与时代同步伐、与祖国共命运、与人民齐奋斗，这对于确保实现全面建设小康社会、进而实现

现代化的宏伟目标，确保实现中华民族的伟大复兴，具有重大而深远的战略意义。但作为"主渠道、主阵地、主课堂"的学生教育却仍然存在一些认识上的误区。而目前网络背景下，教育工作对此关注不够，研究不足，尚缺乏有效的引导。

（一）高校普遍没能把握"教育先行"的本质

十八届三中全会通过的《中共中央关于全面深化改革若干重大问题的决定》提出："深化教育领域综合改革。全面贯彻教育方针，坚持立德树人，加强社会主义核心价值体系教育，完善中华优秀传统文化教育，形成爱学习、爱劳动、爱祖国活动的有效形式和长效机制，增强学生社会责任感、创新精神、实践能力。"立德树人是教育的根本任务，是培养什么人、怎样培养人的根本问题。要培养德、智、体美全面发展的社会主义建设者和接班人，就必须把德育放在首位，立德树人，使我们培养的人才既有高度的道德素养，又有建设社会主义的真实本领。高校的教育工作可以用"说起来重要，干起来次要，忙起来不要"来概括。"说起来重要"，"德育为先"是党和政府一直强调的，它经常出现在各种文件中，高校也确实通过文件的形式进行学习。但是在实际工作过程中却不能够达到学以致用。"干起来次要"，由于高校教学质量的考察还是通过数字化的成绩考核，所以当专业课程与教育课程相遇时，教育课程做出了让步和妥协，教育课程被"理所当然"地让位于专业课程，由于高校发展传统的问题，高校教育一直被放在次要位置。在实际的教育过程中，教育工作者一直延续传统的工作思路和工作方法，许多活动即使开展了，也仅仅是流于形式，使得思政活动名不副实。"忙起来不要"，高校教育工作由于传统上缺乏重视，所以当高校所有活动交织在一起的时候，教育不得不做出让步。

（二）学生对教育采取漠视态度

据调查显示，学生对理论课很感兴趣、一般、不感兴趣、反感的比例分别为17.2%、56.14%、17.4%、9.26%；认为学习教育理论课很受教育与启发、有一些收获、没有收获的比例分别为20.12%、61.51%、18.37%。数据表明学生对于高校教育采取"边缘化"的认识。

具体到高校生活中，对于高校的教育，一些学生认为虽然有意义，很重要，远远比不上学习成绩甚至参加学校活动的重要性，似乎离他们的现实要求尚远；随着网络的普及，还有学生受到网络功利化倾向的影响，认为教育是没必要的，认为教育就是钳制人的工具。

二、高校对教育的相关规划与管理不到位

学校管理是学校管理者通过一定的机构和制度采用不定期的手段和措施，带领和引导师生员工，充分利用校内外的资源和条件，整体优化学校教育工作，有效实现学校工作目标的组织活动。学校管理作为与教育相辅相成的一种教育手段，是学生教育的重要途径。如果缺乏切合实际的、合理的管理制度，那么，学生教育就会变得羸弱无力。

现阶段，高校对学生进行教育管理的部门设置比较简单，主要依托学生处、团委来完成。相比人员众多的专业教育人员，教育管理者人员十分匮乏，所以在处理一系列学生问题时就显得"捉襟见肘"。在这种情况下，高校教育者只能将本应该是非常有人性化的学生工作当成机械的"消防工作"，将自己的角色定位为"消防员"，整个教育过程就变成了单纯的"救火"和维稳，很难做到教育的人性化和个性化，很难做到从学生实际情况出发，将教育做得更有实效性。

另外，高校教育教育也需要良性的制度来规范。

现阶段，高校没能够根据自己的实际情况和学生的特点进行教育规范，能够做的就是生搬硬套政府部门的制度规范，不能做出相关的配套制度规范。即使做出相关的制度，但是具体规定方面做得并不到位。首先，高校在制定相关规章制度时，并没有充分地考量学生的实际情况，缺乏与学生的沟通；其次，规章制度的相关规定并不是基于学生的未来全面发展而考虑，而是基于更好地方便管理者的管理而制定，制度的内容更多的手段是处罚，显得过于机械和单调；再次，高校在制定规章制度的过程中机械地将国家在相关方面的规定照搬，自主性很差，没能做到"因校制宜"；最后，高校缺乏突发事件的早期预警机制，缺乏学生教育突发事件完备的应急预案。总之，正是因为制度和管理的缺位，最终没有真正形成提高学生教育的合力。

教育理论课管理弱化。目前学生教育工作的体制机制不完善，尤其对如何最大限度地依靠法律、制度、政策来保障学生教育工作，还显得比较薄弱。一些高校在深化改革中普遍将教育工作的管理降格或弱化。

据福建省的一份调查，目前全省高校教育理论课与院（系）同等独立设置的只有厦门大学、集美大学、福建医科大学、莆田学院等四所，其他均被撤并降格到院（系）二级机构建制，有的甚至没有建制。教育理论课教师占专任教师比例不到5%，却承担着10%以上的教学任务。

三、高校教育的内容没有很好地体现科学性和人文关怀

教育工作注重人文关怀，既要坚持教育人、引导人、鼓舞人、鞭策人，又要做到尊重人、理解人、关心人、帮助人。

教育人、引导人、鼓舞人、鞭策人，是教育工作注重人文关怀的任务与目标。尊重人、理解人、关心人、帮助人，是教育工作注重人文关怀的基本要求和原则。尊重人，就是要尊重人的基本权利和尊严，人的个性和爱好，人的劳动、知识、文化和创造。理解人，就是要理解人的本质和社会属性。关心人和帮助人直接体现了解决问题和解决实际问题的统一。关心人，要关心人的利益，要关注民生，关心群众疾苦，切实解决人民群众在学习、工作、生活、教育、医疗等方面遇到的各种实际困难和问题。关心人、帮助人，要特别注意关心、帮助底层民众及贫困人口。在高校要注意关心帮助贫困学生，切实解决他们的困难，为他们提供基本的生活、学习条件；还要关注并促进高校毕业生的就业工作。尊重人和理解人是做好教育工作的基础，关心人和帮助人是做好教育工作的关键。近几年来，我国个别高校尤其是一些民办私立学校庸俗化现象比较严重，充斥着功利主义、实用主义等不良现象，这种局面的形成对高校教育工作产生了不小的冲击，同时也玷污了高校的文化氛围和学术氛围。目前，高校教育主要通过开设课程的形式展开，在课堂讲授的过程中，普遍存在着唯"书本论"的说法，整个教学过程缺乏科学精神和人文精神。甚至为了应付考核，将教育的理论条例化，这样的确是鲜明，层次清楚，重点突出，方便记忆，但是普遍表现为学术水准低，人文精神不足，人文关怀不够。从一定意义上来讲，高校教育理论课，也应该具有人文教育课的内容和属性。只有这样，高校教育理论课才能与人文课程相结合，从而产生一加一大于二的整体效应，这样更利于高校教育的展开。

其实我国古代早就有"以人为本，本治则国固，本乱则国危"等，这其中蕴含着浓重的人文关怀。所以，高校在进行教育的过程中一定要注意三个结合：一是将高校的人文情怀的内容与教育内容相结合；二是将教育工作者的人文情怀与学生的个性化相结合；三是要在注重人文关怀的同时，应该坚持科学精神，要将人文精神与科学精神统一起来。应该以进行教育为桥梁，努力将高校建设成为科学的渊薮，建设成为人文的殿堂。

四、高校教育的工作方法存在简单化、机械化倾向

高校学生教育工作中受教者主体地位的缺失使人文关怀失去了施教的根基，受

教者自我需要的缺失使教育工作失去了人文关怀的回应机制，受教者亲临接触的缺失使教育工作失去了人文关怀的场景支撑。学生教育工作中的人文关怀是高校落实科学发展观以人为本的体现，是发挥教育立德树人功能的必然，是大学教育更加开放与多元的要求。为此，彰显学生教育工作中的人文关怀，要注意塑造学生独立的人格，满足学生不同层次的需要，把人文关怀贯穿于大学教育的全过程，不断增强教育工作中人文关怀的实效性。在高校教育的过程中由于缺乏人文关怀，取而代之的是机械的、简单的教育方式，所以教育的实效性并不能令人满意。这样使得由于教育不当造成的高校教育的"后天不足"的问题比较严重，致使部分学生的理想信念、道德素质、观念、法治信念、心理健康等方面存在不同程度的问题。要想促进学生教育改善，当前首先要做的就是"推陈出新"，不失时机地进行教育模式的改革，坚持以人为本，注重人文情怀，关心学生的个体成长，尊重学生的主体性发展和个性发展。

"世界上最浩瀚的是海洋，比海洋更浩瀚的是天空，比天空更浩瀚的是人的心灵。"高校教育工作关乎民族兴旺发达，关乎青年一代理想信念，关乎社会繁荣稳定。在网络技术不断进步和迅速普及的当今社会，作为人类心灵工程师的高校教育工作者，更是责无旁贷，定当以国家兴旺发达为己任，以学生的身心健康成长为己任，扬长避短，再接再厉，积极奉献，让美好的心灵绽放出绚丽多彩的理想之花。

第五章　网络教育体系构建与要求

教育的根本目的是为无产阶级解放事业服务，它在不同时期表现为不同的培养目标，而对培养目标的规定又展开为具体的目标模式。当前教育的目标是培养社会主义事业建设者和接班人，目标模式是"四有"新人。这一目标模式的成熟形态具有全面性、重点性、层次性和总体性特点。

第一节　教育的目的与目标之间的区别关系

目的通常是指行为主体根据自身的需要，借助意识、观念的中介作用，预先设想的行为目标和结果。作为观念形态，目的反映了人对客观事物的实践关系。人的实践活动以目的为依据，目的贯穿实践过程的始终。它是人们希望获得的最终结果，这个结果是整体性的，具有高度的概括性和抽象性。目标是个人、部门或整个组织所期望的成果，是目的和使命的具体化的表现，是在一定时期内所追求的最终成果和希望的未来状况。任务是目标的具体化。任务作为具体的实践要求，回答了在某一时期、某一阶段人们应该做些什么事情。

在马克思主义人学视野中，教育的本原目的是促进人在社会中的生存和发展，教育的最高目的是促进人的自由全面发展，我国教育的现实目的是促进和谐的社会主体之生成。教育的目的，是指通过教育活动，在受教育者的和行为方面所期望达到的结果。换言之，教育的目的是人们根据一定的主客观条件对受教育者品德方面的质量的一种期望和规定。教育的目的是开展各项教育活动的依据和动力。教育的目的的实现是长期的、复杂的、艰巨的，可区分为若干阶段的过程。

教育的目标是指教育者通过教育活动，期望教育对象的品德、素养、心理素质和行为习惯等方面所能达到的境界或预期结果。教育的目标不是头脑臆造的结果，它深深地植根于社会土壤之中。它取决于社会发展状况和需要，取决于现实的人全面发展提升自身的需要。以上可以看出，教育的目标是一个过程，是一个教育主体在实现其目的的过程，这一过程体现的就是某一群体的阶段性教育结果和状态。

关于教育的目的与教育目标的关系，我们可以总结为一句话：教育目标是实现教育目的的具体途径，教育的目标以教育的目的为依据。

高校教育的目标，是指高校根据社会发展的需要和学生成才的要求，通过教育使学生、道德、心理、审美、法纪等素质在一定时期内达到预期效果。它是高校教育的出发点和归宿，是教育的首要核心问题，制约着教育的整个过程。正确的目标定位，不仅为有效实施教育明确了方向评估的依据，也为广大青年学生成才明确了可行性导向，在树立和落实科学发展观，全面构建社会主义和谐社会的时代背景下，进一步明确高校教育的目标定位，对于培养合格的社会主义事业建设者和接班人，推进"两个文明"建设和新时代中国特色社会主义事业具有重要意义。

第二节　网络教育的目标应坚持原则

教育在各级各类学校都要摆在重要位置。任何时候都不能放松和削弱，教育素质是最重要的素质。不断增强学生和群众的爱国主义、集体主义、社会主义，是素质教育的灵魂。此为教育指明了目标和方向。

一、教育目标应遵循社会进步和个人发展辩证统一的原则

社会发展向人提供物质的、精神的发展条件，决定着人的发展；个人的发展依赖于社会发展，社会发展促进个人的发展。个人发展对社会发展具有促进作用，人本身的发展既是衡量社会进步的内在尺度，也是推动社会前进的内在动力。二者是一个双向同步的统一运动过程，统一的基础是社会发展。社会进步和个人发展应该达到高度的一致性。基于这种高度的认识，高校教育的目标定位，应该同时满足社会发展和个人发展，达到社会性和个人性的统一。

无论社会还是人，都必须求发展，把发展放在首要位置这是无一例外的。社会发展与人的发展是不可分割的。任何社会的发展都以经济发展为基础，但社会发展不仅仅只是追求经济的增长，其根本目的应是追求人的发展，实现人的全面发展。

人的全面而自由的发展是理想性、现实性和革命性的统一，它像一座灯塔，指引着社会发展和人的发展的道路与方向，它不只是一种理想目标，而且是一个现实的历史过程，是一个要经历诸多艰难曲折和革命性变革去逐步实现理想目标的现实发展过程。中国现在已经进入了共产主义社会的低级阶段——社会主义社会，而且在现阶段，中国社会的发展采取的主要对策是大力发展社会主义市场经济，这为人的发展开辟了广阔的前景。因此，要抓住机遇，更要自觉地创造条件，培育和塑造

人应具有的素质与品质，逐步向未来共产主义社会人的全面而自由的发展迈进。个人发展与社会发展之间客观地存在着辩证统一性，这种辩证统一性是高校教育所遵循的。高校教育目标的制定应遵循从个人需要出发，又应从社会需要出发，只有这样才能既促进个体发展又促进社会发展，使个人发展与社会发展之间形成一个良性循环。否则，单从个人发展出发或单从社会发展出发，都只能适得其反。

为保证其方向的科学性和正确性，满足社会发展进步的需要，这必然要求高校教育的目标定位适应并服从于社会主义物质文明和精神文明发展的要求。做到科学性和正确性，必须理解"内化"与"外化"。"内化"与"外化"是学生品德形成过程中的两个阶段，这两个阶段互相交叉，互相转化。在这两个阶段，"内化"起着重要作用。学生在接受教育后，提高了道德自觉，从而将外在的观念、道德规范、理念内化为自己的行为准则和道德良心，指导自己的活动行为，并形成自我监督的良性机制，最后完成个体整体素质的提升。在整个学生教育活动中，教育内化占据着重要的地位。因为，我们进行教育，其目的就是要使社会所要求的观念、观点和道德规范转化为学生自己的意识，并用以指导自己的行为活动，而这个过程正是内化活动过程。学生教育品德的养成要求把社会习俗逐渐"内化"为学生的观点、理想信念，然后把这种内在素质"外化"为行为习惯的过程。在这种由"内"而"外"的过程中，学生的教育素养得以提升。"内化"和"外化"的过程必须是以学生个性心理特征和成长规律以及心理状况为前提的，通过这种前提性的保障，进而达到社会进步的需要和个人发展的需要的辩证统一。

只有这样才能保证高校教育的科学性，达到高校教育的目标。

二、教育目标应遵循继承与借鉴有机结合的原则

一方面，实现高校教育目标需要遵循继承与借鉴相结合的原则，应继承发扬高校在历史上形成的优良学习传统、马克思主义的学风和富有成效的学习制度，借鉴国内外学习型组织建设方面具有普遍意义的规律性认识，吸取近年来各个高校进行教育工作建设实践中积累的好做法好经验。另一方面，要坚持解放、实事求是、与时俱进的工作思路，依据高校在新的历史时期、新的环境条件下学习目的、内容和组织形式的发展变化，不断有所发现、有所创新、有所突破。

横向借鉴，纵向继承。我们一项重要的传统和优势，就是长期坚持不懈地开展教育。多年来，我们一方面在不断实践教育的内容，一方面不断积累经验，如正面灌输、实事求是、以身作则等，对于这些经验，我们不但不能放弃而且还要进一步

继承和发扬，发挥它们在教育过程中的积极作用。教育并不是哪一个阶级的特殊行为和专利，而是一项普遍的社会实践活动，不仅我国现实需要，世界各国都存在。网络下高校教育工作表现出隐蔽性强的特点，基于这种认识，我们应该积极横向的借鉴不同高校甚至国外高校进行教育工作的经验，并以此为依据丰富我们的工作思路。继承中孕育着发展，借鉴中包容着提升，高校教育在我国已经发展了近60年，这期间累积了丰富的教育工作经验，网络时代应该发扬"扬弃"精神，对传统经验进行批判继承。

三、教育目标应遵循教育与管理相一致的原则

教育与管理是反映教育与其重要性平行的系统管理之间相互关系的范畴。教育是教育者对受教育者施加有组织、有计划、有目的的教育影响的实践活动，它主要靠说服教育，启发人们的自觉认知。管理是组织运用经济、行政、纪律、法规等手段规范人们的行为，以维护正常的生活秩序的实践活动。它主要靠规范约束，带有强制性。

管理与教育是两种不同的活动，二者性质不同，功能有异，二者之间有着密切联系。只有二者实现有机结合，才能显示教育工作的强大威力，保证各项工作顺利进行。

当前的网络时代，随着网络技术的迅猛发展，各种新问题、新情况、新矛盾日渐显露，迫切需要强有力的教育做先导，更需要科学有效的管理措施做保障，这种保障和需要在高校领域更为突出。因此高校教育目标的制定一定要把握教育与管理的一致性。具体指一方面高校要把教育贯穿于各项规章制度和教育教学的落实过程之中；另一方面要把教育领先于各种错误思潮萌发之前；此外要把教育渗透到严格的学生管理之中。只有这样才能为高校教育工作提供精神动力和智力支持，同时也能顺利保障高校各项事业的顺利进行。

四、教育目标应遵循针对性与实效性有机结合的原则

网络环境下加强教育要强化教育的针对性，切忌教条僵化和形式主义，增强实效性，做到有的放矢，坚持针对性与实效性相结合的原则。为适应网络环境下高校教育工作的要求，高校教育应着眼于为提高学生思政能力服务，努力把提高学生思政水平作为抓教育的出发点、落脚点。在制订高校教育计划时，要把教育放到高校全面建设的大局中来考量，把对上负责和对下负责统一起来，吃透上情，摸准下

情，形成自己的教育特色。这种针对性体现在高校教育方针的针对性、高校教育内容选择的针对性、高校教育形式的针对性以及高校教育整体效能的针对性等方面。

网络背景下，借助网络技术的发展，使得学生教育工作变得繁杂无序，这对教育的方式和手段都提出了近乎严苛的要求，照本宣科、不注意理论联系实际的教学方法是不会有实际效果的，因此要求高校教育工作的方法和手段应该做到与时俱进。在这一过程中，高校要针对网络环境条件下学生自主性和主体意识增强的特点，利用多平台，多载体，多方位，全方面实现高校教育的实效性，切实提高学生的教育水平。

五、教育目标应遵循教育与专业知识教育相结合的原则

赫尔巴特在"教育性教学"这一原则指出，德育过程应该贯穿于教育过程之中。网络环境下，高校教育应该注重两结合：一是注重将教育和专业教育相结合，发挥教育的辅助作用；二是注重专业知识和教育知识交叉教学。教育课是进行学生教育的主要途径，其实高校教育的潜在平台很多，其中专业知识教学就是一处最大的潜在平台，借助这一平台，可以在高校教育课程之外的专业课程教学中，挖掘专业课程的德育意义，渗透教育的内容，是当代各国教育的普遍做法。

厄内斯·特博耶是美国著名教育学家，他提出专业课实现价值观教育的方法就是专业课的学习都要对三个问题做出回答：一是它所涉及的社会和经济问题是什么；二是这个领域的传统和历史是什么；三是要面对哪些伦理和道德问题。通过这种专业教育，更有利于高校教育目标的实现。有关这三个问题的回答可以直接或者间接的激发学生关心和思考与专业有关的社会理论问题，通过这种主动的探索去积极地接受社会的价值观念。英国高等教育学者阿什比认为，除了要回答这三个问题之外，除了课程渗透教育内容外，还要充分发挥专业课教师在学生教育中的积极作用。

六、高校教育目标应遵循发展性原则

发展是事物从出生开始的一个进步变化的过程，是事物的不断更新。是指一种连续不断地变化过程。既有量的变化，又有质的变化；有正向的变化，也有负向变化。发展性具体指的是主张学生在动态学习环境下，形成动态思维结构，达到情感能力的协调发展。这种发展是在开放思维条件下，全时空发展的学习方式。制定高校教育目标时，要充分考虑到发展性。这种发展性表现在两个方面，一方面要求教

育目标应具有长期性；另一方面要求教育目标的制定站在学生发展的角度，考虑学生的发展性。著名的教育专家斯塔佛尔姆的"发展性"指的是倡导"四多四少"，即"多一点赏识，少一点苛求；多一点表扬，少一点批评；多一点肯定，少一点否定；多一点信任，少一点怀疑"。

第三节　网络教育目标与定位中存在的问题

高校教育的目标，是指高校根据社会发展的需要和学生成长成才的要求，教育者通过教育活动，期望教育对象的品德、素养、心理素质和行为习惯等方面所能达到的境界或预期结果。它是高校教育的出发点和归宿，贯穿在教育的整个过程。但是在实际操作过程中，高校教育目标的定位存在错位，集中表现在以下两个方面。

一、目标定位泛化

泛化，指过分化。教育作为教育的重要内容，应该值得我们去花费时间和精力去进行教育。毫无疑问，高校教育应把坚持正确的方向放在首位，高校教育的最终目的就是做到四个服务：为建设服务，为社会主义现代化建设服务，为高校建设服务，为学生成长成才服务。所以将教育纳入教育中显得非常必要。但是高校教育不应该单单重视教育，教育的目标不仅仅体现在其性上，其目标还应该包括教育、道德教育、生活教育等多方面、多角度、多渠道、多层次，体现各个方面的要求是一种全方位、立体化的教育目标。所以高校教育的目标定位应充分考虑到除去教育之外的其他素质教育的要求，如果孤立地突出教育要求，忽略了其他素质要求，不仅会导致学生对教育产生厌恶，萌发"厌学"情绪，还会造成严重的包袱和压力，造成学生的畸形发展，更会给社会发展带来负面影响。

高校是国家人才创新的重要基地，承担着为国家培养人才，创造社会价值的重要任务，是推动经济和社会发展的一支重要力量。高校教育目标一方面要适应社会主义现代化建设的发展要求，另一方面在重点突出教育的要求的同时，兼顾其他多个方面的教育，促进道德、法制等素质的培养，探索学生的智力因素的开发和利用，引导学生自我教育、自我发展，促进学生健康成长。

二、目标定位过分抽象化

抽象化是指以缩减一个概念或是一个现象的资讯含量来将其广义化的过程，主要是为了只保存与特定目的有关的资讯。当前高校教育一个很不理想的状态就是目标的制定过分抽象化和概括化。教育本身是一个非静态的、具体的过程，其目标定位应在动态中进行选择。

例如"社会主义事业的建设者和接班人"是抽象的概念，但是在实际的教育过程中缺乏正确的研究，所以在教授时就使得其变成一句口号，失去了原有内涵的丰富性和实效性。因此，基于这种过分抽象化、概括化的目标定位，一定程度上限制了高校教育的发展。高校教育现阶段的目标定位应该要充分考虑到青年学生的状况和心理特点，结合我国具体国情，定位要有相对客观的内容，不仅要在理论上体现现实性和前瞻性，更要能付诸实施进行实际操作。

具体化、动态化的教育的目标，不仅为有效实施教育明确了方向和评估的依据，也为广大学生成才明确了可行性导向。

三、目标的缺位

由于把高校育人目标等同于学生教育工作目标，从而导致学生教育工作目标缺位。目标缺位，在学生教育工作实践中主要表现是：重过程轻结果，工作缺乏针对性，较少考虑工作成效；重实轻虚，抓具体工作、完成明确任务坚强有力，但缺乏工作的整体设计和理性思考；重当前轻长远，满足于解决当前的问题，工作缺乏长效性和前瞻性；重整体轻个体，整体性工作轰轰烈烈、有声有色，但对学生个体的工作缺乏深入，他们在想些什么？有什么困惑？需要得到什么帮助？

怎样去帮助？既缺乏了解也缺少办法，等等。教育工作和其他任何工作一样，在目标缺位的情况下，主观见之客观陷入盲目，要取得良好成效是不可能的。

第四节　网络教育内容的体系构建与要求

经过40多年的改革开放，社会主义现代化建设取得了长足发展和举世公认的成就。但是我们也应看到：随着社会经济结构已经和即将发生的深刻变化，特别是网络时代的来临，这使得新情况新问题层出不穷，社会利益关系更为复杂，中国社会正在经历一个重要而关键的转型时期。在社会主义现代化建设的进程中，我国各类高校培养的大量高素质人才为此做出巨大的贡献。随着网络时代的来临和高等教育大众化时代的来临，使得更多的学子有机会接受高等教育，但是，要将这些青年培养成建设和谐社会的中坚力量，对高校教育的目标定位进行与时俱进的调整就势在必行。明确的目标定位，一方面为进行教育提供了可靠的方向依据，另一方面也为广大学生的成才提供了可行性的导向。在网络时代背景下，进一步把握和明确高校教育的目标定位，有利于我国的社会主义现代化建设，有利于培养合格的社会主义事业建设者和接班人。

一、高校教育目标制定应该贴近实际、贴近生活、贴近学生

党的十八大指出，要"着力提高教育质量"。提高质量是教育理论课发展最核心最紧迫的任务，贴近实际、贴近生活、贴近学生，是提高教学质量的内在诉求和重要突破口。把握"三贴近"的统一性原则、科学性原则与引导性原则，在教学理念和模式、教学方法和手段、学习方式和评价等方面贯彻"三贴近"，能够全面提高教育理论课的教学质量。贴近实际、贴近生活、贴近群众，既是我们党在教育工作方面长期实践的经验总结，也是我们的传家宝。高等学校作为培养人才的摇篮，要解决好培养什么人、如何培养人这个根本问题，必须始终不渝地全面贯彻教育方针，用三贴近方法来加强高校学生教育工作，提高针对性，增强实效性，关键问题是使学生教育工作真正做到贴近实际、贴近生活、贴近学生。

在高校进行教育的实际工作中，应以学生的责任感和责任意识为突破口，坚持以人为本，坚持教育引导的先进性和广泛性的统一，贴近实际、贴近生活、贴近学生，努力在提高教育的针对性、实效性以及吸引力、感染力上下功夫，培养德智体美全面发展的社会主义事业合格建设者和可靠接班人。同时还应该注意教育过程的科学性，"三贴近"具有管长远、管方向之效，所以必须围绕学生去"解扣子"，区分不同学生的不同心理个性特点，防止上下一般粗。最后还要强调引导性，高校教育工作者在教育过程中，应该注意正能量的传递，在与学生进行交流、对话过程中对学生进行潜移默化的引导和的规范。

高校教育一定要在经常性教育的基础上，把握"三贴近"的原则。把解决学生现实问题作为出发点和落脚点。

二、细化高校教育目标

教育规模与学生发展有直接关系，往往规模越大、集中程度越大、力度越大，

烙印就越深。一是教育的每个环节都要抓住。比如课堂教育，就应该好好地抓一下调查，引导教育理论课教师学会把学生摸透摸准，防止闭门造车；备课要备出质量，要广泛查阅资料，精心准备，必要时进行试讲；讨论要认真组织，把课堂内容消化好，防止简单议论，防止离题千里；补课要真正补起来，不能简单地补补笔记了事等。每个环节还都有具体的做法和要求。把这些基本环节抓好了，课堂教育不会没有效果。二是注意培养教育的小骨干队伍。把这些小队伍抓好了，就能在教育中起到很好的补充、桥梁、引路、放大、消化作用。三是做好条块和一人一事的工作。现在的学生，不同层次的人有着不同的特点，不同条块的人也有着不同的想法，所以教育者既要注意层次性，也要注意条块性，把不同类型人员的工作都做好。共性的问题解决了，个性的问题也不能放过。一人一事的问题往往具有典型性，影响比较大，所以教育者仍然要把谈心、一帮一等行之有效的方法始终抓住，使解决问题成为覆盖全体学生的共同目标和要求。

三、高校教育目标定位应该以培养学生能力为先

学校教育的目标之一，就是培养学生具备社会主义事业建设者和接班人所必需的道德素质，这内在地蕴含了对学生各方面能力的要求。将学生能力培养作为高校教育的重要目标，对学生个人的发展和社会的进步具有重要意义。学生能力包括道德能力、能力、独立生活能力、人际交往能力、应变能力等多个方面，如何培养学生的实际能力，不仅仅是学生专业课程的目标和任务，同时也是学生教育的功能，也应该在高校教育目标中有所体现。单纯地从智育的角度去培养学生的能力，促进学生发展，只注重知识的呈现和讲授，那么学生教育就会丧失它应有的受关注度和被接受度。学生教育究其实质就是学生实际能力的教育。

进行学生的实际能力的培养，应该从多方面入手。一方面，从学生教育的内容和方法入手。创新教育的内容，不断将教育的内容与实际结合和社会结合，同时开拓教育的方法，多元化的方法利于教育的多元进行，使学生教育的过程切切实实地被学生接受进而内化，产生认同感，养成良好的能力习惯。另一方面是注重教育的教学内容和实践的结合。在实际教学过程中，一是可以开展理论交流，二是可以围绕理论主题相关的内容开展系列主题教育实践活动，培养学生"走进来、走出去"的学习习惯，让学生在实际的操作中饱尝教育带来的乐果，间接地提升和强化学生良好道德行为和责任意识。

高校教育过程中要培养解决的是知识和能力的转化问题。能力和知识的作用是

相互的。高校在进行教育的过程中，一定要注意教育的知识性与能力性的相互交流、沟通以及转化。学校培养就是要把学生学到的知识转化为能力，特别是转化为学生适应社会生存与发展的职业化技能。高校课堂是学生学习知识的殿堂，但知识不等于素质，素质不等于能力。

知识的建构有助于能力的形成，反之，以能力作为基础知识的学习也将更加有利。因此基于以知识为基础，善于将知识进行积极转化的教育在高校中应该发挥重要作用。

四、高校教育目标的设定应该彰显教育内容的感染力、吸引力和针对性

教育的过程，是教育者对受教育者的状态进行转化的过程，也是教育内容发挥作用的过程。因此高校教育目标的设定应该彰显教育内容的感染力，提高教育内容的吸引力、增强教育内容的针对性。

高校教育要融入生活，就是要在生活的正常运行中，引导人们认识生命的价值，唤醒信念的生命，恢复的生命力，使每一个人在对事物、对生活的态度中积极地表现出他的世界观、价值观以及立场。以重大事件活动和庆典为契机加强和改进学生教育工作，以彰显教育内容的感染力。北京大学提出的学生教育"精致化"目标，要求根据每一个学生特点，深入细致地开展工作。"精致化"的核心是"以人为本"，在教育过程中结合了"科学管理"和"人本管理"的优势，对于提升学生素质、促进全面发展大有裨益，有利于形成"人人成才"的良好局面。另外，"精致化"以实现每个受教育者"自由而全面的发展"为根本目标，在教育实践中倡导"因材施教"，注重发挥学生个人的主体性和主动性，有利于培养高素质创新型人才。例如北京大学充分发挥校园典礼的教育作用，在开学典礼、奖学金颁奖典礼、毕业典礼中全面融入北大传统教育和励志成才教育及感恩奉献教育，这是北大加强和改进学生教育的一个重要方面。北大在开学典礼中特别设计了合唱《燕园情》、集体佩戴校徽等环节；毕业典礼中精心安排了《永远的校园》诗朗诵、分院系齐呼毕业口号、通过"毕业门"并接受师长拨穗。通过这种目标限定彰显了教育内容的感染力，提高教育内容的吸引力、增强教育内容的针对性。教育工作者在开展教育活动过程中，注意将学生的个人体验融入教育的过程中，注重考量学生的情感态度。

所谓针对性就是必须要有的放矢地开展教育，包括问题的针对性和方案的针对性。问题的针对性要求我们对于受教育者的品德现状有充分的了解，知道他们存在

哪些问题。而了解受教育者的品德状况既需要知道他们现在的观念、心理特点、行为习惯是什么，又要知道有哪些因素促成他形成的现在的品德。这些因素包括宏观因素（经济环境、环境、文化环境、大众传媒环境）和微观环境（家庭环境、学校环境、社区环境、同辈群体环境）的影响。方案的针对性是指制订的教育方案要有针对性，包括具体的目的、可行的步骤、恰当的方法等，只有这样才能够使教育获得良好的效果。在新形势下，学生心理层面、认识都发生了深刻的变化。因此高校教育目标设定应该更具有针对性和有效性，以使学生具有坚定正确的方向和健康向上的价值观。

要做好学生教育就不能不承认学生教育素质的差异，并且按照这种差异给予区别对待，根据其不同特点选取不同的教育内容。

首先要对学生阶层进行分层。学生中有先进分子，他们大多数是党员、学生干部等。学生中也有中间分子，他们大多数缺乏工作的积极性。学生中也有落后分子。在进行教育的过程中，对于学生中间的先进分子，加大马克思主义理论教育，巩固他们有关马克思主义的理想和信念。对于数量较多的中间分子而言，应该利用共同理想、爱国主义等教育内容，逐渐引导他们认识与理解马克思主义、走向马克思主义，加强价值观教育，笃定他们对于共产主义的深刻认识。其次，要注意顺序性。教育的开展无论是从低年级到高年级，从本专科学生到研究生，都要注重顺序性。由于不同年龄层次的学生的道德发展水平存在差异，其个性心理特征也着实不同，所以在进行教育的过程中，一定注意顺序性。学生教育工作者应对不同年级和不同身心发展阶段的学生，设计有区别、有重点、有连续的教育内容体系，有针对性地开展相应的教育内容活动。

第六章　网络教育的实践依据

改革开放 40 多年的历程，是我党带领全国人民同心同德、艰苦奋斗建设富强、民主、文明的社会主义现代化强国伟大实践的历程。40 多年来，国际局势风云变幻，改革与建设任务艰巨繁重，党和人民经历和战胜了前所未有的严峻考验和挑战，具有中国特色社会主义建设事业取得了举世瞩目的巨大成就。

社会经济实现了跨越式发展，社会人文环境得到进一步改善，民主与法治理念深入人心，社会稳定，人民群众安居乐业。高校教育实践活动也顺应时代发展潮流，取得了前所未有的成就，体现了时代发展的特点，映射出我国教育建设的成就。改革开放 40 多年来，在不同时期，不同阶段，高校教育呈现出了不同的阶段特征，这种时代特征烙印已经深嵌在高校教育发展的历程中。回顾总结高校开展教育的实践与经验，把握教育的根本，对于进一步加强和改进高校教育工作具有重要的现实意义。

第一节　网络教育的主要经验

改革开放以来，高校教育按照基本路线的要求，紧随时代发展步伐，积极面对改革开放和社会主义市场经济体制建设过程中出现的新形势、新情况。高校教育在工作实践中不断探索，不断创新，在与国际国内各种错误思潮的斗争中披荆斩棘，开拓前进。回顾网络教育的探索实践，有许多带有标志性、指导性和规律性的思政经验值得我们回顾、珍惜和总结。

一、网络教育的发展历程

依据改革开放 40 多年以来高校教育的发展特点，可将其大致分为两个阶段五个时期：第一阶段是 1979 年初至 1989 年 6 月，这一阶段经历了改革开放初期和经济体制转型时期；第二阶段是 1989 年 6 月至今，这一阶段经历了调整时期、建立社会主义市场经济体制时期和深化改革全面建设小康社会时期。

（一）1979 年初至 1984 年的高校教育

1978 年党的十一届三中全会胜利召开，全会的召开如春风般荡涤着祖国的大江南北、长城内外。十一届三中全会重新确立了实事求是的路线，在教育领域深入地进行了"正确性指导"，其工作重心从此转移到经济建设上来。改革开放初期的高校教育适应了时代发展的要求，顺应了时代发展的变化。按照十一届三中全会的要求，高校教育工作也顺势进行了一系列的整顿、调整和恢复。

这一阶段的教育工作为我国高校后期开展教育开辟了新的方向，奠定了基础。这一阶段的教育工作还存在诸多不足，比如高校教育工作比较机械化和呆板，教育内容比较陈旧，更多的是理论性的知识，缺乏时代印记，同时高校教育工作者在传统的惯性教学思维中并未解脱出来，这样使得此时的教育工作出于被动地位。由于过程的机械呆板，使得学生的参与度和积极性处于低迷状态，使此时的思政工作不能迎合学生思维发展特点，也没有给予学生切合实际的理念导向。

（二）1984 年至 1989 年的高校教育

这一阶段随着经济体制的转变，国内的经济、文化环境有所改善，加之前一段时间教育工作的积累，教育工作发展有所好转，并呈现出以下几个特点。一是继续贯彻路线，坚持四项基本原则，反对资产阶级自由化教育。二是重视实践教学，这一阶段开始重视高校学生的社会实践活动，积极组织学生参与社会活动。高校教育工作者也积极开展"进基层"，深入学生中间，了解学生实际。三是规范教育研究，这一阶段，随着社会环境的进一步开放，各个高校也开展了与教育相关的研究，开始编写了多套马克思主义理论课教材，用以加强和提高高校学生教育素质与理论水平。

（三）1989 年底至 1992 年的高校教育

1989 年 7 月，国家教委发出了《关于新学年对学生集中进行教育和理论教育的通知》，同时指出，高校教育应该也必须将受教育者与学校和社会结合，注重高等院校的学校教育和社会教育相结合。总结这一阶段高校教育的经验和特点，我们可以得出以下几个方面的认识。一是反思网络教育的经验教训，高校教育应该时刻注意性和及时性，应该时刻注意增强高校教育的自觉性。二是开辟了网络教育工作的新思路、新方法。三是明确了高校教育的目标和任务，指出高校教育的内容和形式应该不断发展，逐步适应高校和社会发展的步伐。四是完善了高校教育的课程建设，深化高校教育课程改革，逐渐将素质教育、心理健康教育纳入教育范围。

（四）1992 年至 1997 年的高校教育

1993 年十四届三中全会召开，全会通过了《关于建立社会主义市场经济体制若干问题的决定》，把党的十四大确定的经济体制改革的目标和基本原则加以系统化、具体化，是中国建立社会主义市场经济体制的总体规划。随着经济的迅猛发展，这一阶段高校教育呈现出一定特点，这种特点也反映了时代发展要求。这一阶段高校教育特点主要体现在以下几个方面。一是高校教育贴近实际、贴近生活。抛弃干巴巴的理论教学，此阶段更加强调教育走进现实，加强教育过程与社会的联系。二是与时代精神和民族精神相结合，加强教育。随着社会主义市场经济体制改革的不断深化，高校教育积极适应时代要求，更加注重爱国主义、集体主义、社会主义主旋律教育，特别注重强调社会公德、职业道德的建设。三是继续不断进行自我建设，实现高校教育的不断完善，实现高校教育的系统化和科学化。

（五）1997 年至今的高校教育

1997 年在政府报告中，就从我国的基本国情出发，深刻分析了目前我国小康水平的特点，阐述了巩固和提高小康水平的长期性和艰巨性，进而提出了在 20 世纪头 20 年全面建设小康社会的奋斗目标。为适应这一时期特征，将素质教育纳入高校教育的目标体系，不断拓展有效的教育途径。1999 年 6 月国务院发布的《关于深化教育改革，全面推进素质教育的决定》明确指出："造就有理想、有道德、有文化、有纪律，德智体美全面发展的社会主义事业建设者和接班人，教育任何时候都不能放松和削弱，最重要的素质是教育素质。"

以及 2002 年党的十六大召开，为贯彻党的十六大的要求，高校积极进行基于自身建设的改革。其中最明显地体现在课程方面，明确了高校教育的必修课程。在这样的大背景下，为了培养合格人才，高校教育也适应这一变化，调整内容，创新形式。此外，高校教育在此阶段深化了心理健康教育内涵，注重高校教育的层次性、个体性，注重通过学生社团有序开展活动。网络背景下，更加积极地发挥教育工作在学校改革、建设和发展中的作用，坚持社会主义办学方向，保证学生德、智、体、美全面发展，培养社会主义事业合格的建设者和接班人。

二、网络教育的主要经验

改革开放40多年来，高校教育进入了历史发展的新时期，与之相应，我国的高等教育也开始走进一个新的辉煌的时代。高校教育坚持在改革中发展，在继承中探索，在实践中创新，做出重要的贡献，积累了丰富的经验。自1978年教育作为一门科学的地位正式确立至今，高校教育历经40多年发展和不断改革，取得了丰硕成果。回顾40多年来学生教育的发展历程，把握40多年来学生教育发展的规律，有利于我们在新的历史起点上不断开创高校学生教育新局面。总之，我国高校教育工作经历了不平凡的发展进程，取得了令人瞩目的成就，积累了十分宝贵的经验。

（一）教育始终坚持走中国特色社会主义道路

坚持马克思主义的立场、观点方法。要正确把握"坚持与发展马克思主义"与各类思潮流派的关系，这是一个原则问题。不能采取拿来主义的态度，不加选择、不加批判地给学生灌输西方资产阶级理论学说。要引导学生正确运用马克思主义的基本原理，对西方资产阶级理论学说以及当前社会的一些问题做出科学的分析和评判，增强辨别是非的能力。

高校在进行教育过程中，应该用科学发展观等理论武装学生的头脑，深入进行道德教育。1978年4月，《全国教育工作会议上的讲话》中就"学校应该永远把坚定正确的方向放在第一位"。这并不排斥学习科学文化，相反，觉悟越是高，为革命学习科学文化就应该越加自觉，越加刻苦。高等学校培养的人才是否具有坚定正确的方向，是否愿意为人民服务、为社会主义现代化建设服务，这直接关系到国家的前途和命运。这种重要性是由教育在人才培养中的重要作用所决定的。在网络背景下，随着网络技术的发展，国内国际形势发生了深刻变化，西方所谓的文化价值观以及没落腐朽的生活方式对学生的人生观、世界观和价值观造成了不同程度的影响，也产生了不小的冲击。因此，在对学生进行教育时，必须要坚持以引导学生把握正确的方向，坚持社会主义道路，树立正确的、科学的世界观、人生观和价值观，这样才能顺利实现为社会主义事业培养合格的建设者和接班人的目标。

中国共产党的领导地位不是自封的，而是历史的选择、人民的选择。历史是最好的教科书，它用事实告诉人们：没有共产党就没有新中国，没有共产党就没有今天中国的强大和人民的幸福。中国共产党是中国人民的主心骨，是具有中国特色社会主义各项建设事业的领导核心，夺取中国特色社会主义新胜利，实现中华民族伟大复兴，必须始终不渝地坚持领导。领导主要体现在领导、领导、组织领导这三个方面，这是中国人民从长期奋斗中得出的基本结论。改革开放 40 多年的实践证明，坚持一元化领导是我国高校教育的成功经验之一，这是由教育的本质决定的。领导是高校教育能否加强和改进的根本前提。

改革开放以来我国高校教育实践的重要经验之一就是走中国特色的社会主义道路，这是由教育的本质属性决定的。也就是说，教育的本质决定了我们所进行的教育的目的就是服务于中国社会主义现代化建设，决定了高校教育的价值取向和服务趋向。随着改革开放和现代化建设的不断深入，依然要发挥教育在高校教育中的主导作用。

（二）高校教育始终坚持与时俱进，开拓创新

解放思想、实事求是，是引导社会前进的强大力量。社会实践是不断发展的，我们的认识也应不断进步和提高，要善于根据实践的要求进行不断创新。加强和改进学生教育工作，既要认真坚持我们党在长期实践中积累起来的宝贵经验和被实践证明是正确的行之有效的重要原则，又要解放思想、实事求是、与时俱进，根据时代发展的要求，不断在观念、内容、方法和体制机制等方面改进创新，不断总结和创造新经验。

新时期是、经济、科技、教育、文化和生活变化发展极其迅捷的时代。随着信息网络技术飞速发展，经济全球化趋势在曲折中发展，要适应这样一个迅速变化的、复杂的、转型的社会环境，高校教育工作必须要求与时俱进，开拓创新。从高校来讲，我国高等教育正处于由精英教育转向大众化教育，由规模扩张走向以质量提升为主要任务的发展阶段。

招生规模扩大，办学层次提升，教学质量提高，内部管理体制特别是人事分配制度改革步伐加快，多种办学形式发展迅速，境外优质教育资源不断进入中国，这样可以提高高校的质量和数量，使入学机会大众化。精英教育走向大众化教育，为教育提出了新的要求。

高校教育与时俱进、开拓创新的内涵包括：一是与时俱进、开拓创新是高校教育的本质特征和鲜明特色；二是高校教育为高校的改革、发展和稳定提供导向、动力和保证，教育又随着高校改革、发展和稳定而不断前进，既要能干事，又要不出事、干成事；三是高校教育要不断创新，首先是观念不断更新，只有理论不停顿，高校教育才能不停顿。

（三）始终坚持"育人为本"的理念

改革开放以来，高校教育工作始终坚持"育人为本"的理念，始终做到坚持以人为本全面实施教育；始终做到以人的全面进步和发展为本；始终做到以满足高校学生的、道德需要为本；始终做到关注人人接受教育机会的公平性。

在继承和发展老一辈革命家有关教育的的过程中，提出了教育要"面向现代化，面向世界，面向未来"的战略方针，把教育摆在了突出的位置。在有关教育的地位上，他指出"经济建设是全党全国各项工作的中心，教育必须面向经济建设，服从于中心，为此就要结合经济工作一道去做，不能孤立进行"。在有关人才培养方式以及培养目标上，1985年，全国共青团教育工作会议上提出：要加强和改进新时期的青年教育工作，在"四化"建设的伟大实践中培养和造就一代有理想、有道德、有文化、有纪律的共产主义新人。"四有"，是从精神文明建设的角度来指出的。在有关教育的教育方法上，坚持教育要以说服教育为主的教育方针，做到坚持正面教育直接教育等。

网络教育体系研究从多方面阐述了人的全面发展，丰富和发展了马克思主义关于人的全面发展的教育和唯物主义历史观，开辟了教育发展的新境界。在教育的性质和方向上，并在继承和发展上，提出了关于教育为无产阶级服务、为社会主义服务，鲜明提出学校要把德育放在首位，坚持社会主义的办学方向，把教育摆在重要地位，任何时候都不能放松和削弱。在教育方针上，他提出"我们必须全面贯彻教育方针，坚持教育为社会主义服务，教育为人民服务，坚持教育与社会实践相结合，以提高国民素质为根本宗旨，以培养学生的创新精神和实践能力为重点，努力造就'有理想、有道德、有文化、有纪律'的，德育、智育、体育、美育等全面发展的社会主义建设者和接班人"。继承和发扬了历代领导人所提倡的"人的全面发展"之学说。

在全国加强和改进学生教育工作会议议程中提出："培养什么人、如何培养人，是我国社会主义教育事业发展中必须解决好的根本问题。"会议文案指出："学生是党和国家的宝贵人才资源。要坚持以理想信念教育为核心，以爱国主义教育为重点，以道德建设为基础，以学生全面发展为目标，着力创新方式方法，着力提高队伍素质，着力健全长效机制，着力优化育人环境，不断提高学生教育工作水平，培养德智体美全面发展的社会主义事业建设者和接班人，为夺取全面建设小康社会新胜利、实现中华民族伟大复兴做出更大贡献。"

网络教育非常重视人的全面发展的教育方针，高度重视教育育人的重要性，并且推动我国高等教育事业的发展。

高校教育是培养人的活动，也是高等院校培养人才全局工作中一个必要和重要的环节。

改革开放以来，育人为本，德育为先的理念在高校逐步得到确立。这一理念要求我们在教育、教学过程中，把教育的观与学生自身价值的实现统一起来，实现高校教育的社会价值和个人价值的有机结合。一切为了学生，为了学生的成长成才，为了学生的全面发展。这既是高等学校培养人才目标的要求，是实现高等院校和谐发展的要求，也有利于教育自身的发展和教育目标的实现。

（四）始终坚持和不断创新高校教育的内容、方法和途径

在构建社会主义和谐社会的背景下，高校教育首先必须在内容上有所创新，这是高校教育创新的核心。高校教育还必须在方法上、价值上不断创新，建立高校的和谐教育机制，提升高校教育的理论。高校教育的具体内容随着社会的发展变化而变化，随着时代的发展不断地进行调整。首先，高校教育理论教学的重点与中心任务保持一致。其次，高校教育理论教学内容应该注重加强联系实际。

教育方式和途径上不断创新。改革开放以来，教育理论课在高校教育上不断发挥着主渠道作用，教育理论课的教研教改不断深化，注重引进现代化的教学手段，增强教育理论课的现代性，使理论课教学能融趣味性、知识性和生动性于一体。同时，积极拓宽引导学生积极参加社会实践，通过实践的环节，为学生架起一座与社会沟通的桥梁，让学生在与社会的接触中不断了解国情，增长才干，增强社会责任感。改革开放40多年以来，高校教育途径的改革呈现出由课堂向课外拓展，由学校向社会拓展的趋势。一方面，在学校内部加强校风和校园文化建设，营造健康向上的育人氛围。另一方面，高校教育与社会实践活动相结合。再一方面，随着网络技术的不断发展和进步，利用网络这一教育的新载体，拓宽教育的教育场所，延续和提高教育的教学时效。

（五）坚持把满足学生的精神文化需要摆在突出位置

坚持不懈地学习社会主义理论，是当代青年实现崇高理想信念的强大精神支柱。通过宣传教育，形成建设社会主义精神文明的理论氛围。指导学生认识什么是社会主义，怎样建设社会主义，认识国家的命运和发展前途与实现崇高理想信念紧

密联系，形成有利于加强社会主义精神文明建设的舆论氛围、价值观念、道德规范和文化条件，激发学生高度的热情和奋发进取的精神风貌。学生是先进文化的排头兵，他们对于精神文化具有较高的需求。为了适应这一新的形势和发展要求，高校应该不断丰富和发展教育的内容，创新教育的形式，大力加强校园文化建设，创造和生产日益丰富的高质量的精神文化产品，满足学生日益增长的精神文化需要，做到与时俱进。

三、新时期高校教育工作的新理念

改革开放 40 多年后的今天，高校教育面临的任务、遇到的问题、工作的对象也发生了很大的变化。这要求我们必须根据中央的精神要求，进一步解放思想，创新工作理念，增强工作的针对性和实效性。

（一）育人为本、德育为先的理念

《国家中长期教育改革和发展规划纲要（2010—2020 年）》指出："育人为本、德育为先"是实施教育的主导。把育人为本作为教育工作的根本要求，也是教育科学发展的本质要求。高校在进行教育过程中，首先要注意做到"育人为本、德育为先"。这个过程一定要做到要以学生为主体，以教师为主导。在积极发挥学生主体作用，发挥学生积极性、主动性的同时，还应该注重把促进学生健康成长作为学校一切工作的出发点和落脚点。

高校教育是培养人的活动，也是学校育人工作全局的一个重要环节。"学校教育，育人为本；德智体美，德育为先。"规定了德育的地位。因此，坚持育人为本，就是做到两个"统一"，一是把教育的观与学生的价值观统一起来，二是把教育的价值与学生的个人价值统一起来。做到这两个统一，有利于高校教育目标的达成，有利于调动学生的积极性和主动性，促使高校教育的实现。

（二）以人为本的理念

以人为本是科学发展观的核心。坚持以人为本是中国共产党人坚持全心全意为人民服务的根本宗旨的体现。"坚持以人为本"，是中国共产党十六届三中全会《决定》提出的一个新要求。网络背景下，应该积极发挥人的主导作用，体现人的主体地位。同样，在进行高校教育的过程中，一切都应该围绕"学生"展开。正确理解"以人为本"是我们进行教育的基础。我们在进行教育的过程中，要重视学生的能

力差异、独立人格，尊重学生的创造性和权利。高校教育要正确理解和坚持以人为本，就是要统一和行动，坚定不移地树立和落实"以人为本"的科学发展观，更好地承担起新时期高校教育所赋予的历史使命。

（三）教育与管理、服务相结合的理念

教育与管理、服务相结合的理念就是要发挥好教育。管理与服务等各种方法和手段在教育中的综合作用。要在完善校规校纪中严格学生管理，在服务学生中渗透教育，把倡导的道德原则融于科学有效的管理之中，使自律与他律、内在约束与外在约束有机结合起来，引导学生自觉规范自己的行为。要树立教育、管理都是服务的意识，努力为学生办实事，办好事，特别是要关心贫困学生群体，切实帮助他们解决学习、成才、择业、生活等方面遇到的实际困难，把党和政府的温暖、把学校党政领导的关怀送到学生心坎上。

（四）创新的理念

创新是指：以现有的思维模式提出有别于常规或常人思路的见解为导向，利用现有的知识和物质，在特定的环境中，本着理想化需要或为满足社会需求，而改进或创造新的事物、方法、元素、路径、环境，并能获得一定有益效果的行为。创新是一个民族进步的灵魂，是一个国家兴旺发达的不竭动力。

步入 21 世纪，教育工作要适应新形势的需要，为时代发展和社会进步提供强大的精神动力支持，为此，必须从教育方法到教育机制进行全面创新。

高校领域进行教育创新，一是根据不同年级采取不同方法。由于不同年级的学生在教育程度上往往存在差异，所以在进行教育的过程中，应当采取最适合他们的方法对其进行教育。二是采用学生喜闻乐见的方式进行。这就要求高校在进行教育的过程中不要太过于机械和死板，教育方式力求多种多样，以便于学生能够顺利接受。三是将教育与解决实际问题结合起来。教育要取得成效必须克服"空对空"的弊端。四是迎合时代发展特点，积极利用网络技术。网络技术的发展，提高了人们的生活水平，改变了人们的生活方式，同时，也为开展教育提供了新的手段。借助于网络技术，使高校教育可以突破时间和空间的限制，扩大教育面，增强教育的时效性。

第二节　网络教育的原则

学生教育的基本原则是依据教育的客观规律，在总结实践经验的基础上形成的，是实施教育工作所必须遵循的重要原则。

近年来，随着我国社会主义市场经济的发展和对外开放的扩大，高校教育工作与时俱进，力排各种错误和不良文化的影响，不断适应学生教育活动独立性、选择性、多变性和差异性的特点，不断改进工作思路，在实践过程中形成了系统的教育原则。

一、高校教育始终坚持党性原则，旗帜鲜明地坚持社会主义方向

网络教育工作始终坚持以"三个代表"重要思想和科学发展观武装学生的头脑，始终坚持以先进的、科学的、系统地占领文化阵地。高校教育主要通过"两课"进行，通过"两课"教学，系统地以科学发展观，通过坚持不懈的教育，纯洁了高校学生的教育灵魂，提高了高校学生的道德信念，指导与帮助高校学生确立与形成了正确的世界观、人生观和价值观。

二、高校教育始终坚持发展原则，适应新形势，树立教育新观念

随着改革开放步伐的不断加快，高校教育同样要根据新形势的要求，坚持发展的原则，树立新的发展观念。其一，高校坚持教育的改革和开放的发展观，不断进行自身建设，完善自我发展的基础。其二，高校坚持教育和谐发展的原则。和谐发展一是强调高校课程开设的和谐，二是强调学生自身发展的和谐。

三、教育始终坚持系统原则，营造良好育人氛围，优化最佳育人环境

科学系统的哲学有利于我们进行高校教育。如何坚持系统原则营造育人的环境和氛围，是高校教育的一个重要课题。改革开放以来，高校教育工作始终坚持系统性原则，创建最佳育人环境，给高校学生的道德发展提供环境支持。高校教育是一个非静态的系统过程，教育内部环境与外部环境各要素之间是相互联系、相互影响、相互制约的关系。和谐稳定的内外环境可以还原教育的本质，促进教育的顺利发展，帮助学生有效提升思政水平。这也是改革开放以来，我国高校教育工作取得成就的重要保障。

四、教育始终坚持疏导原则，充分利用各种方法提高教育的有效性

自开设教育课程之初，高校教育工作者就已经意识到对学生的教育很大一部分要通过"疏导"完成，单纯的生搬硬套并不能解决学生的教育问题，相反会使学生对思政教育产生反感。因此，高校在进行教育的过程中始终坚持疏导原则，这不仅仅是教育活动的客观要求，也是教育活动的重要特征。

随着时代变更，学生也有了很大变化，发展更加多元化，他们接收信息多，思维活跃，他们竞争意识及自我意识强，平等意识和民主意识大大强化。同时，也存在浮躁心理，心理压力大，呈现出敏锐性、多样性、多变性、矛盾性等特征。针对学生特点，教育坚持疏导原则是十分必要的。教育要善于疏导，注意发扬民主，尊重人、理解人、关心人，采取吸引群众广泛参与的方法，群众自己教育自己的方法。

五、教育始终坚持创新原则，培养和提高学生的创新意识和创新能力

培养和提高学生的创新精神和创新能力，需要吸收和借鉴其他领域的实践经验和成果。高校教育创新囊括课程建设、网络教育、心理健康教育、校园文化建设、社会实践、学科建设、队伍建设等众多科目和课题，结合时代特点和我国现阶段发展特征，针对高校改革发展的新情况和学生成长成才的新特点，加强、改进与创新高校教育理论体系，把社会主义核心价值体系融入教育全过程，建立健全创新机制，促进高校教育健康发展。

教育的创新与借鉴是相辅相成的两个方面。必须正确处理好如下几方面的关系：一是借鉴是手段，目的是为了创新。吸收和借鉴其领域的实践经验和科学知识，只是进行教育创新所必需的条件和手段，它不等于也不能代替教育自身的创新。教育的创新，只能来自对教育面对的新情况、新问题的创造性的实践与理论的双重探索。借鉴对于教育创新的作用表现在：可以开阔研究问题、探索创新的视野和思路；可以为创造新的经验提供某些有益的营养成分；可以为论证某种创见提供依据和证明。二是要善于借鉴，为教育学科建设服务。在教育创新与借鉴的过程中，要防止两种倾向：一种是"盲目取代"的倾向，即大量吸收相关学科的新成果，又没有很好地消化，没有同教育的理论体系融为一体，以至于产生了用相关学科的研究成果取代教育的弊病，其结果是使教育的理论与实践被淹没在相关学科的学说之中。另一种是机械拼装的倾向。每一门学科的研究成果都以特定的基本理论

为基础，都有其严密的逻辑体系。在吸收相关学科的研究成果时，要注意体系内容的融合性，要有利于对教育理论的丰富和充实，不能把其他学科的理论简单地搬运过来，机械地拼装，以免造成体系混杂的弊端。《关于深化教育改革全面推进素质教育的决定》中指出："高等教育要重视培养学生的创新能力、实践能力和创业精神，普遍提高学生的人文素养和科学素质。"

创新原则作为高校教育的重要原则，表现在以下几个方面。首先，创新高校教育的内容、方法、手段和形式。同时在纵向继承的基础上，在对高校教育经验批判吸收的基础上有所创新。其次，培养和提高创新意识和创新能力的前提是要提高学生的主体性意识，并以此为基础，同时要提高学生的水平、道德水平、水平以及知识水平，奠定培养和提高学生创新意识、创新能力的基础。在这个过程中，还要注意提高高校教育者的创新意识和创新能力，为培养和提高学生的创新意识和创新能力提供动力。再次，在教育的客观环境方面，营造与创建高校创新氛围，营造民主、自由、开放的氛围，使学生始终保持良好的创新态势。在网络环境下，高校教育始终坚持创新原则，努力培养和提高学生的创新意识和创新能力，这对加强高校学生教育有着重大的现实意义。

网络时代，如何加强和改进教育工作，有以下六个原则：一是坚持教书与育人相结合；二是坚持教育与自我教育相结合；三是坚持解决问题与解决实际问题相结合；四是坚持理论教育与社会实践相结合；五是坚持继承优良传统与改进创新相结合；六是坚持教育与管理相结合。在网络背景下，在深刻理解和全面掌握这些基本原则的基础上，我们应该做到与时俱进，积极拓展教育新平台，开拓教育的新思路，不断进行高校的教育创新，在加强和改进学生教育的工作实践中，认真做好"六结合"，促进高校学生教育工作健康发展。

关于教育的原则，有人认为，知识经济条件下的教育应坚持若干原则，如"生命线"地位的原则、讲的原则、以人为本的原则、知识优势的原则、教育手段现代化的原则、创新的原则。有人将学术界关于教育原则的几种代表性观点总结为：理论与实际结合原则、民主原则、思政教育与物质利益相结合原则、思政教育与各种规范相结合原则、表扬与批评相结合、以表扬为主原则、身教与言教相结合原则、身教重于言教原则、解决要与解决实际困难结合的原则，方向性原则、疏导原则、教育与自我教育相结合原则、层次性原则。还有人认为，灌输是教育的原则；把灌输理解为教育原则，可以在坚持方向性和必要性的前提下，更好地启发教育者在教育实践中对灌输的具体内容、方法、手段、形式等的思考和研究，有利于实施科学灌输。所谓教育的原则，是指人们在教育过程中必须遵循的基本准则，它是教育客观规律的正确反映，是教育实践经验的科学总结，是教育者在教育活动中正确处理各种关系，确定教育内容，选择教育方法，增强教育效果，实现教育目的的准则。

第三节　网络教育的优势规律及其他

准确地把握教育的原则需要我们做到几个区分，一是区分教育原则与教育规律，二是要区分教育的原则与教育的原理，三是区分教育的原则与教育的方法。做好了这几项区分就可以在基础上对教育的原则有一个清晰的把握。

一、教育的原则与规律

教育工作的规律是教育工作过程中各种要素、各工作环节和现象间内在的本质的联系。教育工作的原则是人们在实施教育过程中所必须遵循的一些准则。规律与原则的关系，是决定与被决定的关系，是客观与主观的关系。从理论上深入探讨它们之间的关系，对于我们尊重客观规律，科学地制定原则，提高教育工作的有效性，有极其重要的现实意义。

教育过程有其自身固有的规律，其规律也就是教育过程中诸要素之间的本质联系及其矛盾运动的必然趋势，规律具有客观性。教育过程的基本规律是指教育的主要因素之间的最本质联系及其矛盾运动的必然趋势。关于这一规律的定义，教育学界也是各执一词，不过个性当中总会有共性，根据不同学派的理论，对"规律"定义进行整合，本书试作如下表述：教育的规律指的就是，教育工作者根据特定社会和特定发展的要求，参考受教育者个体发展特点和要求以及品德状况，结合一定的方法和一定的手段，以社会要求的品德规范去影响受教育者，试图不断解决其品德水平与社会品德规范要求之间的矛盾，使受教育个体品德朝着社会要求的方向发展并得到不断提高。由于教育过程的规律具有客观性，它不以人的意志为转移，不管人们是否意识到它，它都在起作用，自觉地按规律组织和实施教育。因此，在实施教育的过程中一定要注意避免主观性和随意性。

教育的规律与原则的关系，可以总结为是决定与被决定的关系、客观与主观的关系。教育原则的制定必须以教育规律为依据，教育原则是教育规律在教育中的反映。教育规律是不以人的意志为转移的，人们只能发现、掌握和利用它，而不能任意制造、改变或废除它；而教育原则是第二性的，教育原则，是对教育客观规律的主观认识的成果，是对教育规律的能动反映，它反映了教育客观规律的必然要求。是人们根据需要制定的教学活动的基本准则，它与科学发展水平、人们的认识能力密切相关。人们的认识、对经验的概括程度、时代要求等不一样，教育原则也就不同。

二、教育的原则与原理

原理为一抽象的客体，反映某个（或某些）现象或机制的运作中普遍存在的基本规律，存在着一个适用范围，超出其适用范围，原理可能会发生根本变化。原则是人类使用这些普遍存在规律的一般化预测或解释。教育的原理更接近于教育的内容，它是抽象化和概括化的教育内容和原则。教育的原则是受教育的原理指导的，它实际上是教育理论在教育实践过程中的具体化。

当然教育理论中的很多内容，对于实际教育过程而言，可以理解为是应当坚持的原则。例如，关于灌输的原理、疏导原则等，这种抽象化的教育原则其实就是教育的教育原理，并且后者是前者在实际教育过程中的贯彻和具体化。

三、教育的原则与方法

方法就是人们在认识世界和改造世界的过程中，为达到预期目的所采用的手段或方式。所谓教育的方法就是教育者对受教育者在教育过程中所采用的方法和工作方法，或者说，是教育者为了达到一定的目的对受教育者采用的手段和方法。有人指出，教育的方法，就是教育者为了把社会意识形态，转化为被教育者个体的经验、品质、评价和行为习惯而采用的方式和手段。教育方法的制定应该也必须以教育的原则为指导，教育的原则也应该与教育的方法相结合。在某种程度上，教育的原则与方法具有相通性，一定程度上可以将教育的方法作为原则，某种程度上，又不能将方法视为原则，这就要求我们在进行教育的过程中把握受教育者个体心理的特点的同时，还应该注意关注周围环境的变化，只有那些在教育实践中使用频率高，且有效性比较突出的教育方法才可以从原则的教育去把握，从而上升到原则层面。

教育的方法与教育的原则之间存在辩证统一关系。一方面，两者之间存在着某种的区别。它们概念不同，并在教育大系统中分别属于不同的部分与层次。另一方面，两者之间又存在同构与耦合的关系。首先，它们之间存在一定的同构性；其次，教育每一种结构都具有对其对象进行教育的特定原则和方法。此外，教育原则还反映着教育的方法。

教育中应该理顺各种关系，协调教育因素，从而形成教育合力，增强教育效果的一些做法。

第四节　网络教育应该遵循的原则

在网络环境下，随着网络技术的迅猛发展，随之涌现出来的新任务、新问题也在不断变化，在这种情况下，教育的原则也增添了新内容。教育原则，是对教育内容和形式一般性质的体现，是对教育方法的总结。网络时代，实效性、正面教育等这些传统的教育的原则仍然发挥着作用，对教育工作仍然有用。但是，为了适应网络要求，应该不断发展其原则，适应形势要求。网络环境下教育的原则有针对教育内容的，有针对教育方法的，有针对教育的教育者和受教育者关系的，有针对教育者态度的，不同方面原则存在某种共性。本节从网络和教育的关系以及网络给教育带来的诸多挑战和变化出发，总结出了网络时代高校进行教育的一般性原则。

一、导向原则

20世纪80年代，中国学界对"教育"的主要看法有：是一定阶级或集团为实现其经济要求而夺取政权和巩固政权的活动，以及实行的对内对外全部政策和策略；另外，首先是各阶级为维护和发展本阶级利益而处理本阶级内部以及与其他阶级、民族、国家的关系所采取的直接的策略、手段和组织形式；其次是主要由政府推行的、涉及各个生活领域的、在各种社会活动中占主要地位的活动；最后是阶级社会的产物，是阶级社会的上层建筑，集中表现为统治阶级和被统治阶级之间权力斗争、统治阶级内部的权力分配和使用等。

教育本身有着鲜明的阶级性，是一项目的性和原则性很强的活动。我国教育方针明确指出："教育必须为社会主义现代化建设服务，必须与生产劳动相结合，培养德、智、体美全面发展的建设者和接班人。"同时指出："学校应该永远把坚持正确的方向放在第一位。"理想和信念决定学生的品德的形成，没有正确的观念就等于没有灵魂。导向原则是教育的本质原则，无论是从社会价值、个人价值还是内容体系来看，充分体现性要求都是教育最重要的内涵。我国教育的实践经验显示，教育的弱化带来的最直接的后果就是教育在各个方面的失误，表现为内容、方法、措施等诸方面。教育要走出困境，必须将导向原则放在首要的地位，只有这样才能避免教育走向误区，提高教育的针对性和实效性。

网络时代，在网络技术的普及下，我国教育将面临更大的挑战。网络技术的发展让全球成为"地球村"，这使得信息从一地到另一地的传播变得更为迅速。在这种迅速的背景下，使得不良信息得以"井喷式"传播。这些不良信息中夹杂着"西方资产阶级"西化的潜移默化的渗透，对于缺乏识别能力的学生而言，无异于"定时炸弹"。基于此种状态，高校教育的教育者必须要把握导向原则，积极构建高校教育平台，借助和利用校园网络这一平台阵地，弘扬主旋律，把我们中华民族传统美德与以爱国主义为核心的时代精神相结合，积极进行中华民族传统美德教育，积极进行爱国主义教育，积极进行价值观教育，积极进行社会主义基本道德规范教育。网络教育要把握体现社会主义基本道德规范的本质要求，更要有价值观的鲜明导向，只有这样，才能够扶正祛邪；只有这样，才能够把持高校教育的大方向。

二、民主平等原则

民主平等原则，从定义上看，既有抽象含义，又有具体含义；从本质上看，既表现为具体贯彻方法，又体现其内在发展趋势。

民主平等的原则，是自由对话的基础，是网络环境下教育自身特征以及自身适应时代发展的要求。网络时代，作为教育对象的学生，他们的自我表达、自我思考以及自我意识已经渐趋成熟，逐渐对自己以及自己和周围的关系开始有了独立的认识和评价，盲从性减弱，主体性增强。借助网络等多媒体手段，可以更好地阐明自我观点。因此，在教育过程中应该十分重视教育者与受教育者的平等关系和民主精神。

教育者在教学过程中要树立教育民主化的观念，以平等信任的态度深入学生，在与学生和谐相处中使学生畅所欲言，袒露心声，自觉接受教育。当然还要努力创造民主条件和民主环境，疏通广开言路的各种渠道途径，双方协作共创健康自由的民主氛围。教育者只有降低自己的"身段"俯下身子，怀着"虚怀若谷"的心态，将教育的内容下载到与受教育者平等交流对话的平台上，才会收到预期的甚至超出预期的教育的效果。此外，高校还要注意加强宣传教育和引导，帮助学生消除顾虑和认识误区，摆脱束缚，学会正确行使和维护自己的民主权利，提高自我教育的能力。党的十七大报告中指出：加强和改进教育工作，注重人文关怀和心理疏导，用正确方式处理人际关系。这是党中央对加强和改进教育工作的新要求，是当前改进教育工作的首要任务。

三、正面教育原则

正面教育的原则具体就是坚持循循善诱，以理服人，注意运用正面形象、先进典型和正面道理教育学生，鼓励学生发扬长处，克服缺点，积极向上。培养健康的集体舆论，促使学生自己教育自己。正面教育这一原则符合高校学生品德的形成和发展规律，这一原则是根据我国社会主义教育的目的、我国道德教育的性质以及品德形成和发展的规律提出来的。所以，高校在进行教育的过程中一定要注意正面引导，说服教育，启发自觉，调动受教育者的积极性。

正面教育原则对教育者提出了四方面的要求：第一，积极发挥榜样的作用。通过树立典型，发挥"榜样"作用，进行正能量的传播，从正面引导学生模范做人，开拓进取。第二，教育者要善于摆事实，讲道理，通过事实和道理开拓学生的教育学习的思路，启发学生的教育自觉性，促进学生道德水平的提升。第三，发挥学生的主动性和积极性，通过正面引导和正面奖励，达到长善救失，尽量避免以惩罚的方式进行教育、动不动地批评处罚、一棒子打死是正面教育原则的大忌。第四，教育者还要懂得利用网络平台的优势，通过运用不同的多媒体形式，向学生传递正能量。教育者可以借助网络短片等形式进行正面引导，从而对学生教育达到潜移默化的效果。在网络环境下，正面教育原则仍然是教育的重要原则，只有遵循这一原则，高校教育才能顺利进行，如若不遵循这一原则，教育抑或得到与其预期目标相反的结果。

网络教育要贯彻正面教育原则，首先要丰富网络环境下正面教育资源，拓宽网络环境下教育的平台和途径；其次要主动抢占网络环境下教育领地，网络环境下，高校可以通过建立教育专题网站、教育论坛等形式，拓宽思政教育领地，达成思政教育目的，促进学生的成长和成才。

四、稳定性原则

教育的稳定性针对的就是教育内容及其形式、方法和手段。教育的内容及其形式、方法和手段极为丰富，是代表统治阶级根本利益与体现统治阶级基本意志的。稳定的教育内容及其形式、方法和手段成为其进行稳定统治的重要基础。

我国正处在社会主义的初级阶段，社会主义意识形态和马克思主义基本理论是这一阶段教育的基本内容、形式、方法和手段，应该保持其固有的稳定性，这是现阶段社会主义制度自我完善的需要，也是国家意志和实现人民利益的体现。

当然，教育的这种稳定性是一种相对的稳定性，根据马克思主义哲学观点，运动和发展是绝对的，静止是相对的，因此基于该内容及其形式、方法和手段的高校教育的稳定性是随着时代的变化而发生变化的，其稳定性具有时代性，体现了时代的特征。在网络时代背景下，各种条件纷繁复杂，同时学生情况也千差万别，教育的内容及其形式、方法、手段只有随机应变，才能适应各种千变万化的客观实际。随机应变性也是教育内容及其形式、方法和手段的内在属性，这就要求高校教育者在保持教育内容及其形式、方法、手段相对稳定的同时，灵活机动地根据学生的现实问题、针对具体的人和事来调整、补充和选择教育内容及其形式、方法和手段，使所授内容及其形式、方法和手段与学生的具体实际相吻合。

在网络环境下，高校教育内容及其形式、方法和手段坚持稳定性原则，会使得教育的有效性大大增加，从而增强高校教育工作的说服力，进而增强教育的权威性。相反，面对不稳定的教育内容、形式、方法和手段，就会使得教育者和受教育者产生思想上的混乱，进而影响高校教育的有效性。在网络环境下，学生可以通过网络听到不同声音，这样就会使得学生对教育产生怀疑，使教育工作变得更加复杂。因此，在网络时代，应该坚持以社会主义意识形态和马克思主义指导地位为主体的教育内容以及形式、手段、方法的稳定性，这是高校教育工作的重要原则。

五、针对性原则

针对性是高校教育的普适性原则。学生随着年龄的增长，接触外界事物的范围不断增大，社会交往能力不断增强，遇到的困难和问题也日益增多，并开始对事物的产生、发展和变化有了自己的看法，对外界的需要和需求也逐渐地切合实际。此时其个性化和心理特点主要体现在以下几个方面：一是世界观逐步形成，但理论基础薄弱；二是较为活跃，但上还不够成熟；三是自尊心和荣誉感较强，但自我意识较为浓厚；四是知识上日趋多元性，但缺乏感性知识和经验；五是要求个性独立，但心理较为脆弱。针对性原则要求教育工作者从个体出发，兼顾影响其品德形成的诸方面的实际情况，有针对性地根据个体心理发展特点进行制定。个体的个性心理特点包括个体的、心理、个性等诸多方面，所以，针对性原则应该摸准高校学生的脉搏，抓住高校学生的个性特征，了解主客观因素，而后有的放矢，有针对性地进行说服指导等方面的教育工作。

网络时代，要做到教育的针对性就要求高校在进行教育过程中做到以下几个方面。一是要热爱学生，教育家马卡连柯说过，"爱是教育的基础，没有爱就没有教育"，热爱学生是教育的根本也是教育工作者的根本。二是要尊重、理解学生，保护其自尊心。自尊心，它是一种建立在自我评价的基础之上，要求社会和集体承认自己的人格和能力的感情，作为高校教育工作者要善于聆听每个学生的心声，尊重他们的人格，保护他们的自尊心，这是使学生不断进步的关键。三是要善于利用表扬和鼓励。表扬和鼓励是促进学生发挥潜能，增强学习积极性的优良手段，教育工作者应该好好利用表扬和鼓励的方法，增进学生教育学习的积极性。四是要讲求批评的艺术。"人无完人"更何况是处在思维发展高原期的学生，他们出现错误是在所难免的，高校教育工作者在实际的教学过程中应该将这种"错误"最小化，采取含蓄的间接的表达方式，让学生认识到自己的错误，达到润物细无声的效果。五是要坚持以正面教育为主。党中央指出，在教育过程中，要牢牢把握正面教育为主的原则，确保教育实践活动沿着正确轨道健康深入推进。同时，我们要认识到强调"正面教育为主"不等于一团和气的好人主义，更不等于多年来盛行的庸俗关系学。因此，要开展批评与自我批评，必须在坚持正面教育为主的同时，坚决破除那种一团和气的好人主义，尤其要坚决摒弃庸俗关系学。学生的自尊心、进取心都比较强，教育工作者在青年学生出现问题时，不能采取否定一切的态度，而要善于发现他们身上的长处，做到扬长避短，坚持正面教育。因此，针对新时期、新环境、新特点、新情况、新对象，采取新手段、新途径、新办法，是当前教育针对性原则的必然要求。教育只有遵循针对性原则，才能体现它的规律性和科学性，进而增强它的实效性。

六、主体性原则

主体性原则是人对世界（包括对自身）的实践改造原则，是从人的内在尺度出发来把握物的尺度的原则，是强调人的发展和人的主体地位对改造世界所具意义的原则。在高校教育过程中，作为教育的主体，应该将受教育者视为实现教育目的的主体，受教育者的地位应该得到充分的尊重，只有这样才能促进教育的有效开展。教育主体性原则是教育客观规律的要求，是高校发展的必然趋势。坚持教育的主体性原则，特别是在网络时代，一定要充分发挥教育者的主体性，尊重和调动受教育者的主体性。联合国教科文组织在《学会生存》中指出："教育正在越出历史悠久的传统教育所规定的界限。它正逐渐在时间上和空间上扩展到它的真正领域'整个人的各个方面'，在这一领域内，教学活动便让位于学习活动。虽然一个人正在不断地受教育，但他越来越不成为对象，而越来越成为主体了。"在网络背景下，随着各方面权利的扩张，高校教育过程中应该尊重学生的自我发展和主动参与，只有这样，才能创造性的发挥学生教育的积极性，才能主动地促使他们去发现问题、探索问题和解决问题，充分体现学习者的选择性、主动性、创造性和想象力。网络环境下，高校教育工作者应该更新教育观念，树立学生是高校教育主体的观念，不断明确学生在高校教育过程中的主体地位，把长期以来受忽略的学生作为主体，切实尊重学生的主体地位。

确立教育主体性原则的必要性体现在以下几个方面：一是高校教育坚持主体性原则是教育内容以及教育规律的客观要求，教育原则反映了教育的内容和规律的必然要求，是对教育客观规律主观认识的成果。二是教育坚持主体性原则是人类社会发展的必然要求，是高校发展与进步的必然要求。三是教育坚持主体性原则是对教育实践经验的总结，教育改革和创新的推进及其效果的检验，都要充分发挥教育者和受教育者的主观能动性，使教育者和受教育者都成为教育活动的主人，激活与激发他们的热情和活力，使教育活动真正成为一种双向活动，从而提高教育的实效。

网络环境下，高校坚持教育的主体性原则的具体要求体现在：

一是充分发挥教育者的主体性。

教育者应该要具有强烈的责任感和事业心，同时还要根据不同层次的受教育者进行相应的教育。高校教育在不同的阶段应采取不同措施，例如大一采取新生入学教育，大二采取通识教育，大三采取专业教育，大四采取职业教育。

教育者还应该根据不同的教育内容采取不同的教育手段和方法。

二是充分尊重和调动受教育者的主体性。

在网络背景下，高校应该积极调整传统的教育目标模式，重视高校教育者与受教育者之间的关系，主次分明，有的放矢，把培养受教育者的主体地位纳入高校教育的目标体系之中。同时，改变教育者与受教育者之间的传统的交流地位，应该对等地交流和对话，变传统的单向教育模式发展为互动交流模式。使教育者与受教育者公平、公开、平等交流，实现"主体客体化"与"客体主体化"，消除教育者和受教育者之间的隔阂与距离，达到实现高校教育真正育人的目的。在这个过程中，更要唤起和提高受教育者的自我意识，发挥受教育者的积极性和主动性，促进受教育者进行自我教育、自我提高。

坚持教育的主体性原则，做到两个结合：一是实现教育者和受教育者的有效结合，两者之间一定要分清主次，重点突出，积极发挥受教育者的主体意识，激发受教育者的自我教育能力。二是实现高校的教育内容和措施与受教育者的特点相结合。高校教育的最终目的就是改善学生教育现状，因此，注重高校教育的主体性就是要实现受教育者与教育内容和措施的有效结合。

七、实效性原则

网络环境下，实效性原则是高校教育的立足点，也是有效落实教育内容的重要保障。教育实效性原则，是指高校在教育过程中，教育的客体在多大程度上满足教育主体的要求，或教育在实践中形成的价值等。高校教育实效性评价是根据高校教育目标要求和学生身心发展规律，运用科学的评价技术和手段，对教育效果进行测量、分析、比较，并给予价值判断的过程。社会转型期学生社会心态的变化，对高校教育教学的实效性产生了较大的影响。由于网络的虚拟性特征，对高校教育工作讲求实效性增加了一定难度，这种难度不仅仅表现在内容上，更多的是一种适应的难度，因此，网络环境下教育贯彻实效性原则显得更为必要和重要。在开展高校教育工作中，一定要紧紧围绕"实效性"开展，教育的内容、方法在实际操作过程中都必须遵循实效性。"台上讲得头头是道，台下听得没有味道"，这是高校教育工作无效性的体现，这样既浪费了教育资源，又使得高校教育的权威性得到挑战。实效性原则的体现是以具有实质意义的结果体现出来的，"表面文章""华而不实"本身就不是实效性原则的特色，它反对的是教条主义、形式主义的假大空现象。它强调的是高校教育内容的有效落实，强调的是高校教育措施的有效贯彻。教育的实效性讲求四个方面，一个方面要求内容的真实性，两个方面讲求途径措施的高效性，三个方面实施环节过程的规范性，四个方面监督管理的科学性。因此，教育工作一定要从实际出发，根据网络时代的实际，针对出现的新情况、发现的新问题，制定适合时代特点和符合高校实际的新内容，采取新方法，有效地进行高校教育工作。

实效是高校教育的标尺，是高校教育的试金石，是高校教育的落脚点。要保证教育的实效性，必须注意科学性，按教育的规律办事。其一深化高校教育教学改革，培育学生和谐的社会心态；其二突出教学重点，注重发挥教育的课堂教学的主渠道作用，落实思政内容，加强教学内容的针对性；其三改进教学方法和手段，提高教育教学的实效性，要探索多样化的教学方法和手段，使教育取得良好实效；其四改革考核方式，建立起"以学生为核心"的人性化考评体系，多角度，多方位地反映学生的状况及其价值观，从而真正提高教学的实效性。教育工作只有科学化、制度化，教育工作才能在良好的环境中贯彻各项原则，收到实际效果。

八、疏导原则

疏导原则即疏通和引导相结合的原则，疏导原则在教育过程中居主导地位。疏导原则的功能有教育引导、心理咨询、冲突缓和。现代社会中学生行为的取向与选择不同程度地受到社会环境的影响，高校教育的疏导原则要采用灵活多样的方式开展进行。网络环境下高校教育中的疏导原则是我们进行教育活动的一贯原则，它是我党建党以来教育的成功经验和有效方法的总结，它的基本精神就是用迂回的方式，说服教育的方法、民主的方法去解决学生之间以及学生与社会间的问题。疏导，即疏通和引导，所谓疏通，即充分发扬社会主义民主，努力创造畅所欲言的条件与环境，广开言路，集思广益；所谓引导，就是在疏的基础上对被教育者不正确的，采取教育与自我教育的方法进行教育引导，将其导入到积极、正确、健康向上的轨道上来。

网络环境下，各个层次的问题不断出现，高校教育落实疏导原则的难度在不断加大。针对高校教育疏导方法面临的新问题，我们必须做到与时俱进、积极开拓新思路，对疏导方法进行深入研究，深化网络时代疏导方式的多样化。只有这样，才能拓宽视野、避免片面性，疏导方法才更具有科学性和可行性。

网络使教育信息的传播由单向变为双向、多向，教育者和受教育者都可以从网络获取大量的信息，都可以成为信息的发布者和评论者。网络环境下，高校可以借助建立专题网站的方式实现疏导。正确利用网络进行疏导工作：其一提升认知度，网站认知度是指网站被公众认识和知晓的程度。高校思政网站被社会公众认知是政府网站发挥作用的基础。通过提高网站认知度，可以有效进行网络疏导。其二提高互动性，高校舆论的形成，常常要经历一个复杂的选择、争论和交流的过程。高校可以借助网站，开通互动环节，通过网络实现教育者与受教育者之间的交流。其三增强舆情引导力，网络的发展使得学生强烈地要求向社会表达自己的意愿，并通过各种方式维护自己的合法权益。

九、创新原则

十六届六中全会指出，要逐步建立起社会主义核心价值体系。这一价值体系包括马克思主义指导、中国特色社会主义共同理想、以爱国主义为核心的民族精神、以改革创新为核心的时代精神、社会主义荣辱观五大要素。高校教育工作应该也必须遵循创新原则，这一原则不仅仅针对高校的决策者，更重要的是针对高校的教育者以及教育者采取的教育方法而言。高校教育创新是教育者借助调动构成教育活动的其他要素的作用，使其进入激活状态，并最大限度地发挥各自效能，服务于教育目的的手段，因此它又是教育其他要素从有准备状态转化为实际状态的中介，在教育其他要素功能的发挥中具有关键意义。

创新这一原则要求高校教育者转变教育思维方式。思维方式作为人们思维活动过程中所运用的工具，是人们在认识和把握对象的整个思维过程中所运用的工具。在网络背景下，陈旧、落后、传统的思维方式，有碍于教育者准确地理解和把握高校教育的目的和任务，有碍于教育者恰当地选择和运用教育内容，有碍于教育者正确地认识和对待教育对象，有碍于教育者形成创新的意识、产生创新的冲动、设计创新的内容。所以，在进行教育过程中，教育者只有采取创新的思维方式，才能提高科学性认识，才能正确认识和把握教育方法的内在本质，从而正确运用教育方法服务学生成长成才，服务高校发展。

创新这一原则还要求高校教育者深化原有的方法，使其具有现代功能。教育方法在继承和批判吸收传统教育方法的同时，应该不断以其为基础，不断深化传统教育方法的内涵。教育方法，主要是教育的方针、原则方法和一般方法，是以马克思主义为指导，在实践中总结概括出来的，并经过长期教育实践的检验，证明它是科学的，我们应该在实践中对它进行吸收和深化。

创新的原则还要求充分利用网络手段。网络以迅猛的速度改变着人们的思维方式、生活习惯、价值观念，在这种环境中成长、生活的青年学子，其复杂性状态和不稳定程度比以往任何时候都突出。随着网络时代的发展，借助网络技术的进步，教育方法要充分利用网络推动教育方法科学化、现代化、最优化。本着创新原则，高校应该积极创建教育的网络平台，营造"网络文化"氛围，采取传输、引导、监控等方式，占领网络意识阵地，积极探索实现校园网与教育相结合的途径，充分利用网络技术优势加强和改进教育工作。这个过程中一定要注意三种结合：一是把主动性和互动性相结合。网络技术的发展使得互动性增强，这种互动性使得高校教育的教育者和受教育者交流性增加，在互动过程中，争取主动，积极引导，以主流信息做正面宣导，让学生在教师的引导下接收信息，并学会鉴别信息的技能，提高筛选信息的水平，同时接受良好的教育。在这种互动的背后，更多的是信息传播的效率。作为教育工作者，必须牢记自己教育者的职责，不能被网络的虚拟以及所谓的"平等"掩盖了现实教育者的身份和主动角色，否则会陷入"一无事成"的境地。二是注重高校教育与综合素质教育的结合。单纯的教育资源一般不能满足和吸引学生接受教育，可以借助网络把体现综合素质教育的一些板块，如学术论坛、风采展示等有机地融入教育，这样可以达到教育的内容既丰富又趣味化，这也是对高校教育工作的一种创新之处。三是贯通"上下"，网上教育与网下教育的结合。网络环境下，网络已成为教育的重要载体。

但是传统的教育方法大多数仍然没有过时，因此，教育的任务单靠网上的教育并不能更好地完成。由于网络教育较之于传统教育存在先天不足，网络手段往往不能完成传统教育的诸多方面功能，因此，高校的大量教育工作仍然要在网下进行。在网络背景下，网上的教育拓宽了教育的方式和方法，丰富了高校教育的内容，开辟了教育的领域。因此，面对网络，我们应该积极创新方法与途径，实现高校教育的新发展。

十、法制性原则

学生教育管理理念、程序、权威以及学生教育管理者的法律水平等都面临着前所未有的挑战，高校必须采取相关对策，学会用"法治"的理念来解决实践中出现的情况和问题，"法治化"便成为学生教育管理工作的必由之路。学生教育管理法治化是一项系统工程。通过加强高校教育法制建设，注重对高校校内规定的审查，确保下位法不违背上位法的原则和精神，确保"良法之治"；以完善学生权利救济制度为契机，在学生整治教育和管理中更加注重程序规范，适当借鉴听证、仲裁等制度。通过积极营造依法治校良好环境，切实树立学生整治教育和管理法治、平等和服务的理念，进一步完善学生整治教育管理的运作模式，扎实推进学生教育管理法治化建设。当然在实施学生整治教育和管理法治化的过程中，也要注意避免用法治来代替学生整治教育的误区，学生教育管理法治化进程中教育立法和执法都要坚持适度性原则，注意避免教育过程中的全面法律化。网络时代，随着互联网全球范围内的迅速发展，网络的开放性、数字化、虚拟性、交互性的特点使得网络安全问题日益突出，网络传播的便捷性以及网络传播的无节制性使得不良信息借助网络得以大规模泛滥。高校进行法制教育的原因有二。一是学生法律意识淡薄，近年来，学生违法犯罪是一个严重的社会问题，导致青少年犯罪率上升的首要原因便是其法律意识淡薄，加之网络环境下，学生的社会经验缺乏，理当且必须重视法制教育的开展。二是法制教育是保证学生教育的基石。加强法制教育是稳固高校教学质量的有力保障，更是确保学生学习掌握技能的基石，只有当学生树立了正确的世界观、人生观、价值观，才能保持健康的心理状态、明确的学习态度和正确的学习方法，从而学有所用、学有所得，才能实现高校人才的教育培养目标。

法制性原则要求高校教育者在进行教育过程中渗透法制教育，这要求高校教育者在具备很好的法律素养，只有这样才能够在课堂教学中信手拈来，不事雕琢，与课堂浑然一体，否则，很容易生搬硬套，失去教育意义甚至适得其反。法制性原则还要求高校教育者在具备良好的法律素养和丰富的法律知识的前提下，同时具备对媒体不良信息的识别能力。

实践证明，网络时代高校教育的原则得到了丰富与充实。借助网络，高校教育的信息资源得以及时有效地对学生进行影响，这极为有效地拓展了教育的途径。当然对于教育的核心问题、本质问题仍然需要我们根据新时期的原则进行施教，仍然离不开面对面的教育行为。总之，网络背景下的教育，在开辟了新途径新领域的同时，更提出了新课题和新要求，要顺利地完成这一课题和要求，就必须遵循网络环境下教育的基本原则，否则，网络时代的教育就难以收到实效。

第七章　网络教育的内容

自 20 世纪 80 年代以来，我国在各方面都取得了前所未有的成就。借助改革开放这股春风，高校学生的教育也取得了长足的发展。与此同时，伴随着社会主义市场经济的纵深发展，特别是网络技术的无限扩展，使得高校领域的各种相互碰撞，直接或间接地影响着学生道德素质、素质以及心理素质的健康发展与提高，这种局面的产生与形成使得高校教育工作面临着严峻的挑战。所以研究和分析网络背景下高校教育的内容显得非常必要，具有重要的现实意义。

教育内容的构建是一项系统工程，是一种由教育相关因素构成加之教育因素补充的具有发展性和创新性的社会实践活动的理论总结。纵观教育内容发展，我们总结出一条经验，就是教育内容的实现需要诸多方面的合力，要求教育方针、教育原则、教育措施的合力保障，只有这样，教育内容才能够以系统化的结果实现其价值和功能。高校教育的内容构建更是如此，应该在考量我国高校实际情况的基础上，结合网络时代的特征，同时做到实事求是和与时俱进。

第一节　教育存在的主要问题

一、网络时代与观念的不适应

在网络背景下，教育的地位作用显得愈来愈重要，当然也迫切需要确立与之相适应的观念。网络时代的发展，给高校教育工作带来了机遇和挑战，教育的内容在网络技术下的发展的问题也随之而出。

目前，有些高校的教育内容比较陈旧，教育内容比较滞后，这种内容的陈旧性和发展的滞后性与网络下学生的教育需求已经脱节，给高校教育的发展产生了极大的阻碍，导致高校很难适应和满足时代发展要求。高校教育内容的滞后性主要表现在以下几个方面。一方面表现为高校教育课堂教育的滞后性，高校教育者为了便于教学，在教学过程中，沿用许久之前的课件进行课堂教学，这的确可以省去教师备课的时间，但是另外也导致了教学内容不能与时代接轨，最终致使课堂教学索然无味，影响学生学习的积极性，直接影响了高校教育的效果。另一方面表现为高校教育教材的滞后性，这种滞后性表现为教育教材更多的是呈现理论性，缺少案例性。理论性由于缺乏实践意义和趣味性，更多的是枯燥的理性知识，因此被高校学生"束之高阁"，这拉开了"学生"与"理论"的距离，使得思政教学的效果比较低下。由于缺少案例性，使得实际的教学活动不能更好地和现实生活接轨，这就容易导致学生产生教育课无用论的想法。这种重理论轻实践的高校教育内容也给高校发展带来了一定的负面影响，使得高校教育工作有效性大打折扣。

网络的快速发展给高校教育领域带来了不少挑战，高校教育内容还面临着发展的滞后性。这种发展的滞后性表现为高校教育内容滞后于社会经济发展，不能很好地与社会经济发展相适应；滞后于国内外形势的发展和变化，不能紧跟时代发展潮流而墨守成规的一味地"故步自封"。就目前高校的教育的内容来看，学生的教育内容缺乏与网络技术相关的道德、伦理教育。面对科学技术的迅猛发展，教育内容的缺失特别是针对网络的道德教育的缺失，使得高校教育有失全面，很难适应网络迅速普及的新形势，很难达到高校思政教育的要求。

二、网络教育的基本任务与内容的偏离

适应网络时代发展要求，是高校教育的原则性要求，但是在实际的发展过程中，高校教育很难做到与时俱进。一方面，一些高校教育搞"一刀切"，盲目地进行教育活动，使得教育的内容不能做到从实际出发，很难实事求是。高校教育内容应该也必须与自身实际相结合。同时，高校在开展教育的过程中，过分强调形式，不注重教育内容，缺乏针对性。

在制订教育活动计划时，安排上下"一般粗"，组织教育不分层次搞"一锅煮"，致使教育内容远离形势，任务需要和学生现实相脱节。另一方面，高校教育的内容缺乏系统性，内容偏向于"杂""窄""难"，这样更加不利于高校思政工作的有效、有序开展。高校教育内容缺乏系统性指的就是内容零散化、随意化比较明显。高校在开展教育过程中，总是试图通过增加所谓"特色"内容，突出其思政教育工作的特色，但是在实际操作中却"因小失大""顾此失彼"，这样削弱了教育的系统性和完整性，失掉了对高校教育的本质性认识，冲淡了高校教育精心设置的重点教育，也冲击了正常的教育秩序，使学生不堪重负，难以承受。相反，由于添加的所谓特色内容处于思政教育的边缘，这样使得高校教育工作的效果难以达成。面对繁杂的教育任务，学生只能疲于应付，难以顾及质量和效果，出现了一堂课讲多个内容的"拼凑性教育"、半小时算一天的"压缩性教育"。高校教育内容

"杂""窄""难"，缺乏创新性。高校教育内容由于过分强调理论，使得学生在接受教育的过程中普遍感到"难"，难以理解，难以接受；由于高校教育内容的创新性相对缺乏，当前的教育内容依然固守在传统的教育内涵上，缺乏网络层次、实践层次的内容，使得涵盖面比较窄，不能适应网络时代社会发展的需要，不能适应高校教育发展的要求；当前各个高校的教育都在打"特色"这一噱头，这使得高校教育的内容因"特色"而变得"特色"，教育内容多而杂。

三、教育的部分内容与整体之间的关系处理不当

教育内容是由政治教育、道德教育、思想教育、法制教育、心理健康教育等部分构成的一个稳定的内容系统。

高校教育工作要想取得创新，则必须加强现有的教育内容各个部分之间的联系、渗透、互补与融合，注重部分与整体之间的关系，通过构建部分的稳定性促进整体稳定性的发挥，实现整体优化、协调发展，发挥内容的合力作用。构成教育内容的部分之间存在的问题表现在以下几个方面：一是重点内容"唯一化"，教育内容中的重点部分内容虽然很突出，主次关系也很明确，但在实施教育内容过程中，把教育的重点内容变成了唯一的内容，用重点内容代替其他方面的教育内容，造成了内容体系的不完整和内容结构的片面性缺陷，五项内容之间没有相互结合、渗透，这样使得高校教育的内容在部分缺失的同时也造成了学生对教育工作的疑虑；二是教育内容的各个部分在整体中的地位和角色不明确，各部分的重点不突出，主次地位不清晰，在实际的教育过程中主次颠倒，用相对次要的教育内容冲淡乃至代替主要的教育内容。

加强高校教育内容之间的联系性，增强高校教育工作部分与整体之间的联系，还必须做到以下几点。一是高校教育内容应该"合目的性"，合目的性是指教育内容（各个部分内容）必须适应社会实践发展的需要和促进人的全面发展，各个部分内容在进行教育时应该彼此兼顾，重点突出、特色有序。二是要求高校教育者要增强"合力"意识，通过主动干预，让彼此关联性差的教育内容能够围绕某一主题展开，增强内容之间的"兼容性"。

四、网络教育内容与教育主体不对等

目前来看，部分高校在进行教育过程中，对教育内容没能细化，而是直接地"一刀切"式的进行。在教育过程中，没能考量教育受教育者的个体性特点。高校

教育的内容应该具有明显的层次性。这种层次性可以通过针对不同受教育主体施之不同教育内容来体现。例如按照年级层次进行教育内容的分层。对大学一年级学生可以进行新生入学教育，涵盖教育中的学生道德、学生适应心理等方面开展教育；对于大学四年级学生可以围绕"毕业"教育展开，可以进行就业心理、职业道德等道德教育的渗入。

五、高校教育内容的说服力不强

说教是高校教育的惯用手段，而说服教育效果的大小取决于教育内容说服力的强弱，这是因为说服教育的手段是以思政教育内容为蓝本的。在网络时代，使得学生信息获取渠道多样化，心理发展多元化，靠着传统的教育的内容很难去驾驭高校学生的，这就显得高校教育的说服力明显下降。

第二节　网络教育内容的依据

一、高校教育内容的理论依据

"师出有名"阐明了做事的一个原则，那就是做任何事情都要以科学理论为依据。高校教育的内容也不例外，作为一种教育活动的主体部分，理应澄清其理论依据以及理论来源。马克思主义的基本理论为教育提供了理论基础和依据。在马克思主义理论体系中有两个概念：社会存在和社会意识。社会存在指的是构成人类社会的一切存在，包括人、社会组织、社会活动、各种财产、知识等。社会意识指的是社会存在在社会精神领域中的反映，是精神现象的总和，包括社会的人的一切意识要素和观念形态。马克思主义认为，社会存在决定社会意识，社会意识是社会存在的反映，社会存在的性质和变化决定社会意识的性质和变化。社会意识对社会存在具有能动的反作用。先进的、革命的、科学的社会意识对社会存在的发展产生巨大的促进作用；落后的、反动的、不科学的社会意识对社会存在的发展起着阻碍作用。教育工作根植于马克思主义所揭示的关于理论与实践、社会存在与社会意识的内在本质及其辩证关系的科学理论。所以，高校在进行教育内容创新的过程中一定要依托其理论基础，同时要做到与社会实践结合，根据具体的社会实践对相对应的理论进行有机地整合。

关于人的本质和人的全面发展的学说，也是我们确定高校教育内容的重要理论依据。马克思对人的本质问题做出深入的研究和全面的揭示与论述，先后给人的本质作了三个界定。第一个界定是在《1844年经济学哲学手稿》中做出的。马克思说："劳动这种生命活动、这种生产生活本身对人说来不过是满足他的需要即维持肉体生存的需要的手段。而生产生活本来就是类生活。这是产生生命的生活。一个种的全部特性、种的类特性就在于生命活动的性质，而人的类特性恰恰就是自由的自觉的活动。"这里说的人的类特性即人的本质，这里说的自由的自觉的活动即劳动。可见，这里是说劳动是人的本质或人的本质是劳动。第二个界定是在《关于费尔巴哈的提纲》中做出的。马克思说："人的本质不是单个人所固有的抽象物，在其现实性上，它是一切社会关系的总和。"简单地说，就是人的本质是一切社会关系的总和。第三个界定是在《德意志意识形态》中做出的。马克思、恩格斯指出："在任何情况下，个人总是'从自己出发的'，但由于从他们彼此不需要发生任何联系这个意义上来说他们不是唯一的，由于他们的需要即他们的本性，以及他们求得满足的方式，把他们联系起来（两性关系、交换、分工），所以他们必然要发生相互关系。"简单地说，就是人的需要即人的本质（本性）。马克思关于人的全面发展的学说指出，人的全面发展首先是人的能力的充分发展。在《德意志意识形态》里，马克思写道：在共产主义社会里，任何人都没有特殊的活动范围，而是都可以在任何部门内发展，社会调节着整个生产，因而使我有可能随自己的兴趣今天干这事，明天干那事，上午打猎，下午捕鱼，傍晚从事畜牧，晚饭后从事批判，这样就不会使我老是一个猎人、渔夫、牧人或批判者。其次是人的社会关系的全面丰富，也就是说人的能力发展与社会发展充分相适应。实现人的全面发展同样需要社会满足一定的条件，社会能够为每一个成员提供全面发展和表现自己的全面能力的机会。另外，人的全面发展也需要社会提供的全面教育。因而，高校教育的内容要根据社会的发展、人的需要和人的全面发展的要求来制定和不断创新，只有这样，高校的教育内容才能具有发展性、针对性、实效性和创新性。

二、高校教育内容的实践依据

网络技术的发展为高校教育拓展了新空间、开辟了新渠道、注入了新活力，使得高校教育工作覆盖面得以扩展，对学生的影响力不断增强。借助网络的各种技术，使得高校教育实现的手段更加多样化，并且实现的形式也更加新颖化。但是，我们在发挥网络优势的同时，也应该认识到其发展带来的弊端，例如不良与不实信息泛滥对学生带来的负面影响等。所以我们在制定高校教育的内容过程中，一定要辩证认识网络，发扬其优点，屏蔽其缺点。

在考量虚拟环境的同时，我们还应该关注现实社会对高校教育内容的影响，这包括社会实际需求和高校两个层面上。在国内方面，高校教育内容应该与社会发展的实际与需求相适应，高校教育的内容应该走在社会发展的前面，当然还应该"边发展，边适应"。在高校方面，教育内容应该做到两个依据，一是依据学生发展实际，二是依据高校自身发展实际。

第三节　网络教育内容的要求

高校教育承担着为国家建设培养人才的重要职责，因此我们在构建高效教育内容的过程中一定要考虑各方面因素，权衡不同方面要求。网络背景下高校教育内容构建的要求体现在以下几个方面：一是坚持高校教育内容的社会主义方向；二是提升高校教育内容的科学性；三是完善高校教育内容的系统性；四是突出高校教育内容的时代性。要求的达成是保障高校教育顺利进行的需要。

一、网络教育内容的核心价值体系

高校教育的过程就是培养学生素养的过程，这一过程的夯实有利于形成学生坚韧的觉悟。网络教育内容也应该朝着这一方面努力。在制定高校教育内容这一过程中，一定要注意发扬其鲜明的方向性，所谓的方向性指的就是高校教育内容在规定学生的社会性发展和个性发展上，应该坚定社会主义方向。高校坚持教育内容体系建设的社会主义方向，主要表现在四个方面：一是坚持以马克思主义为指导；二是把握中国特色社会主义共同理想；三是培育以爱国主义为核心的民族精神和以改革创新为核心的时代精神；四是树立以"八荣八耻"为主要内容的社会主义荣辱观。坚持马克思主义为指导是我党自成立以来的理论武器，高校教育内容应该也必须坚持以其为指导。中国特色社会主义共同理想是社会主义核心价值体系的基本内容的一部分。即坚持中国共产领导，坚定走中国特色社会主义道路，坚定实现中华民族的伟大复兴，高校教育内容要保证其性就必须予以坚持。民族精神和时代精神是培养学生爱国主义和创新能力的重要支柱。社会主义荣辱观则体现了时代要求。

十六届六中全会提出了"社会主义核心价值体系"这个概念；概括了它的四个方面的"基本内容"，即"马克思主义指导，中国特色社会主义共同理想，以爱国主义为核心的民族精神和以改革创新为核心的时代精神，社会主义荣辱观"；要求"把社会主义核心价值体系融入国民教育和精神文明建设全过程、贯穿现代化建设各方面"。

党的十七大重申了这些根本观点，要求切实把社会主义核心价值体系转化为人民的自觉追求。这是对我国现阶段教育内容的一次新的整合。它构建了一个由四方面基本内容组成的体系，并且浓缩成了一个简明的概念。将来随着实践的发展和认识的深化，反映社会主义核心价值观的理论还会有新的发展，但迄今为止，这是最完整的概括，是现阶段我们把握教育内容的指导理论。高校教育内容体系的构建理应以此为蓝图，细化其要求，遵循其原则。

二、提升高校教育内容体系的科学性

科学性是指概念、原理、定义和论证等内容的叙述是否清楚、确切。高校教育内容体系理应体现其科学性。这种科学性体现在以下几个方面。一是高校教育内容体系应该做到与时俱进。做到与时俱进应该使高校教育内容符合网络时代要求，网络使得高校教育环境变得异常复杂，所以在进行内容制定时一定要考量网络背景下各方面的声音。二是高校教育内容体系做到实事求是。"务得事实，每求真是也。"所谓实事求是指从实际对象出发，探求事物的内部联系及其发展的规律性，认识事物的本质，通常指按照事物的实际情况办事。高校教育内容应该体现实事求是，这一过程中蕴含着必须始终走好"群众路线"，思政教育内容应该关注学生这一主体；必须做到狠抓落实；必须勇于创新；必须强化宗旨观念。

三、完善高校教育内容体系的系统性

系统性原理就是若干相互联系、相互作用、相互依赖的要素结合而成的，具有一定的结构和功能，并处在一定环境下的有机整体。系统的整体具有不同于组成要素的新的性质和功能。具体来讲，系统的各要素之间、要素与整体之间，以及整体与环境之间，存在着一定的有机联系，从而在系统的内部和外部形成一定的结构。因此，要素、联系、结构、功能和环境是构成系统的基本条件。

高校教育内容的系统性是指高校学生教育内容是系统的而不是零碎的，它由代表不同功能的诸要素构成，系统本身具有严密的科学体系。高校教育内容由教育、教育、道德教育、素质教育等诸多不同功能的要素组成，各个部分互相联系，彰显系统功能。其在进行施教的过程中应该重点突出、主次清晰、整体协调。

四、突出高校教育内容体系的时代性

教育内容不但要反映马克思主义的一般原理，还要反映时代使命、精神、目标、任务和途径。教育必须按照时代要求不断丰富自身的内容，坚持以人为本，突出时代特征，贴近实际、贴近生活、贴近学生。

网络环境下高校教育内容的时代性应该体现在以下几个方面。一是教育内容顺应高校学生的个性心理发展特点，高校学生作为先进文化的排头兵，在当下环境下体现了时代特点。在制定内容时应该体现高校学生的发展特点，顺应学生的个性心理。二是社会化发展的趋势。当前网络技术迅猛发展，发展过程中诸多方面的复杂性呼之欲出，所以在制定高校思政内容时理应体现社会发展的时代特征。

第四节　网络教育的内容

网络背景下的高校教育，是现代社会信息技术的产物，它将教育与网络技术很好地结合在一起，将传统教育的工作范围、教育手段及方式进行扩展和延续。网络背景下的高校教育，是结合学生个体特点，综合了现代管理学、传播学、信息科学、教育理论，以网络为纽带来实施的教育活动，是教育在网络环境下的体现。网络环境下的高校教育的内容包含了学生日常学习生活的方方面面，不仅有对学生上网活动的正确疏导，还有网下对其进行的心理咨询、答疑解惑等各种内容。网络教育的内容是网络教育的核心和灵魂。网络的优势极大地提高教育工作的覆盖面和有效性；但也为各种负面信息的存在与生长提供了土壤，给教育工作带来了显而易见的消极影响。面对新形势新情况，高校教育工作内容的创新和发展就显得至关重要。增强高校教育的内容的时代感是网络教育内容发展与创新的基本要求，要增强网络教育内容的时代感，必须注重研究网络环境下的教育对象新的特点，增强教育引导，提高受教育者自我选择教育环境的意识。当代学生既有强烈的自我意识和自主发展的欲望，追求个性化，又能以积极、开放和竞争的心态面对社会，相对理智务实。高校教育只有真正反映了时代精神和当代青年学生的特点，才能保持青春魅力，迎接时代提出的挑战。同时高校网络教育在内容方面必须加强有针对性的教育，及时纠正不良的倾向，端正学生的观念。根据学生的实际，不断调整、充实和丰富教育的内容，加强内容的客观性、理论性和现实性；并抓住现实中的争论焦点，用正反事实说话，不回避矛盾，不搞片面性，才能真正做到对症下药、有的放

矢，从而收到良好教学效果。

一、教育内容的内涵

教育的内容，是教育的重要组成部分，是教育者向教育对象实施教育的具体要素。它必须体现教育的根本任务和目的要求，根据教育目标和对象的实际而确定具体内容。一方面它必须与时俱进，根据不同时空，不同条件下教育对象的实际情况确定具体内容；另一方面，它必须要符合根本任务和目的的要求。

所谓教育内容的内涵，即一定社会为了实现其根本任务和目标，在教育活动中教育者（教育主体）通过一定的方式和手段对受教育者（教育客体）传递的教育观念、社会道德规范等知识系统。

二、网络视野下高校学生教育内容

教育的内容是教育目标和任务的具体化，科学选择和确定教育的内容是实现教育目标和任务的重要环节。因此，选择什么内容开展教育，决定整个教育的特性。中央16号文件明确提出，当代学生教育的主要任务是：以理想信念教育为核心，深入进行树立世界观、人生观和价值观的教育；以爱国主义教育为重点，深入进行弘扬和培育民族精神教育；以基本道德规范为基础，深入进行公民道德教育；以学生全面发展为目标，深入进行素质教育。这为学生教育内容的创新指明了方向。按照教育内容的侧重点、目的性和对象的不同，网络背景下的高校教育可以分为思想教育、法制教育、心理教育、道德教育、素质教育几个部分。

当代学生的教育应该用具有现代化发展趋势、体现时代特点的人和事来引导学生，选择和创新开放环境、竞争环境、信息环境、创新环境的内容来感染学生、激励学生。

（一）政治教育

政治教育是高校教育系统中的最高环节，也是高校教育系统中难度相对较大的环节。在进行教育之初，先澄清两个概念：政治观、教育观。观的本质是一种看法和态度，指人们对以国家为中心的关系和问题的根本看法和态度。就高校现阶段的实际而言，政治观是指高校教育者与受教育者对党和国家的方针、路线及政策的根本立场、态度和看法。高校进行教育的实质是纠正学生错误的认识，在利用网络积极进行教育宣传的同时，帮助学生树立正确的理论、立场和方向，引导和帮助学生树立马克思主义世界观。

网络时代高校教育应该包括基本路线教育、爱国主义教育、形势政策教育、网络素质教育等几部分。

基本路线教育。我党在社会主义初级阶段的基本路线指的是：领导和团结全国各族人民，以经济建设为中心，坚持四项基本原则，坚持改革开放，自力更生，艰苦创业，为把我国建设成为富强民主文明和谐的社会主义现代化国家而奋斗。

基本路线教育是观教育的核心内容。高校要紧紧把握这一教育的核心内容，在把握本质的基础上，结合网络时代的特点，参考学生的个性心理特征不断丰富其内涵。

形势政策教育。形势是指国内、国际的时事发展趋势；政策是国家政权机关、政党组织和其他社会集团为了实现自己所代表的阶级、阶层的利益与意志，以权威形式标准化地规定在一定的历史时期内，应该达到的奋斗目标、遵循的行动原则、完成的明确任务、实行的工作方式、采取的一般步骤和具体措施。形势政策教育是教育的一项经常性的教育内容。

巴西教育家费雷尔指出"学校应该敢于建立一种新的社会秩序"，杜威也曾说过"学校即社会"，这其中阐述的道理就是高校应该承担起形势政策教育的任务。形势政策涵盖危机事件、舆论事件等诸方面，渗透社会生活各个角落。形势政策教育开展的形式可以是以教师为主导的课堂教学、学术沙龙等。

爱国主义教育。爱国主义教育是指树立热爱祖国并为之献身的教育。爱国主义教育是教育的重要内容。爱国主义是一面具有最大号召力的旗帜，是中华民族的优良传统。中国爱国主义教育的特点是：艰苦奋斗、辛勤劳动，不断丰富和发展中华民族的物质文化财富；反对民族分裂和国家分裂，维护各民族的联合、团结和国家的统一；在外敌入侵面前，团结对外，英勇抵抗，维护祖国的主权和独立；同一切阻碍历史发展和社会进步的势力和制度进行斗争，推动祖国的繁荣和进步。爱国主义是长期生活在一定领域里的人民在深刻理解祖国所代表的各种价值对人类进步所具有的意义的基础上产生的强烈而执着的爱国之情和神圣信念。高校要进行爱国主义教育，最近一段时间网上流传这样一个词汇"爱国贼"，指的就是那些只喊口号，没有付诸实际行动爱国的个人。高校爱国主义教育的内涵在本着本质不动摇的基础上，还应该继续丰富和发扬。

网络素质教育。网络时代，网络使地域距离感拉近，信息传播及时迅速。西方国家以及国家分裂势力也想借助网络"东风""顺势而为"，所以在网络上充斥着西方价值观和国家分裂的言论。这就要求我们构建网络素质教育，加强学生对社会主义制度的认识上，防止"趋同论""资本主义化"的影响；加强对领导的正确认识，防止"多党制"的影响；等等。

在高校的教育中，尤其需要强调对以下几个问题的认识和处理。一是高校应该培养学生过硬的素养，使得学生能够在风云变幻的时代学会选择，明辨是非，提高素质和关心的自觉性。二是提高学生参与度，使学生在实践中积累经验，树立正确的观念，做关心，推进文明的生力军。三是推进民主建设。高校需要民主，民主的基础就是提高学生素质和文化素质。

（二）思想教育

思想教育是教育主要的直接环节，是进行道德理论教育，培育道德能力，形成道德素质的活动。网络背景下，高校教育表现在层面上的挑战主要是主流世界观、人生观、价值观和道德观的弱化。在社会经济成分、组织形式、就业方式、利益关系和分配方式日益多样化的同时，人们活动的独立性、选择性、多变性和差异性也日益增强，社会空前活跃，各种观念相互交织，各种思潮不断涌现。据郭淑敏在《北京地区学生信仰现状调查分析》对 861 份学生抽样调查中显示：信仰个人奋斗的比例明显增加，竟达 40.88%；信仰宗教的学生占 24.7%；有 25.93 % 的学生认为有无信仰"无所谓"。我们道德层面的工作任务，就是要帮助学生树立正确的世界观、人生观、价值观和道德观。

世界观教育。世界观是人们对整个世界的总体的和根本的观点。它是人们对世界本质、人与周围世界的关系、人在世界中的地位和生存价值等一系列基本观点的总和，是人们在实践中对世界本质问题探索的结晶。马克思主义世界观是教育的核心内容。马克思主义世界观教育主要包括辩证唯物主义教育、马克思主义认识论教育和历史唯物主义教育。第一，辩证唯物主义教育。进行辩证唯物主义教育，最主要的就是要帮助学生正确认识物质和意识的关系，坚持一切从实际出发、实事求是的辩证唯物主义原则，树立辩证唯物主义的基本观点，从而提高人们认识世界和改造世界的能力。第二，马克思主义认识论教育。进行马克思主义认识论教育，最主要的是要教育和引导人们在社会主义现代化建设和改革开放的实践中，用好解放思想这个法宝，自觉坚持实事求是的路线，做到一切从实际出发，实事求是，理论联系实际，在实践中检验真理和发展真理，使主观认识和客观实践保持具体的历史的统一。第三，历史唯物主义教育。进行历史唯物主义教育，最主要的是要教育和引导学生掌握社会发展的基本规律，坚定社会主义、共产主义信念，积极投身于社会主义现代化事业；学会运用历史唯物主义的观点与方法正确分析和看待历史事件、历史人物和各种社会现象；特别是要掌握社会存在与社会意识辩证关系这一根本原理，重视意识形态领域的工作和斗争，自觉坚持社会主义意识形态阵地；树立群众观点，尊重群众，相信群众，依靠群众，永远和人民群众紧密联系在一起。

人生观教育。人生理想教育，理想是与奋斗目标相联系的有实现可能的信念和追求。人生理想具有层次性，一般可以分为阶段性理想和最高理想。理想教育有利于防止商品交换原则侵入到人与人之间的关系和生活之中；有利于抵制和克服以利己主义为核心的资产阶级腐朽人生观的侵蚀和影响；能够帮助人们在复杂的社会环境中始终保持正确的人生方向。

在人生理想教育中，要注意层次性。人生目的教育。以全心全意为人民服务为人生目的，是无产阶级人生观即共产主义人生观的重要特征，是共产主义人生观的核心，也是共产主义人生观与剥削阶级人生观的根本区别。人生价值教育。人生价值问题是人生观的核心问题。人生价值是一个人活着的意义，是指一个人的一生对社会和他人所具有的作用和意义。人生价值观教育主要包括以下三个方面的内容：第一，人生价值目标教育；第二，人生价值评价教育；第三，人生社会责任教育。人生态度教育是人们对某一对象所持有的评价和行为倾向。它由认知、情感和倾向三个基本要素组成。人生态度就是人们对人生问题所持有的较为稳定的评价和倾向的理论教育，是东西方各国都普遍重视的一种教育模式，它对于帮助学生熟悉了解必要的知识和规范是十分重要的。高校教育的内容应该也必须加强教育。高校教育的目的应该是：使学生通过相关知识的掌握，进而提高的判断能力，提高素质水平。因此，学校教育必经重视调动学生的主体意识，帮助学生在相关问题上，能够明辨是非，申明态度，选择立场，决定取舍。

道德教育是教育系统中重要的一环，是我们相对比较熟悉的环节，也是应该最有创新、有所突破的环节。高校要结合学校自身情况，创造性地进行教育。

（三）道德教育

道德教育就是对学生在活动过程中的道德观念、道德行为、道德评价进行正确的引导和规范。道德教育是根据社会发展的要求以及道德教育对象的实际而确定的。它不仅反映道德教育的性质，而且是实现道德教育目标与任务的重要保证。在网络背景下，随着网络技术的发展，人的个体能力和人们在一起的群体感受将超越国家和地区等地理性因素的限制而达到全新的水平，因此，网络环境下，道德教育的内容必然反映网络社会的特殊要求。高校的道德教育应该具有层次性。由于高校有四年制或三年制，历时比较长，根据学生不同发展阶段的心理、生理特点，针对不同年级的学生应该做出不同的道德教育的要求。大学一年级主要进行集体主义教育。集体主义教育就是按照社会主义精神文明建设的要求，拥有团队意识。团结、友爱、互相关心、互相照顾、遵守纪律、热爱集体、合作学习、助人为乐等，都是集体主义精神的具体体现。

大学二年级、三年级可以进行社会公德教育。社会公德是指人们在社会交往和公共生活中应该遵守的行为准则，是维护社会成员之间最基本的社会关系秩序、保证社会和谐稳定的最起码的道德要求。这一阶段的学生或多或少的参与了社会生活，对社会生活有了初步的认知，所以在学生踏入社会之初进行社会公德教育显得十分必要。大学四年级的学生可以进行职业道德教育。职业道德包括爱岗敬业，诚实守信，办事公道，服务群众，奉献社会，素质修养等。大四学生即将参与职业生活，所以在道德领域占领先机尤为重要。

网络道德教育应该贯穿高校整个教育过程。网络道德教育首先应该引导学生培养网络道德意识，道德是人类理性的表现，是灌输、教育和培养的结果。网络下道德教育同样如此。其次教育学生讲究网络礼仪。这中间包括问候礼仪、语言礼仪、交往方式礼仪等方面。要求学生遵守网络环境下的道德规范。网络道德的原则就是诚信、安全、公开、公平、公正、互助。

（四）素质教育

素质教育是以全面提高学生的基本素质为目的，尊重学生的主体性和主动精神，着重开发学生的审美、智慧和创新潜能为内容。这些内容相互衔接，共同构成高校网络教育的概念体系。

素质教育是指一种以提高受教育者诸方面素质为目标的教育模式。它重视人的道德素质、能力培养、个性发展、身体健康和心理健康教育。素质教育是育人中的基本教育，是培养人全面发展过程中的重要环节。素质教育具有基础性、全面性、发展性和全体性的特点。在素质教育范畴内的教育同样与素质教育、能力培养密不可分。素质教育的有效功能是提高受教育者的科学文化素质，培养受教育者的科学。

通过素质教育的间接功能可以树立受教育者的科学、理性、创新精神，增强教育的科学性，提升其吸引力、说服力，引导学生在学习掌握知识的基础上，逐步形成科学的世界观。正如沈壮海教授所指出的："经由知识而不囿于知识，这是教育与素质教育的基本关系定位。离开素质教育，教育便会缺少具有说服力、感召力的载体，缺乏实施的形式和条件，流为空洞的说教；止于素质教育，教育便会失去提升理想、铸塑信念的功能，从而失去自己存在的价值和意义。"高校学生的基本素质包含三大方面：一是专业知识素质；二是个人成长素质；三是职业发展素质。

教育家赫尔巴特在教育性教学中指出，世界上没有"无教育的教学"，也没有"无教学的教育"。专业知识素质的提高离不开科学文化知识和专业素质教育的提高，在进行这类素质教育的过程中，应该加之以潜移默化的教育的因素，注意挖掘其教育资源，使学生在学习科学文化知识的同时，加强道德修养，提高教育觉悟。另一部分是教育理论方面的素质教育，其中包括马克思主义基本理论素质教育、形势政策与素质教育、网络素质教育等内容。

目前，网络在部分青年学生眼里仍只是一种娱乐休闲的工具，网络的知识功能并未得到充分利用，上网似乎就意味着聊天、交友、玩游戏等细枝末节。即使上网浏览，也是以文化娱乐类信息为主，而科研学术类信息引不起他们的兴趣，部分学生知道某歌星的生日、星座、何时结婚生子、谁有了婚外恋等，但却很少关注网上教育和素质教育的题材。故此，倡导学生通过网络获得知识，开阔视野，正确使用网络，形成正确的网络观，既是网络教育的主要内容，也是网络道德教育的重要内容。

个人成长素质包含于自我发展和成长相关的专业教育、职业教育之中。高等教育的主要目标是培养具备专业技能的高级专业人才，使他们在毕业后能够胜任社会不同层次的岗位需要，但由于长期存在把专业理论、专业技能的学习同教育的学习人为地分裂开来的习惯，使得高校教育在大学里不受学生的欢迎和重视，而与此同时，经常的、大量的与学生专业学习相联系的问题和矛盾却得不到解决。这一矛盾如果解决不好，危害将是相当严重的。因此，学生教育的内容也要密切结合学生的专业选择、专业学习、专业素质的提高，从而培养全面发展的学生。

职业发展素质教育内容主要包括诚信品质教育、敬业精神教育、合作精神教育、责任意识教育和法纪意识教育。人无信不立，诚实守信是中华民族千百年来传承的美德，是为人处事的基本准则和立足点。教育、培养和提高诚实守信、爱岗敬业、团结合作、遵纪守法、无私奉献的专业知识素质、个人成长素质和职业发展素质，是学生步入社会、从事某项职业的前提和基础。在学生教育的过程中，思政工作者要注意因势利导，要注重学生综合素质的全面提高。

第八章　网络教育的话语变革

网络给高校教育提供了全新的环境，它的发展使教育主体的信息优势丧失、某些传统方式方法失灵，话语权也发生了变化。因此，加强对高校教育话语研究，系统探讨高校教育话语权的变化及其缘起，变革和重塑高校教育话语权，是网络时代提高高校教育有效性的一项迫切任务。

第一节　网络教育话语的特征与功能

一、网络时代教育话语的内涵

何谓话语？目前学术界还没有给出一个统一的定义。诺曼·费尔克拉夫在《话语与社会变迁》一书中说："话语是一个棘手的概念，这在很大程度上是因为存在着如此之多的相互冲突和重叠的定义，它们来自各种理论的和学科的立场。在语言学中，'话语'有时用来指口头对话的延伸部分，以便与书写'文本'相对照。"

从目前来看，尽管对话语没有统一的定义，但对于话语的解读大体有三种观点：第一种是言语说。此说来源于索绪尔的语言和言语的区分，他把作为语言符号和规则的具体运用的日常话语称为言语，而话语则是连接的言语或者社会文化语境中的一种语言使用形式。第二种是内容（形式）说。此说认为话语更重要的是其内容及其表现形式，称话语包括语言使用、传递和社会情景的交际三方面的内容，或者说话语就是具体的某个会话或某篇文章。第三种是互动说。此说认为话语是社会文化语境下的互动过程的产物或者是一种交际事件或言语交际活动。尽管对话语的界定有多种说法，但其共同之处在于认可话语在某种程度上是一种工具性的独立体系。

何谓教育话语？目前国内针对教育话语的定义有几种不同观点，概括起来主要有三种：

第一种观点认为，教育话语是教育活动主体在教育实践中，通过一定方式表达出来的指向一定教育目的的话语。教育话语是教育得以实施的中介，是教育活动得以完成的必要手段，是影响教育有效性的重要因素。同时还指出了教育话语的三个特征，即承载性、主体主导性和内容契合性。

第二种观点认为，教育话语是教育活动主体在教育实践中，以口头或书面方式表达并指向一定教育目的的话语，并提出教育话语有控制式、劝导式和对话式三种形式，并逐渐从控制式和劝导式转向对话式，突出教育话语的人文关怀和以人为本的宗旨。

第三种观点认为，教育话语是指在一定社会主导意识形态支配下，遵循一定的话语规范、规则和规律，并在特定的话语语境里，教育活动过程中的教育者和受教育者用来交往、宣传、灌输、说服，以及描述、解释、评价、建构教育内容和主体间观念、价值取向和行为表征的言语符号系统。

基于网络时代教育的形式、内容等诸方面均已发生了重大变化，笔者在概括上述观点的基础，提出自己对话语的理解，认为话语的定义应当是：网络时代教育话语是指教育活动主体运用网络技术，通过多形式、多模态的信息传播而展开的沟通活动，包括说话人、受话人、文本、沟通、语境等要素，以达到指向一定教育目的的言语符号系统。

我的这个定义，其内涵体现了以下三点：

第一，网络时代教育话语已超越了作为社会符号的语言。传统意义上的话语，可以理解为是一种社会符号的语言，而在网络时代，话语已超越了作为社会符号的语言，成为使用两种或者多种符号资源（语言、图像、空间等）完成意义建构的社会实践。语篇的含义也从传统的静态文字语篇扩展到了动态多模态语篇。因此，教育活动主体只有适应这种变化，才能更好地完成教育目的的建构的社会实践。

第二，网络时代教育话语传播呈现多形式、多模态。网络时代，在信息传递过程中，信息发送者和接收者之间的交流是双向的，大大改善了传统媒体传播信息过程中受众的被动地位，如互联网已经成为接收者与传播者之间一个相当重要的相互沟通工具，"点对多""多对多"等信息交换方式也相继出现。话语在现代网络技术的作用下，呈现出多形式、多模态，基于此，教育话语唯有通过这些新的形式以及不同的模态才能得以体现。

第三，网络时代教育话语沟通更具人性化和契合性。网络时代的话语具备了很大的开放性，大众从单纯的受众变成媒体的主体，具有了更大的主动性，如在网络个人博客中，个人掌握着话语权。虽然网络对技术有很强的依赖，但在这个时代，信息的获取越来越快捷、方便、自由。因此，在网络时代，突出教育话语的人文关怀和以人为本的宗旨，是实现承载性、主体主导性和内容契合性的保证。

二、网络教育话语的特征

与传统高校教育话语特征相比较，网络教育话语特征是有所不同的，主要有四个特征：

（一）开放性

传统高校教育所传播的主要是通过话语来实现的，没有话语也就没有。话语具有多种表现形式或者话语方式，任何一种话语方式都承载和传递着一定的内容；离开了这种"表达方式"，就不会有任何体现，无论是表达者还是接受者，都是首先通过话语方式来表达和理解语言信息的。而网络时代却使这种"表达方式"发生革命性变化，网络在传播时间、内容和方式上都表现出了极大的开放性。网络信息的传播可以突破时空界限，跨越万水千山，抵达世界的各个角落，成为真正意义上的"全天候媒体"。网络尤其是网络的广泛传播带来了海量信息，实现了"资讯无屏障"，使网络用户可以获取的信息"永不枯竭"。因此，网络教育所传播的，必须体现极大的开放性，它应当善于借助这种"开放性"的"表达方式"来承载和传递着一定的内容；可以说，离开"开放性"话语，教育活动主体的教育既无法表达，也无所依附。

（二）主体交互性

传统高校教育话语，通常是以教育工作者作为教育的主体的，所采用的控制式和劝导式话语方式与教育工作者在教育实施过程中的主体地位是相适应的，表现为"实施主导性"。网络时代，网络的传播方式是双向的，传播者和受众在信息交流过程中都有对等的控制权或主动权，每个人既是传播者，又都是受众，传播信息和接收信息几乎可以同时完成。由于在网络空间里每个主体都以相互区别的代号平等存在、平等对待、平等交流，要求高校教育话语的对话方式表征着教育者与受教育者之间是一种民主交往关系，双方拥有平等的话语权，教育者与受教育者可以采取自愿、自由的方式展开对话，并且这种对话不是封闭式而是开放式的，不是控制式或劝导式而是交互性的。施教者只有充分认识到教育话语主导性的变化，不断调整自己、完善和发展自己，才能更好地发挥自己在网络教育中的教育和引导作用。

（三）形式多样性

传统高校教育话语形式比较单调，主要通过课堂、讲座、报告会等形式来实现。网络时代，由于网络技术的广泛运用，话语表现形式丰富多彩，就互联网而言，就有网络即时聊天、网络博客、播客、微博等多种形式。它们巧妙地绕开现有结构的控制，使得人们对信息的获取越来越快捷、方便、自由。网络所具有的多样性话语形式，不仅超越了报纸版面、电视时段、地缘等方面的限制，更突破了高校课堂、讲座、报告会等话语形式的局限，大大改善了传统媒体传播信息过程中受众的被动地位，在时间和空间两个维度都极大地提高了话语传播的可能性和有效性。因此，网络教育话语必须切实掌握这种"点对多""多对多"等话语形式，只有这样，话语意义才能通过这些新的形式以及不同的模态得以体现。

（四）内容个体性

传统高校教育话语的内容历来强调两点：一是教育话语必须与教育对象的日常生活及利益、需求相契合，具有相应的联系；二是教育话语的表达要与教育对象对信息认识、理解的程度相契合。

即：教育话语所指向的教育目的、所表达的教育内容都要与教育对象具体的接受能力和接受特征相适应。但是在实际操作时，由于受到各种因素的影响，效果不明显，尤其是对有个性化需求的更难以有效。网络技术的运用，也为高校教育话语带来了两个革命性的变化：一是对等。在网络世界，没有老幼尊卑，人们随时享受到的是对等的关系、对等的权利。由此带给我们的是教育主客体关系本质的变化。二是点对点。过去"一令众应"的指令性话语发送在网络世界变成了"个性化"的问题解决，由此带给教育的是对传统的、相对粗放的工作模式的变革，是注重每个学生的个性需求，强调学生的主观能动性，更新固有的工作理念和方法的变革。网络教育应当注重话语内容的变革，融图形、文字、声音、动画等为一体，为学生提供"点对点"的话语传播服务，尤其是针对不同需要的学生提供个体性的服务，使得教育话语内容更具契合性和实效性。

三、网络教育话语的功能

网络教育话语的功能，概括起来主要有 6 大功能：

（一）载体功能

所谓高校教育话语载体，是指能够承载和传递教育话语内容的物体或工具。网络时代，网络技术为高校教育和学习交流搭建了一个数字化、网络化和智能化的话语载体。所谓网络化是指利用通信手段把分布在不同地理位置的计算机连接成为一个计算机的集合体，主要是指广域网和局域网的充分互联。互联网高度整合局域网上的各种教育和科研上的资源以及整个社会的知识资源，是一个超越时空限制并且完全开放的教育和学习平台。所谓数字化是指利用现代科技信息技术将图像、文本声音与动画等物理信息以某种数字格式进行录入与存储并进行传播。那些充分共享的数字资源发展成为全社会进行教育和学习的共同拥有的知识财富。所谓智能化是指包含超媒体人工智能多媒体与知识库等都在内的信息技术，与计算机网络进行统一，从而能够更有效地使用数字资源，进面创造出一种具备智能化的教育系统和环境。高校教育作为一种教育活动，需要有一种纽带把教育主客体有机结合起来。这种纽带就是高校教育话语载体，或者说是承载和传递高校教育话语内容的物体或工具。高校教育者可以通过运用和发挥这些话语载体功能，把高校教育的内涵传递给学生，使高校教育内容和信息作用于学生。没有这些话语载体功能作用，高校教育工作者和学生的关系就会断裂，无法实现二者的沟通和互动，教育内容自然无法传输给学生，教育的效果也就无法显现出来。

（二）导向功能

导向功能是高校教育话语最主要的功能。教育的话语实现，必须通过各种传播媒介，而传播媒介的发展，尤其是新媒体的出现，使得高校教育话语的导向功能更为显现。随着传播信息的扩展和传播速度的加快，当今社会信息传播方式大大丰富起来，现在人们通过手机短信，除了可以发送文本信息外，还可以发送音频、视频信息。同样，通过网络，可以以在线聊天的方式以文字信息、视频等多种形式通话、聊天：可以通过博客、BBS发表自己的见解，阐述自己的观点：可以通过文本、多媒体播件传递各种信息，等等。总之，各式各样的信息都可以通过新媒体进行多种方式的传送，其形式变得越来越复杂多样。由此传统的教育的单向灌输话语不再可行，取而代之的是教育导向话语，通过教育的导向话语营造主流话语氛围。所以，教育话语的导向功能是时代所要求的基础功能，而其功能的体现必须借助新媒体才能实现。为体现高校教育话语在价值、目标和行为导向方面的功能导向作用，教育工作者可以利用新媒体即时性的特点，将学生感兴趣的教育素材发布到网络空间，促进高校教育学习的即时性还可以利用新媒体的开放性随意性特点，将自己在道德观、人生观、价值观方面的观点，通过简单凝练而高有哲理的文字形式发布到微博空间，对学生进行教育，从而提高教育的针对性。在网络环境中，由于每个人的认识能力和处理信息能力不同，大众媒体时代所遗留下的"权威性"仍将在网络新媒介中习惯性地发挥作用。当网络上出现大量不同议论、争辩激烈时，人们往往会自觉不自觉地关注权威评论家的话语，希望"意见领袖"为自己答疑解惑。为此，应发挥好"意见领袖"话语的导向功能作用，加强对舆论的正面引导。"议程设置"是大众传媒所具有的一种为公众设置"议事日程"的功能，指的是传媒在新闻报道和信息传达活动中，可以通过赋予各种"议题"不同程度的显著性的方式，影响人们对事件重要性的判断。在网络环境下，虽然信息发布者的话语为公众设置议程的影响力因舆论主体公众化、舆论内容多元化而大打折扣，但网络媒体议程设置的话语仍然存在，如果巧妙运用，同样能够发挥好其话语的导向功能作用。

（三）互动功能

教育是一个双向互动的过程。网络时代，网络改变了人际沟通的模式，使人际沟通与互动的广度和深度达到了一个新的层面。网络将私人空间与公共空间结合起来，给人们的沟通提供了前所未有的便利。这是一种心理与科技结合的渐进革命。在网络人际沟通中，个人以局部参与互动，实际上是个人自我认同的互动，但参与者共同组成的社会，支撑着互动的进行，个人甚至有时也援引在真实世界中的身份来推动这一互动过程。网络所有的多媒体特性都隐含了互动的功能。过去的人际传播是"点对点"的"对话式"双向传播，大众传播"点对面"的"独自式"单向传播。网络为人类传播活动提供了第三种传播形式——电子"交互式"的网络传播。这种话语的传播形式既综合了人际传播与大众传播的特点与优势，又不是两者简单的整合和延伸，而是一种全新的沟通互动功能的创造和体现。

从某种意义上说，网络教育话语既是广义上的信息传播和通信过程，它同样也是一种特殊的远程信息传播或通信、一种情感传播的过程，其话语的互动功能主要表现在：有助于高校教育工作者能够按照一定的教育目的要求，选择合适的教育信息，通过有效的媒体通道，把知识、观念和技能等远程地传送给教育对象，在教育者和受教育者之间实时地进行双向话语交流活动。同时，也有助于发话者在话语互动的过程中，能够立足话语接受者的实际，结合接受者自身特点，充分尊重个体差异，从接受视角出发，合理满足话语接受者的话语需求，优化表达语境，准确表达教育信息，及时提取反馈信息，从而使接受者在话语的互动中也能够积极主动地接受教育，并通过内化、外化形成良好的道德品质和品德行为。因此，可以说网络教育话语所具有的互动功能，是一种网络教育文化传播，是一种在时间和空间上拓展人的语言和情感的融性和性为一体的网络双向互动行为。正是从这个意义上来说，网络教育话语传播的主体不仅是教育者，还是受教育者，教育者往往同时又是受教育者，而受教育者往往又是教育者，是他们双方共同的行为和作用，促成了话语传播的进行。教育者和受教育者的关系是两个主体相互依存、相互制约的互动过程。

（四）渗透功能

所谓渗透功能指的是，网络教育工作者在进行教育的过程中，通过采用网络技术，将教育的话语渗透到受教育者实际生活的各个方面，从而使受教育者在渗透功能的影响下，潜移默化地接受这种教育话语并将其内化为自己的符合社会需要的观念、观点、道德规范的一种教育形式。网络教育话语的渗透功能主要体现三个方面：

1.利用校园网渗透高校教育话语

利用高校校园网这一途径可以使学生获得对各种新闻、观点和主题进行自主表达意见和评论的便利条件，即使这种自由评述是在虚拟的背景下进行的，而且有别于实际生活当中的自由对话，然而它与具有无形特征的文化、和意识形态有吻合之处，会对学生的话语造成不同程度的正面或负面的影响。所以在学生面对众多话语选择的同时，高校传媒的文化与意识形态领域的渗透方式应当更加潜移默化、令人难以觉察。高校传媒利用这种潜移默化的渗透方式改变学生的观念和舆论，功能发挥的方式更具有隐蔽性，在渗透中可以实现教育功能。

2.借助网络的隐匿性渗透高校教育话语

网络技术的匿名性、隐蔽性等特点，使网友的性别、年龄、身份、地位等社会角色得到屏蔽，网络在线的每一个人，只用符号就可以实现畅所欲言。网络技术的这一特征，在一定程度上缩小了人际交往的心理距离，去除了先入为主的交往恐惧，可以使人在精神完全放松的情况下交流和认识，这有助于教育者了解学生的动态，获得真实而有价值的信息，解答学生在成长过程中出现的困惑，并针对他们的各种问题及时准确地加以引导，提高教育话语渗透的有效性。同时，也可以通过互动互助的论坛、交友、电子邮箱等形式，引导学生对学校的发展、管理等自己感兴趣的话题发表自己的观点，在话语的碰撞中充分发挥出网络"渗透式"隐形教育的功能，这样无形中的教育往往比面对面的交谈等教育方法更有效。

3.把握网络的广泛性渗透高校教育话语

作为高校教育新载体的网络具有覆盖无限空间的功能。以往的学生教育经常以"一对一"的形式开展，通过促膝谈心，可以很好地解决个人的问题，但这种教育手段因为要受制于场地和时间等因素，覆盖面比较有限。网络的发展使高校教育话语传播可以突破时空的局限，使得高校教育话语传播得以进一步的发挥，更具有广泛性和影响力。随着教育话语渗透功能的拓展，渗透到组织规范制定和管理过程之中，可以让教育在学生学习、生活的多个角度不知不觉地展开，对教育对象的行为将会产生潜移默化的影响和塑造作用。同时，由于这种渗透功能有意识地将教育话语渗透到人们各种活动之中，可以使过去与教育无关的部门、单位、人员和活动领域，成为教育的载体，进而形成多种社会因素和多方面人员参与的教育合力的功能，从根本上改变高校教育话语传播的有限性局面。

（五）规范功能

教育话语的规范功能是教育学科话语实现的目的功能。所谓高校教育话语的规范功能，是指通过教育具体话语的传播，运用教育话语权力，对受教育者的意识、道德意识等进行规范，从而使受教育者的道德意识提升到社会所要求的水平上，使高校教育的目的得以实现。

高校教育话语的传播，离不开话语"权力"，而"权力"的运作必须进入特定的话语并且受特定的话语控制才能发挥其力量，没有话语，"权力"就缺少运行的重要载体。同样，任何话语的形成及其实践"权力"运作的结果，也是"权力"运作的方式，"权力"能够让一部分话语成为主流话语，而让另一部分话语隐匿消解。毋庸讳言，高校教育话语应具有这种"权力"，而这种"权力"是教育话语必需和必要的，并且它的规范功能就是依靠这种"权力"而实现的。网络时代，由于信息传播速度快、范围广，高校教育内容与社会发展有时具有不同步性，导致教育话语滞后于社会发展，导致教育者和受教育者之间难以使用教育话语进行有效沟通，从而使得其话语权力受到一定影响，规范功能不能得到充分体现。鉴于此，为使高校教育话语的规范功能得以充分发挥，应牢牢掌握三个方面"权力"：

1.掌握话语"以快制快"的主动权

近年来，国际国内，大事频繁出现，对这些情况，高校教育工作者应当利用网络的快速反应能力，抓住问题实质，及时传播教育话语。例如通过网上开辟"时势论坛"，第一时间向广大师生"即时播放"信息，引导大家的评论，以形成良好讨论氛围，提高师生的敏锐性和鉴别力。尤其当不良风气在师生中刚露头时，就充分估计到可能带来的后果，及时弘扬新风尚，倡导新风范；当消极的东西只是表现为一般言行时，就意识到对师生可能带来危害，从而掌握话语主动权，把工作做在前头，把问题解决在萌芽状态。

2. 掌握网络话语的"把关"主动权

网络话语的"把关"主要体现在三个方面：一为"时机把关"。当热点话语发生时，应迅速做出反应，给予合理解释，可以有效扼制问题话语的产生；引导显舆论的困难程度远大于潜舆论，当潜显转换时，对初露端倪的热点话语给予有效引导，可以把握话语引导的主动权，运用教育话语权力，制止有害话语的传播。二为"内容把关"。始终把宣传创新理论、社会主义核心价值观作为教育话语引导的根本任务和重要内容突出出来，精心设置话语内容，调控学生话语导向。三为"网络把关人把关"。高校网络把关人既包括宏观上的网络主管机关和网络管理机构，也包括实践中的网络管理者和论坛版主等。网络主管机关和网络管理机构主要从法理的角度指定"把关"规则，实施宏观把关；网站则对信息的选择"把关"，用各种网络技术或编辑手段来体现自己的意图，使受众获得的信息总是在把关人设置的框架中，论坛版主则通过删改、关注主题等特殊权力对论坛内容"把关"。

3. 牢牢掌握第一时间的话语的主动权

网络是把双刃剑，往往话语传播的快慢都可能给不良话语留下传播空间。因此，高校教育工作者必须在网上第一时间与网络亲密接触，有针对性地传播教育话语，使现行的高校教育模式更加贴近社会的实际，更加贴近生活的实际，更加贴近高校的实际，更好地体现以人为本的理念。

（六）评价功能

所谓高校教育话语的评价功能，是指对教育话语描述、传播、灌输教育内容的结果进行评价，这种评价既是对他者的评价，又包括对自身的评价，对自身的评价即自我评价，对教育话语效果的评价实际上就是话语的自我评价。

网络时代，高校教育话语的评价功能主要体现在三个方面：

1. 正效果评价

所谓正效果评价，主要是指在高校教育活动过程中，教育话语描述、传播、灌输教育内容的积极效果，也即是有效结果。其表征：一是描述有效，是指高校教育工作者利用网络快捷传播的技术，使教育话语能够准确、恰当、及时地描述教育内容。二是传播有效，是指高校教育话语在描述有效的基础上通过自上而下的传播方式、又包括自下而上的传播方式（即传播的双向度）适时将教育内容传播到学生中间去。三是灌输有效，是指高校教育工作者充分运用网络交往引入的特点，使灌输更加充满人文关怀和时代特征，即通过教育者和受教育者之间的话语交往引入，在交往的过程中达到灌输教育内容的目的，使有形的内容通过无形的方式实现灌输目标。

2. 零效果评价

所谓零效果评价就是没有效果，它介于正效果评价和负效果评价之间。主要是指在高校教育活动过程中，教育话语描述、传播、灌输教育内容失效。具体而言，就是教育话语无法描述、传播、灌输教育话语内容，以及教育者和受教育者之间的对话难以取得任何效果。教育话语失效就意味着教育话语的存在失去意义，即教育话语失去存在的依据。导致教育话语失效的根本原因在于教育话语的滞后，这个滞后包括两个层面：一是教育话语滞后于教育话语内容，导致教育话语无法对教育内容进行描述和传播。二是教育话语滞后于时代发展，导致教育者和受教育者之间难以使用教育话语进行有效沟通。

3. 负效果评价

教育话语的效果评价还存在另外一种状况，即负效果评价。高校教育话语的负效果评价主要是指在教育活动过程中，教育话语描述、传播、灌输教育内容所产生的消极效果或者是负面影响。教育话语的负效果是与正效果相背离的，是对正效果的一种消解和阻滞。它表明教育话语已经异化，即异化成为自身的对立面，从而导致随着自身的演变而不断消解自身的恶果。一般来说，教育话语的负效果，在正常的教育活动过程中不会形成，但是在特定的历史时期就有可能发生。

总之，要重视和发挥教育话语的评价功能，不管是正效果、零效果，还是负效果，都要进行理性分析和评价，在此基础上，扬长避短、趋利避害。重点增强教育话语的正效果评价，而要使其实现，就必须建构教育话语的实效体系；同时，要从负效果评价中吸取教训，从而更好地推进网络教育话语发展。

第二节 网络教育话语权的转移现象与成因分析

一、网络教育话语发展面临的新机遇

在网络时代，高校教育话语发展面临许多新的机遇，主要体现在以下几个方面：

（一）网络拓展了高校教育话语的新空间

传统高校教育话语，主要基于地缘、职缘的交往范围，以点对点交往的形式来实现的，由于受话语传播局限性的影响，无论是话语传播的空间，还是话语传播的效果，都很难以达到预期目的的。随着网络的普及和高速发展，高校教育话语的拓展已成为迫切需要。

首先，网络世界，虚拟现实，虚拟空间，虚拟社会、虚拟世界等一系列的交往模式日益受到学生的青睐。这就为教育话语向网络世界、虚拟世界拓展提供了新的机遇，教育对象的需要是教育和教育话语发展的最根本供求。具体来说，一方面新 媒体为学生提供了相对自由的独立空间。网络语境的无中心性、情境性等为受教育者提供了一个相对自由的独立空间，使他们能够自主地浏览网页、选择信息，而不再被单一的信息渠道或价值观所束缚，也不再被任何话语权威所控制，他们可以通过对不同价值取向的比较 .发现其中的善恶优劣、培养独立的人格。另一方面新媒体为高校教育工作者拓展了教育范围。新媒体语境下的高校教育过程突破了以往点对点交往的局限性，超越了基于地缘、职缘的交往范围，通过网络进行全方位、多层次的信息传播，为受教育者提供了更为方便且范围更大的教育机会。

其次，新媒体为高校教育话语注入新的动力。传统的高校教育对新媒体关注不够，甚至在一定范围内导致新媒体环境下教育话语真空的现象。新媒体具有即时、简明、快捷、时代性强等特征，许多网络的话语形式、话语内容和话语方式为高校教育话语发展注入了新的血液。

最后，高校教育话语的宏观领域已经无法满足虚拟世界的需要，这就迫使教育话语向微观领域拓展，这个机遇虽然不是极为主动的，但是确实是个难得的机遇。高校教育话语向微观领域拓展，在一定程度上，才能形成真正的教育话语体系。宏观领域的教育话语体系算不上是真正完美的话语体系。因此，高校教育话语向微观领域拓展才刚刚开始，大有可为，机不可失。

（二）新媒体创新了高校教育话语交流互动的新范式

近年来学界对高校教育话语展开了深入研究，一些研究者认为高校教育话语作为一种实践性的话语，是主体间（包括教育者、受教育者和教育利益攸关者）沟通、说服、意义表达、意愿培养等实践活动的参与者和建构者。高校教育话语主要是针对学生这个特殊的青年群体而言的，是高校教育者（专业教师、政工师、辅导员等教师群体）对学生的沟通说服意义表达意愿培养等实践活动的参与者和建构者，以促进学生的身心健康发展促进学生实现人与人、人与社会、人与自然、人的内心的和谐发展，进而实现学生的全面发展。在当代中国广大教师和学生作为社会的特殊群体，他们以敏锐的社会眼光和深邃的洞察力紧跟时代步伐，关注社会动态社会思潮国际局势全球性的各种浪潮等。他们广泛涉猎、经济、文化、社会、网络等各个领域的话语资源，尤其是全球性的社会思潮、浪潮的话语资源，使得主体在交往、沟通中不断丰富高校教育话语的内涵，为高校教育话语发展提供良好的实践平台。但是，由于传统高校教育话语的交流范式，是"面对面"的直接交流，不仅形式比较单一，更重要的是受教育者处于比较被动的位置，难以达到交流互动的效果。网络创新了教育双方的交流范式，它把传统的教育中主客体间的"面对面"直接交流，演变为网络语境所提供的虚拟的间接式的交流模式，隐去了每个人先天赋予的各种自然条件和后天形成的社会地位差别，传统社会对固定群体的身份认同不复存在，提供给每个人以平等的机会。这种交流范式，有利于加强教育者和受教育者之间的沟通，有利于教育者进一步了解受教育者的真实想法，有利于有的放矢地进行教育。简言之，正是由于高校教育主体间话语的丰富性和创造性，在他们的交流与互动中给高校教育话语发展提供了良好的发展机遇。

（三）网络推动了高校教育话语适应构建社会主义和谐社会的新要求

从总体上来说，高校学生的心灵和谐，是实现全社会和谐的重要组成部分，也是高校教育适应构建社会主义和谐社会的新要求。但在实际工作中，高校教育如何与构建社会主义和谐社会相适应，是教育工作者在网络时代碰到的一个新课题。一方面，它要求教育要与构建和谐社会相适应，不断促进人与人、人与社会、人与自然的和谐及人的内心的和谐。在诸多和谐中，心灵和谐是人与人关系和谐的基础、是人与自然和谐的前提。另一方面，网络时代，来自网络的各种信息会对人的心灵和谐产生影响，这种影响有正面的也有负面的，而负面影响往往会有害于人与人、人与社会、人与自然的和谐。要协调好两者之间的关系，高校教育话语则是促进学生心灵和谐的重要沟通者。高校教育话语可通过网络的途径和方式，走进学生的内心世界，对学生的内心进行充分的评估，并采取相应的对策，对他们的心理机制进行干预、对心灵世界的混乱秩序进行梳理，进行潜移默化的影响、化解其内心的矛盾。通过对学生的良性机制、心灵机制、情感机制的干预和友善对话，使得他们的内心达到一种和谐的状态。因此，高校教育话语在构建社会主义和谐社会中具有更加突出的作用，这也就给高校教育话语发展提供了新的机遇，为教育话语向微观拓展提供了舞台。

（四）网络提供了高校教育话语与全球化话语接轨的新机遇

与全球化话语展开对话是高校教育话语国际化发展的必然取向。从理论上来说，高校教育话语作为一种特殊的话语理论与全球化话语理论一样同属于一般性的话语理论范畴，具有一般性话语理论的共同的特征、属性和价值取向。换言之，高校教育话语与全球化话语在理论层面上具有某些共同性、相通性。高校教育话语与全球化话语可以在一定的环境和场合下相互沟通、相互吸收，而不是完全相排斥。而全球化话语是一个涉及全球性的话语理论，内涵极为丰富，其边界远远超出了高校教育话语理论乃至整个教育话语理论的视域，这就为高校教育话语发展提供了新的广阔的空间、机遇和契机。从实践上来说，由于受到全球化话语的冲击，传统高校教育话语的滞后性，导致在高校教育活动过程中出现了话语失语、话语失效等现象。在文化全球化、信息全球化、网络全球化快速发展的时代，高校教育话语发展离不开网络，只有借助网络技术，去获取更多、更加丰富的世界各民族文化话语资源，才能够不断拓展自身的话语理论，搭建好高校教育话语与全球化话语接轨的平台，从而在国际舞台上获得更加广阔的话语空间。

（五）网络促进了高校教育话语理论更新的新自觉

当前，高校教育工作者或者习惯于传统教育方式方法或者对网络时代的教育还难以适应，高校教育话语权已经或者正在失去，教育话语的空间也不断遭到挤压。此外，一些已经涉足网络时代教育话语的工作者，由于对教育话语基本定位在宏观领域，对微观领域涉足不多，往往对教育话语在微观领域中的解释退隐，或者解释力较匮乏，从而使得教育话语逐渐失去吸引力和战斗力。高校教育话语迫切需要进行理论反思，在反思中逐渐实现理论更新的新自觉。"全球视野""世界思维"是网络时代话语的新特点。高校教育话语应当把握网络时代话语的新特点，努力促进教育话语的理论更新，以此激发教育主客体之间的创造性，使得教育话语深入一个新的微观世界，从而为高校教育话语提供更加广阔的发展空间。

二、网络教育话语权的转移现象

网络教育话语在面临发展新机遇的同时，也面临着新挑战，这种挑战主要表现来自话语权转移，概括起来存在如下转移现象：

（一）网络"海量共享"特性，解构了高校教育的话语权威和信息优势

在高校传统的教育中，教育者就是信息的传播者，有稳定可靠的信息来源，掌握着学生不曾了解抑或无法得知的教育资源。因此，教育者在教育过程中比较容易树立威信，其话语权的主体地位受到制度的确认和学生的尊重。而网络的广泛应用以及所呈现出的"海量共享"特性，极大地拓展了受众获取信息资源的机会和渠道，教育者不再是主要的信息源，学生可以直接从网络获取大量的信息，甚至是教育者所不曾掌握的信息，学生有了更多的参与教育活动的自由权、信息选择的自决权、价值认同的自主权、信息反馈的主动权等。传统教育的"一元话语体系"被解构后，取而代之的是师生间的平等互动、自由选择，教育工作者的教育行为只是给学生提供选择和引导。由于教育者和受教育者面临同样的信息环境，因而教育者的信息优势地位相对减弱，这无疑对教育者原先独有的话语权造成了很大的冲击。这是不以人的意志为转移的客观事实。如果教育工作者不能适应这种新情况并采取相应对策，势必降低高校教育的权威性和话语权的影响力。

（二）网络"信息传播无屏障"特性，削弱了高校教育的话语调控力和引导力

在高校传统的教育中，学生主要通过电视、广播、报纸及各项校园活动来了解信息。高校教育工作者的话语权是建立在一定控制力的基础上，他们可以运用管理手段对来自这些渠道的信息进行过滤，尽量抹去不良信息。与此同时，教育工作者还能直接参与信息的制作，对学生接触的信息具有较好的可控性。而在网络环境下，由于"信息传播无屏障"特性，任何观点、都可以在网络上自由的接收和传播，这使得高校教育工作者对信息源的限制和对信息的过滤变得力不从心，随着作为"把关人"的话语调控力的削弱，教育工作者的话语权也将无从谈起。

高校教育工作者的引导力是其发挥主导作用的关键因素，若引导力下降，教育

工作者话语权也会受到很大的影响。本来，网络的多元化使多种和文化并存，更需要教育工作者发挥引导力。然而，学生对信息选择空间越来越大，极有可能拒绝自己不喜欢的教育的网络信息。网络中充斥的各种非马克思主义甚至反马克思主义的东西与教育工作者向学生"灌输"的马克思主义形成激烈交锋，在一定程度上给学生的造成了混乱。学生的好奇心和求知欲及不成熟的分辨能力，往往会增加其选择和接受错误观念的概率。高校教育工作者的引导力如果削弱，则其话语权也会遇到不可避免的冲击。

（三）网络"全天候即时互动"特性，降低了高校教育话语模式的吸引力

高校传统教育大多是单向的以"灌输"为主的教育模式，学生成为信息的"存储器"。教育者习惯于"自上而下"的路径，手段单一、方法简单、形式一律，而忽视对不同层次的学生及其身心发展规律的认识，教育者与受教育者的关系被演绎成知识传授与接受的关系，因而缺乏对人性提升的作用。相对于传统教育固定时段的课堂教学或者有限数量、有限形式的社会实践等第二课堂活动而言，新媒体为学生提供了全天候的信息获取渠道和发布平台。任何学生在任意时间、任意地点以新媒体终端接入互联网，都可以自由获取资讯、应用服务与别人分享观点。新媒体这种"全天候即时互动"的特性凸显了传统教育手段的乏力。从数量上看，有限时间的教育教学难以企及新媒体随时随地、潜移默化的影响；从形式上看，新媒体天然的即时互动特征更大地刺激了学生的参与热情，进而加强了互动的频率，扩展了互动内容的深度和广度。这无疑调动了学生的主体意识，改变了学生的认知方式。他们不再满足于单方面的接受灌输，更青睐于以新媒体作为沟通的手段平等地与教育者交流，从而使教育者不再有依靠角色权威控制教育话语的优势。面对新媒体环境下的新变化，一些教育工作者并未及时转变居高临下的角色和传统的教育方式。如此，教育工作者在教育过程中面临尴尬，其话语权显得苍白无力、其话语模式失去吸引力已成为一种必然。

（四）新媒体"个性鲜活"特性，影响了高校教育话语的实效性

传统的高校教育话语体系作为社会主流文化的具体体现，在内容与形式上有着语境的严肃性、话语的规范性语词的固定性叙事的宏大性等特点，教育语言缺乏个性、审美特征和生活化。教育者习惯这种语言表达方式，而学生对于缺乏新鲜话语的教育兴趣不高，内心往往萌发出对教育者的排斥和反感。新媒体的显著特征之一是个性化。新媒体形式赋予了用户尽可能展示自己的工具，博客、微博、微信等的应用，使所有普通人拥有了轻松、随意表达个性的渠道和平台。鲜活的个性特征、丰富的精神需求、各异的态度观点在新媒体环境下自由绽放，传统的高校教育的"说教"方式在新媒体环境下遭遇传播瓶颈。一方面，一些教育者的创新意识和对于新鲜事物的接受能力往往不如学生，因而对于流行于学生群体中富有"个性鲜活"特性的网络语言难以适应，或者不以为然，更不能主动利用网络语言在网上和学生交流。另一方面，网络话语的迅速更新使教育者的信息很难进入学生所熟悉的文化语境，甚至可能与他们所认同的网络语言和文化心理产生激烈冲突。这样，教育者的工作便陷入了信息不对称、交流不畅通的困境。如果教育工作者不能有效的了解并利用网络语言，必然造成其话语权某种程度的旁落，影响高校教育话语的实效性。

（五）新媒体"碎片化"特性，呼唤高校教育话语传播的组织方式更新

"碎片化"是近年来社会学领域的一个关注焦点，也成为新媒体下信息生产、传播的典型特征。表现为：一方面，人们应用新媒体的时间越来越零碎，高频率，短时间成为使用者在新媒体环境下互动的常态。另一方面，人们对信息的关注与需求越来越发散，传统的、倾向于无差异的普遍的广大受众，被分割为志趣相投的或者利害相关的"小众部落"。在"小众部落"的圈子中，人们更容易找到有着共同话语的伙伴，关注相似的热点话语。网络"碎片化"特征下，传统的高校教育话语传播的组织方式亟待更新。教育工作者必须主动进入学生的网络世界，成为"圈内好友""粉丝"，才有可能第一时间了解学生的即时状态、观点态度、利益关切，进而为在网络环境下传播教育话语奠定基础。

三、网络教育话语权的转移成因

当前，网络教育话语权缺失是客观存在的现象，究其原因主要是：

（一）从话语传播形式上来说：滞后于教育的发展和要求

现阶段，高校教育话语并没有完全突破原有的形式，尤其是理论课话语体系的主体依然是话语、文件话语、权力话语等，甚至从教材上呈现的文本到教师课堂讲授的语言都是用以上对下的姿态来传达党和国家对受教者的要求和规定的。随着网络时代的到来，作为教育者和受教育者的话语传播形式传统交往关系已经发生了深

刻变化。一方面，话语的传播和获得表现出极大的开放性，各种信息、组织和人员可以自由地进出，人们的可以得以自由驰骋，没有任何人可以永远是话语的拥有者、话语规则的制定者，网络中的人际交往呈现多元性，话语传播形式呈现无中心性和多变性。每一个人都可以是话语的传播者，也都是话语的接受者。另一方面，网络的发展使得受教育者的独立意识、民主意识、自我意识进一步增强，他们对于自我和与他人关系的重新认识和评价，很大程度上具备了改变自我的从属地位的现状，力图获得更多的话语权。他们期望在交往中更多地被以平等的眼光和平等的话语进行交流。在这种情况下，传统教育模式中的受众将被重新定义。但在实践中，由于传统的影响，一部分人仍然将高校教育话语传播视为是一种"传—受"关系，把教育者单纯视为一个话语传播者，而把学生单纯视为一个被动的话语接受者。这样实际上把教育看作一种简单的"传—受"过程，是一种由外向内施加影响的过程，从而忽视了学生的平等主体和自我建构，完全剥夺了学生作为平等参与主体的权利和机会。由于话语传播形式远远滞后于教育的发展和要求，这样就容易导致话语失效，使高校教育难以取得预期效果，产生话语断裂的现象。

（二）从话语传播内容上来说：疏离于学生的生活世界

以互联网为代表的网络已经影响并且深刻地改变着我们的现实生活，创造了一个新的空间——"虚拟空间"或"虚拟世界"。在观念变化、人际变化和现实社会感知变化上，虚拟空间已经介入到人们常态生活之中，而随着新兴媒体技术的不断进步，虚拟空间与现实空间的互动性不断增强，相互作用，相互影响。信息传递与现实行动间的时间差急剧缩短。今天，新媒体的触角已经伸到了世界的几乎每一个角落，信息在网上的流通已经不再受到时间和空间的限制，新媒体技术带给了学生较之传统社会更为丰富的生活资讯，带来了巨大的便捷，不管是任何地方的信息，都可以使用网络以最快的速度获得进行分析整理，从而做出对自己有利的选择；新媒体技术帮助学生更为快捷地掌握了生活技能和对各种难点问题的分解，新媒体已深深地扎根在学生的生活世界之中。然而，反观高校教育话语内容传播的现状，长期以来疏离了生活世界，主要表现为：一是教育话语内容只注重方向性，缺乏时代性、层次性和生动性，存在过度理想化倾向。二是教育话语有意规避现实生活中有争议的热点和难点问题，存在过度封闭化倾向，导致了受教育者在社会生活现实价值冲突面前无所适从，引发对教育话语的质疑。尽管多年来我们一再强调要理论联系实际，加强社会实践活动，但由于我们的高校教学是从"理论世界"出发来观照生活世界而不是相反，所以很难使学生对教育话语内容传播入脑、入心。由于高校教育话语传播内容与生活世界的高度隔离，不与受教育者的生活世界发生联系，学校对学生生活世界中的公共话题不掌握话语权或者缺乏有效介入，致使受教育者陷入了面对课程文本无言可说，面对有话可言的现实生活却又无处可发的"失语"困境。

（三）从话语传播视域上来说：主客体之间话语共识域缺乏

新媒体时代，由于高校教育工作者一时难以适应话语传播的新视域，往往出现教育者和受教育者集体失语的状态。教育者和受教育者双方共识域的缺乏，即共同话语的缺失，使话语传播层面出现多种现象，其中受教育者对这类话语兴趣不大、冷漠，以致抵触，教育者就会感到无奈，甚至对自身职业价值产生怀疑。从教育者的角度看，教育者话语权虚化，在教育过程中，教育者的话语权形同虚设。他们不能表达真实的自己，只能做政府与社会的代言人，往往用极其刻板，封闭的教学方式传播教育话语，用严厉、高压的手段控制着受教育者的言行，完全成为受教育者心目中的"他者"而非可以交心的朋友，从而消解了受教育者的表达欲望与探索批判精神。教育者的话语依附着行政的强势话语体系，成了行政话语运用和实现的工具。教育者的盲说必须围绕制度性话语，他们的声音被纳入了行政的"话语场"内，代言人的角色决定了他们必须努力去追随行政话语，将自己的话语自觉地隐藏或限制在制度许可的界限内。教育者只能在仔细地揣摩行政话语的意图后发出与自己的生活世界隔离的话语，从而陷入失语的境地，使自己成为自己的"他者"，使自己由一个教育话语传播的"在场者"变成"缺席者"。教育者的话语权在这样的场域中被虚化乃至消解。从受教育者的角度看，受教育者话语权弱化。在教育过程中，受教育者正当的话语权得不到保障，被无情地边缘化。在课堂上表达权被随意中止，话语空间受到特定的话语情境、特定的话语内容、特定的话语方式的限制。因此，受教育者欲说不能的尴尬已经成为普遍的现象，受教育者最终处于失语和缺席状态。教育者和受教育者都陷入了"无我"言说的境地。

（四）从话语传播手段上来说：理性话语结构失衡

从本质意义上来说，在高校教育过程中，教育者和受教育者之间是民主交往关系，但由于工具理性的扩张与宰制，造成了在教育领域理性话语结构失衡。所谓工具理性，是指人们排除价值判断或立足价值中立，以能够计算和预测后果为条件来实现目的的能力，或是为达到一个明确的目的考虑和使用一切最有效的手段所体现的特质。工具理性所造成的理性话语结构失衡，主要表现在两个方面：一是教育交往实践在很大程度上撇开了教育主体之间的交往关系，使教育话语传播单一化，将教育本真存在的"主—主"关系介入"主—客"关系，导致了教育者和受教育者之间的关系异化为权威服从关系。二是由于理性话语内在结构的失衡，使得作为独立人格的受教育者对于教育文本和自身道德行为进行理解、表达、解释和反思的权限受到漠视，加剧了教育者话语权的垄断和受教育者话语权的缺失。

在网络时代，教育话语传播的格局已经发生了重大变化，一些高校教育工作者仍然习惯沿用传统教育环境中对教育话语的工具理性控制模式，而没有注意到随着网络的深入发展，学生的交往话语与从前相比发生了很大的变化。与传统话语相比，网络语言与传统的交往话语有着较大的不同，这种自由、开放的网络语言其实本质上是当代学生探索自我、追求真理的内在需求的一种外显反映，学生们已经习惯于在网络语境中对话、思考、寻求自我精神的提升，但是，有的教育工作者并没有及时地了解学生的这一特点，甚至有的教育者故步自封，无视学生的这一需求，刻意回避了网络带来的这一新的变化。在这种情况下，高校教育话语场域如果放任工具理性的无限扩张显然是不合时宜的，其结果势必在教育双方之间形成理解差异，不仅教育的价值取向无法彰显，而且丧失教育话语权也成为一种必然。

（五）从话语传播趋势上来说：教育主导话语权受到解构威胁

随着我国改革开放和社会转型的推进，经济全球化、民主化和社会信息化的浪潮，让我们迅速进入到一个文化、价值取向多元化的语境。过去那种在社会相对封闭条件下形成的一元化意识形态控制的主文化"话语优势"受到多元文化的冲击和解构，以至在一定程度上出现了社会主义文化"价值失范"的现实问题。这早已经引起人们的关注和重视。对作为受教育者的学生而言，他们有着自我意识强、个性张扬和求变求新的心理特征，但同时又存在着实践经验欠缺和意识不成熟的社会属性，这就难免会使一些学生对外来、异质文化的"话语""风格"和"趣味"盲目追随和效仿，并转而对社会主义文化主导话语的怀疑、抵触和否定，从而造成对高校教育主导话语权的解构。这种主导话语权的解构威胁，主要指向三个方面：

1. 主导话语的权威受到挑战

近年来，社会中尤其是网上流行的对传统的、经典的、权威的话语或本文的任意拆解和"恶搞"现象，从某种意义上可以说是一些学生对主导话语权威的一种反叛和挑战。从行为层面看，这种反叛性又多表现为以一种符号化象征显现出德国学者沃尔夫·林德内尔所称的"风格化反抗"。发型、服饰、流行语、网络语言、音乐、舞蹈、用品以至"另类"行为等象征符号，不仅成为学生获得身份认同的标志，而且透露出一种个性、独立、反叛、挑战权威等文化意蕴。进入这种文化氛围的受教育者，也就容易在这一文化"集体无意识反抗"的作用下产生对主导话语权威的拒斥或反抗心态。使教育中的沟通出现心理上的隔阂。

2. 主导话语的价值受到消解

从高校来说，教育主导话语的价值或意义，就在于体现社会主义文化的意志和期望，帮助学生形成一种"做人"或"为人"的规范。这在教育中是通过对学生正确的世界观、人生观、价值观、法律观和道德观等"观"的建构及其规范行为的培养而实现的。在这个意义上，这一主导话语所传输的内容本质上是一种社会主义文化要求的"规范（正确、约定）的规则"或"游戏规则"。需要指出的是，当代学生对主导话语价值的消解，大众传媒实际上起着推波助澜的作用，在这一过程中有意无意地迎合了青年文化的反叛性，并围绕这些文化特性制造时尚，促使青年文化走向世俗化甚至庸俗化；容忍甚至宣扬这一文化的反叛性中隐藏着的相对主义价值取向，致使在青年文化中逐渐形成一种无原则的宽容、滑头、世故、玩世不恭和游戏人生等"处世哲学"，并渗入大众文化中演变为"潜规则"，加速了高校教育主导话语价值的消解。

3. 主导话语的教化方式受到抗拒

基于文化传播视角，高校教育话语也属于一种文化传承（文化的代际传播）的教化方式。文化传承要借助媒介，媒介传播又形成媒介文化。古代的前喻文化是建立在言语符号和印刷符号媒介之上的，它使成人对资讯有着垄断权，长辈教化晚辈就理所当然了；近、现代的并喻、后喻文化是建立在电子符号为代表的大众传播媒介基础上的，它使信息在全社会、全球共享，青年有可能在一定程度上"绕过"成人权威，自主接受文化传承。电子媒介在传播中也自然形成了一个"隐性教育"环境。正是在由电子媒介和网络建构的信息化社会环境中，青年学生能够凭着观念和技术等优势迅速介入成人社会并逐步成为文化变革和创新的主体，从而在文化创造中获得成人社会的认同与新的权威，使文化传承出现长辈向晚辈学习的方式。因此，尽管我们应充分意识到学生在这种复杂的信息化、网络化的社会环境中自主社会化必然会遇到种种问题，但更应看到的是青年文化形成的双向式、参与式和主动式的新社会化方式必须得到尊重，并努力去改变主导话语权落后的教化方式，在教育中建立一种新的为受教育者所接受的、体现其学习的主体地位和自主学习方式的话语模式。否则，就必然会遇到青年文化的抗拒。而今天高校教育话语权陷入困境的一个重要原因，就是在这一话语传播中实际上还存在着上述那种传统落后的教化方式。

（六）从话语传播者自身上来说：应用网络技术能力欠缺

在网络环境下，高校学生认识、价值观念、思维方式呈个性化、多元化、复杂化的态势，教育话语面对着网络资源自由性的信息环境和舆论环境。高校教育工作者若无敏感，没有必要的网络操作能力和控制能力，就无法占领网络教育的阵地；若不能利用网络发布教育信息和控制网络上的垃圾信息，就无法引导学生正确辨别和利用信息。而这些都由于高校教育工作者自身缺乏应用网络技术开展教育的自觉和能力，再加上教育者往往受到年龄、精力与固有思维模式的影响，在信息占有上甚至不及教育对象，以至于限制了自身话语的威信，已经无法真正独占教育的话语权。其实，教育的方式方法，是与科学技术的发展相适应的，面临网络环境，教育工作者只能主动适应，而不能回避。否则，网络时代的新要求和教育工作者与之不相适应之间的矛盾，就会使教育的效率大打折扣，进而弱化了教育工作者的话语权。

第三节　网络教育的话语重塑

一、网络教育话语重塑的基本原则

网络教育的话语重塑，应遵循以下基本原则：

（一）政治性原则

所谓政治性原则，就是指高校教育话语重塑要把握政治性，把握社会主义意识形态性。由于教育的政治性、意识形态性决定了高校教育话语必须要把握一定的政治性、意识形态性。而这些都需要通过高校教育话语来表达、描述和建构。在当代中国，高校教育话语必须要坚持中国特色社会主义理论体系为指导原则。网络教育如何坚持话语的政治性呢？首先要坚定马克思主义的话语立场。任何一种教育理论都包含有特定的立场，即理论本身反映"谁"的价值和主张，体现"谁"的利益和追求，为"谁"服务。网络背景下，各种社会思潮和理论主张五花八门。无论是高校教育工作者还是学生如果立场不坚定，就容易眼花缭乱，陷入理论迷茫。

因此高校师生要提高鉴别力、判断力，应对来自网络媒介的干扰，坚定马克思主义的话语立场；其次在主导和话语内容选择方面，要坚持不懈地以科学发展观等武装学生，深入开展基本理论、基本路线、基本纲领和基本经验教育，开展中国革命、建设和改革开放的历史教育，开展基本国情和形势政策教育；此外还要强化制度性资源话语。教育的长效机制，要更多地依靠法律、制度、政策来保障。通过制度化的规范管理，引导学生的，规范他们的行为，使他们在长期遵循某种规章制度中潜移默化地接受蕴含在其中的观念，并逐步内化为自己的意识，进而规范自己的行为，提升自己的境界。

（二）主体性原则

所谓主体性原则，是指高校教育话语对象对教育信息和环境，具有能动地感受、选择、判断、内化和践行的能力。网络的发展使得学生的独立意识、民主意识、自我意识进一步增强，对自己以及自己和周围的关系有自我的认识和评价。因此，网络背景下高校教育话语重塑必须要突出学生的主体地位，尊重学生的网络自主话语权。

（三）现实性原则

所谓现实性原则，是指高校教育话语传播要坚持从实际出发，贴近实际，服务现实，服务生活，以此作为教育话语传播的落脚点。贴近现实，是网络教育话语创新的时代性要求，因为教育话语只有贴近现实，从现实出发，才可以帮助学生实现认识上的飞跃；同时，教育话语只有服务现实，在服务现实的过程中经受社会实践的检验，才能真正体现出教育话语传播的效果。服务生活，贴近生活，是教育话语生存的根基，也是坚持教育话语现实性原则的深层体现。教育工作者必须走进学生的生活世界，增加对学生生活的体验与认识。话语内容要更加贴近现实生活，通过归纳提炼和抽象形成通俗化、生活化的教育新话语，从而将学术性话语体系向生活性、形象性的话语系统还原，使学生能在这种话语的熏陶中获得更多的对生活的真正感悟。

（四）创新性原则

所谓创新性原则，是指高校教育话语要坚持时代性，能够超越传统话语的束缚，不断创造适合时代需要的新话语。网络的快速发展，对教育话语创新提出了创新需要，这就要求我们要不断与时俱进，通过理论创新推动实践创新，使教育话语充满生机和活力。高校教育话语创新，其内容应该包含有目的创新、内容创新、方法创新，只有带有创新性的目的、内容和方法，才能更好地发挥教育话语传播的最大功效。

（五）开放性原则

所谓开放性原则，是指高校教育话语要以开放性为基本取向，在话语传播方面要立足国内，放眼全球，形成开放的体系。网络是开放的，这就要求网络背景下高校教育话语传播要把握时代脉搏，密切关注网络文化的发展变化，善于从网络话语中汲取新话语，从而丰富高校教育话语的内容。

同时，还要求高校教育工作者要具有全球性视野，立足于全人类的立场，树立全球意识，着眼现在，远观未来，积极吸纳和借鉴包括发达资本主义国家在内的一些成功的经验和做法，与我国的教育方法相融合，创新与我国国情相一致的教育方式方法，同时比较同一背景不同社会制度下教育的共性，探求教育规律，深入挖掘多元文化背景下教育的时代性要素。这是增强高校教育话语开放性的必然要求。

（六）价值性原则

所谓价值性原则，就是指高校教育话语创新要体现一定时期的价值导向。学生对新鲜事物的好奇心使得他们对当前社会各种思潮比较感兴趣，然而，他们又对社会思潮的多样性、复杂性等特征难以把握，很难看清楚各种思潮的真面目，容易产生价值混乱。因此，话语创新必须考虑一定社会主流价值观的导向性。

（七）有效性原则

所谓有效性原则，在这里包含两种含义：一是话语专业化。就是说高校教育话语与其他话语要有一定的区别和联系。毕竟不同的学科有不同的话语体系，高校教育话语不能用其他学科话语体系来代替。二是话语时代性。

学生是一定时期的特殊群体，高校教育话语创新要体现时代性，符合学生接受心态和接受方式。如80后、90后之间的话语形式、心理接受方式往往有差别，这就决定了高校教育话语要取得实效就必须把握学生的话语接受方式等。

（八）统一性原则

所谓统一性原则，是指高校教育的话语体系，必须坚持体系内部话语的统一性和一致性，应尽量做到协调、统一，减少重复、交叉。在高校教育话语传播过程中，只有做到内部一致的话语体系，才能表达统一的内在。如果在话语的运用上破坏了统一性原则，什么时髦用什么，表面上看可能很新鲜，也颇能迷惑一些人，但实质上往往会造成话语传播上的混乱和矛盾，很难发挥话语对人的正确引导作用。另外，在属性话语的运用中所发现的新话语，即新话语主词、话语观点或新题材提炼的有应用价值的话语，尽管与原有的教育理论观点不完全相符，甚至从现象上看是矛盾对立的，但是，伴随着认识的不断统一，这些话语可运用事物发展的对立统一原则加以论证，从而得出符合马克思主义哲学命题下的教育新话语。科学辩证地把握好统一性原则，高校教育就能在话语传播中较为自如地进行边缘属性与非常规属性话语运用方法的构建。

二、网络教育话语重塑的路径选择

网络教育的话语重塑是一项系统工程，需要从多方面进行重塑，可从以下几个方面选择路径：

（一）尊重学生的话语权，加强高校教育工作者的平等对话意识

针对目前高校教育话语权的现状，需要切实加强高校教育工作者的平等对话意识：

1. 建立新型的平等主体交往关系

随着网络时代的到来和网络文化的形成，在很大程度上消解了高校传统教育环境下教育者的教育权威，使传统的教师权威模式受到极大挑战，教育者的话语不再具有唯一性，作为受教育者的学生逐渐通过网络掌握了话语的主导权。网络语言的形成，也在客观上要求教育者和受教育者双方消除身份、地位的差异，形成一种平等对话的关系，由传授型的对话关系转变为互动型的对话关系。这一关系的确立意味着学生能够获取对教育文本和自身道德行为的解释权限，教育者与受教育者双方才能消除身份、地位的差异，敞开心扉进行真诚交流。唯有如此，教育话语才能真正成为联结教育者与受教育者交往双方的桥梁，教育者才能从一个控制者、支配者转变为一个真诚的对话者。

2. 突出学生的主体地位，尊重学生的网络话语权

要做到这一点，必须充分理解并认同学生的网络话语权，允许他们把不同的通过网络表达出来；要积极疏通、引导，支持和弘扬正确的观点，反对和批评不正确的观点，引导学生理性运用话语权，避免话语权的滥用。

3. 转变话语方式，从控制式和劝导式

转向对话式应采取平等、自由的对话式话语，使双方既阐明和叙述自己的观点，又能倾听和理解对方的意见，站在对方的立场展开置换式思考和沟通，这种对话不是封闭式而是开放式的，双方都能敞开各自心扉进行真诚交流，相互之间更易达成真正地理解与共识。在双方的对话中值得注意的是，教育者既要对交往的内容真实性、规范正确性和情感真诚性进行反思，也要对自身权威进行反思，在反思基础上认真听取受教育者对教育文本、自身道德行为和生命意义的理解与解释，依靠合乎若干有效声称的论据，通过对话与讨论，为受教育者提供可资信服的理由，引导、促进他们的自我觉悟与反思，使之意识到自身与社会要求的不适应，并且愉悦地接受、积极地超越这种不适应。

（二）关注生活维度，实现高校教育话语向学生现实生活的回归

1. 要在教育理念上回归生活世界

高校教育必须面向学生，面向学生生活实际。高校教育话语是以生活世界作为背景的，不可能游离于学生生活世界之外，不可能在生活世界之外构筑一套理想的教育话语。回归生活世界的教育理念，要求高校教育话语必须深深根植于生活世界之中。以往的教育偏重于满足社会的即时需要，这种观念在教育实践中，容易造成一种追求近期效果的短期行为。为此，高校教育话语必须深深地根植于学生的生活世界中，要勇于和善于介入到学生的生活世界中，放弃高高在上的一贯做法，要更加贴近学生的生活，在这种近距离的接触中了解和把握学生丰富多彩的生活世界，并从他们生活世界的实际出发，研究和选择适合的教育的内容，使得教育话语更加贴近学生的实际。

2. 要在价值取向上关注教育话语的生活维度

其一，对教育的理解，不能仅仅从需要的角度出发，还要从张扬人在生活世界中的主体性出发，将教育从过去的宏大叙事中解放开来，真正回到个体生活世界，首先是关注学生的精神生活的重建，尊重人的生命意义和生命价值，其次才会考虑

的需要。其二，教育应将学生的日常生活作为价值起点，重视日常生活中的价值建构。教育应真正尊重个体的生命体验，承认人性的复杂和多元，同时善于从鲜活生动的、富有生命意义的日常生活世界中提炼出真正能够烛照人性，提升人的境界的元素。其三，强调教育回归日常生活世界，并不意味着教育对日常生活世界的沉沦和妥协，而应该是一种建基在对日常生活世界有深刻了解、理性反思基础上的有条件的超越。这也正是高校教育的价值目标，即既要对生活世界保持谦恭的态度，尊重生活世界的生命体验，又要穿越生活世界的迷雾，对生活世界保持一种审慎的反思态度，一种有所超越的理性态度。

3. 要在话语内容上更加贴近生活世界

一要善于转化语言，把重要文件、重要会议、历史文献等类型的语言转化为适合学生特点的话语，这样既把握住了正确的教育方向，又能使学生乐于接受。二要善于从学生的校园生活中提炼新话语，使教育理论课不断地生活化、现实化，这也是高校教育向"生活世界"回归的重要内容。三要从学生的网络话语中汲取新话语。教育者可以大胆借鉴网络中的一些健康、有益的、流行的话语形式和内容，丰富其话语体系。四要关涉受教育者当下的虚拟化生存。网络的出现极大地拓展了生活世界的内涵，成为受教育者个体日常生活的重要构成，并对其产生着不容忽视的积极和消极的双重影响。教育话语要为虚拟化生存的规范化提供道德文化的支撑，以符合网络特点的网络文本的形式，恰当而生动地展现博大精深的中国传统文化和代表时代特征的马克思主义文化，使受教育者在虚拟环境下通过网络文本的选择与解读接受规范传递与价值引导。

（三）借鉴网络话语，积极拓展高校教育话语资源

积极拓展话语资源，整合有利因素，形成高校教育工作新的话语优势，是网络时代对高校教育提出的新要求。为此：

1. 要充分利用网络技术，积极拓展高校教育话语的辐射空间

高校教育工作者要将博大精深的中国传统文化和代表时代特征的马克思主义文化，以符合网络特点的网络文本的形式予以恰当而生动的展现；将人类丰富的精神成果，诸如、法律、道德、艺术、科学、宗教和哲学的和观点，科学理论和艺术作品以及中国五千年的优秀传统文化，尽可能多地转化成网上可点击的内容。只有丰富了网上的信息，才能拓展高校教育话语的辐射空间，使学生在网络环境中通过文

本的选择与解读以及交流而在潜移默化中接受规范传递与价值引导。

2. 要善于从网络话语中汲取新话语

网络作为一种新兴的传媒方式，给学生无限的诱惑和想象的空间。网络的出现大大拓展了教育的领域和战线，从现实走向虚拟、从宏观走向微观等。网络话语的生成，既是网民的话语沟通和表达形式，又是网民虚拟现实的生活方式。高校教育工作者要摒弃对网络话语的轻视、漠视心理，了解学生网络话语的特点和规律，善于运用网络话语。要大胆借鉴网络中的一些健康、有益、良性的话语，借鉴一些符合学生群体的话语形式和话语内容，丰富高校教育话语的内容，这样才能与学生网民更好地对话与沟通。

3. 要密切关注网络文化的发展变化

高校教育工作者要善于把握时代脉动和网络文化发展趋势，了解当今学生的审美取向，分析他们的观赏心理，采用学生常用的话语修辞手法，采撷和创造出更多表现时代和事物特征的新鲜话语，实现教育工作话语的再创造。

（四）注重人文关怀和心理疏导，通过主动服务增强高校教育话语的感召力

1. 要坚持人文关怀和心理疏导，增强话语的人文关怀

高校教育工作实际上是做"人"的工作，必须注重对学生的人文关怀。一是高校教育话语传播必须紧密联系学生的实际生活，教育者应及时了解学生的所思所想、喜怒哀乐和兴趣爱好，准确把握学生的脉搏，并把这些融进话语当中。二是高校教育话语应充分尊重和理解学生的情感和需求，及时关注和化解学生在现实生活世界遇到的困惑和困难，让他们充分体验到教育者的温情与关爱，营造温馨舒适的话语氛围，从而使学生真正认同教育者的话语理念，进而内化于心，形成独立的道德人格。三是高校教育工作者应在网上开设心理知识宣传栏、心理咨询室、心理门诊室等对学生进行心理疏导。在网上倾听学生的倾诉与情绪宣泄，尊重其感受与体验，引导其主动分析面临的困境，共同探求心理困惑的诱发根源，挖掘学生内在心理需求，等等。通过双向交流激发学生的心理潜能，缓解学生的焦虑、压力等负面情绪，促进学生健康发展。伴随这一过程，教育者便能赢得学生们更多的信任，从而增强自身的感染力和话语权的影响力。

2.要营造融洽的话语言说场景，在话语内蕴上融注更加积极的情感

情感在高校教育交往中扮演相当重要的角色，在某种程度上，教育话语传递的只是言语的表层信息，因而在教育交往中作用相当有限，甚至会由于情感的不当而导致教育话语的失效或反效。比如教育者在褒奖受教育者时如果带有明显的讥讽语气或神态，话语本身再具有正当性也不会被受教育者所接受，教育者与受教育者之间的相互理解与解释就会出现障碍，教育交往就难以顺利展开，双方也就很难达成相互理解与共识。因而，高校教育工作者要积极营造融洽的话语言说场景，真诚地尊重、关爱和激励受教育者，将积极的情感因素融注到教育话语中去，从而调动学生内在的积极情感，实现双方有效的交流与沟通，为教育交往的顺利进行提供不可或缺的推动力。

3.要发挥学生的主体性，加强教育工作者的服务意识

网络教育对话的有效进行离不开"服务育人"理念的确立。这一理念的确立有利于教育话语实现知识和爱的统一，由"传达信息—宣传教育"向"传达信息—推销自我"的转变；教育者才能放下架子，真正从学生的立场出发，进行思考和表达，学生才能从教育话语中感受到教育者真诚的关爱与帮助。这种饱含爱的教育话语能够增进受教育者对生命意义与生活价值的理解，提升教育话语传播有效性，教育工作者在学生中才会有威信。

（五）倡导立体化引导，提高高校教育话语的管理水平

1.充分发挥多种媒体之间的协同作战，以形成话语引导的合力

校园报刊、广播、电视等传统媒体在信息的权威性、受众的广泛性等方面具有独特的优势。面对网络环境，我们应将传统媒体与网络媒体相结合，实行立体化的引导，可以推动校园话语共识的形成，而且具有公信力和权威性。由于传统媒体对网络话语进行选择、过滤，容易得到受众的认可，促进话语共识的形成。这种多种媒体之间的协同作战、立体化引导策略，可以带来高校教育话语引导的合力效应。

2.建立网上权威的教育话语体系

可以从以下几方面入手：第一，通过多种途径对学生加强理想信念教育，保证话语传播的正确方向。第二，采用"疏堵结合，引导为主"的方针，来引导话语传播。"疏"，即把握动态，实施网上疏导，澄清错误言论，及时公布正面信息。"导"，即主动出击，因势利导。要主动出击，批驳反面声音，弘扬社会主义主旋律与核心

价值体系。第三，要探索多种途径努力发挥高校教育正面话语功能，在加强监控、有效预防的同时，依法查处利用网络传播有害信息的当事人，不断推进网络道德建设。第四，要在学生中积极开展媒介素养教育。教会学生正确认识、使用网络的能力，增强他们的网络责任意识和自律能力。第五，在高校建立一批既懂教育又懂网络技术和网络文化的队伍，用富有教育性、感染力，学生喜闻乐见的方式引导话语传播，增强教育话语的正面影响力，从而促进学生网络言行向健康的方向发展。第六，要高度重视网上评论工作，形成一支专兼结合、反应灵敏的网络评论员队伍。网络评论员要主动介入校园 BBS 和校外网站的交互式栏目，采取"宜早不宜迟、宜疏不宜堵、宜解不宜激"的策略和"区分性质、讲究策略、把握时机、冷静处理"的要求，主动导帖、积极跟帖、适时结帖，以普通网民、平等方式参与网络讨论，挤压有害信息的传播空间。要建立网络管理和网络评论人员学习、培训、考核机制，加强提升其理论水平修养，使其形成马克思主义的价值观和道德观；加强培训其对网络信息技术的驾驭能力，使其能够及时解决网络传播中出现的问题，从而使教育话语传播生动形象，增强对学生的吸引力和感染力；加强培养其应变能力，使其能够迅速准确地把握问题，有针对性地开展工作。

3. 积极建设服务学生发展要求的绿色网络载体

门户网站、专业网站、主题网站等，是学生最常用的网络载体，在他们的学习、生活和娱乐中发挥着积极的作用。要遵守网络法规和社会道德，正确使用网络载体，共同维护网络载体。要加强技术创新，推出科技含量高、使用便捷性强和适合青年学生特点的绿色网络载体。

4. 营造适合学生身心特点的绿色网络场所

要对于网络话语的存在形态，如发跟帖、论坛、博客、视频等的管理，倡导网络文明公约，安装合格的过滤软件，防止不良信息对青年学生的伤害，建设有利于青年学生的上网场所。要制定规范和标准，推出促进青年学生成长发展的绿色网络场所。开展多种形式的网络竞赛活动，发现并积极举荐各类青年网络人才，培养更多的绿色网络人才。

（六）重塑教育工作者素质，提高话语创新能力

网络背景下，高校教育工作者要重塑自身素质，努力提高话语创新能力，必须做好以下几个方面：

1.要能驾驭网络技术，熟悉网络文化和网络语言，掌握网络的使用技术和操作技巧

对高校教育工作者来说，只有掌握受教学生群体的网络话语，适应受教群体的交流方式，才能敏锐地捕捉他们的生活习惯、心理动态，从而把握受教群体思维和行为上的发展变化；只有充分了解并掌握网络话语这一新的沟通方式，才有可能与受教群体建立信息上的沟通和交流，从而实现有效的语言表达形式对传递教育信息的帮助，取得教育话语传播的成功。

2.要培养高校教育工作者参与学生网络化生活的意识

高校教育工作者要主动融入网络生活，体验学生在网络空间的交往、学习、娱乐方式以及他们心理及行为的发展变化，真正做到与学生在同一个环境下交流。

3.要有创新意识，加强高校教育话语创新研究

高校教育工作者要在对传统教育话语进行深入研究、分析的基础上，积极探索话语创新规律，扩大语汇范围，丰富教育话语的含义，以构筑一种全新的、理想的话语。只有这样，才能发挥在教育中的主导作用，重建自己的有效话语。

（七）健全网络信息监管机制，增强高校教育话语传播的实效性

网络对学生的负面影响的一个重要方面是网上不良信息的影响。学生单纯，意识尚未成熟，很容易受到外来信息的影响。网络本身只是一种传播媒介，要做到趋利避害，高校就必须加强对网络的建设和管理，以增强教育话语传播的实效性。

1.要加强网络管理和网络舆情分析工作

高校要成立专门的网络信息管理部门做好网络管理、网络舆情分析的工作，能够对网上的内容进行收集，制定相对应的管理措施。组建一支反应快速的"网上督查队"，可以由老师和学生骨干共同组成，对校园网进行全天候的监控和整理。比如对 BBS 上的讨论热点问题进行及时的捕捉和反馈，对于不符合事实和不良影响的论点及时澄清并做出正确引导；并且以适当的方式发布积极的学生关心的网络信息，这样可以吸引学生对校园网的关注度，也可以抵消消极信息对学生影响。对于网络上发布的信息要建立审查把关、管理监控的制度，对电子公告的服务信息、个人主页信息都要实行审查式的发布，包括校园网络的链接要一一检查通过，规范师生上网的安全规定和网络言行规范，真正营造一个积极健康的校园网络环境。

2. 研究和运用科学技术手段为网络筑造"防火墙"

现在网络上和市场上提供很多种网络防御和过滤软件的下载，能够防止包括特洛伊木马攻击、网页篡改、监视非法入侵的种种网络问题，还能够提供专为青少年设计的过滤保护浏览器、设定上网时间的监控软件等。高校教育工作者应该积极主动地利用一定的网络软件技术手段来保证校园网络的纯净。

3. 运用法律的手段维护网络的安全，打击网络犯罪

我国为加强对互联网管理，也先后出台了系列法律、法规或公约，如《文明上网自律公约》《中国互联网网络版权自律公约》《关于网络游戏发展和管理的若干意见》《互联网 IP 地址备案管理办法》《非经营性互联网信息服务备案管理办法》《互联网站禁止传播淫秽、色情等不良信息自律规范》《全国人民代表大会常务委员会关于维护互联网安全的决定》等。高校要加强全校范围内的网络法律、法规的宣传和教育，还应根据本校的实际情况制定相应的校园网络规章制度，规范校园网络的运行和管理，使得高校学生具备良好的网上法律意识、责任意识和安全意识，规范学生的网络行为，倡导健康、积极的高校网络态度。

（八）坚持话语创新发展，努力构建高校教育新话语体系

当前，推进高校教育话语的创新发展，应着力做好以下三个方面工作：

1. 加强理论研究

在现阶段，网络的发展及其影响在我国尚处于一个不断变化的过程中。对于网络建设与应用走在社会前列的高校而言，网络的发展及其对于学生的和行为的影响更是处在一个动态变化的阶段，这需要我们立足实践，针对实践发展的具体状况进行理论研究的不断创新和发展。话语鸿沟现象是不断创新和发展的网络时代给高校教育工作带来的新问题之一，随着网络对社会的影响不断深入，网络必然会给学生教育带来更多更新的课题。高校教育工作者要加强理论研究，坚持用马克思主义的立场、观点和方法分析社会、经济、文化、道德问题，以教育内容体系为支撑依据，对教育的言论和大量的教育素材进行归纳提炼，形成理性化、通俗化和生活化的教育说事话语和新话语，构建马克思主义中国化理论语境下教育话语新体系，形成教育话语学研究，应用于教育课教学和日常教育管理实践中，以激活教育工作者的教育话语系统，提高教育话语说事水平，从而提高高校教育的实效。只有这样，我们才能够在网络时代的新环境中，伴随和引导学生健康成长。

2. 加强教育话语整合

在高校教育的发展过程中，其学科内部形成了实践与研究两类整合乏力的话语。实践话语的主体是教育的一线工作者。由于现有的教育理论欠缺应用性的特质，使得教育工作者普遍漠视现有研究理论的存在，甚至对现有理论存在不信任的态度，但是他们又要把自己的工作状况予以总结归纳、互为交流，因此只能求助于教育日常工作纯经验式的话语，这种话语非常具体、琐碎，无法形成具有影响力的话语体系。研究话语的主体是教育理论工作者。由于教育学科发展时日较短，学科存在着理论奠基的任务，需要一系列的学科结构、学科范畴等思辨性的理论研究为教育建立学科基础，再加之教育学科的大部分理论工作者研究过于注重学理化的演绎和抽象，忽视了教育实践性的特点，使得在教育理论学界的思辨性话语占主导。在现实生活中，这两种话语往往相互交织，但是话语主体却相互轻视。理论工作者认为实践工作者缺乏理论素养，从事是低水平活动；实践工作者认为理论工作者缺乏实践能力，从事是务虚活动，这使得这两种话语沟通交流缺少，整合乏力。因此，加强教育话语整合，已成为构建高校教育新话语体系的当务之急。

3. 加强话语系统的协调性

高校教育新话语系统要体现话语的协调性，这不仅是实现高校教育话语创新发展的需要，也是构建高校教育新话语系统的目标。这是因为：一方面，这种协调性要求教育者与受教育者话语系统在认知基础、价值取向和目的设计等方面的协调融合。当前，我国高校教育效果较差与话语系统权力主体话语信息重叠率较低有密切联系。所以，新话语必须不断消除话语系统中双方信息传递和交汇的阻力，寻找教育者和受教育者话语系统融合的途径。另一方面，这种协调性要求教育话语与教育环境的协调融合。高校教育有本体话语系统，但同时它必须受制于另一种非本体话语系统，也就是对应于本体话语系统而言的整个学术界的话语系统。任何一种话语都逃脱不了它所处时代普遍弥散的话语，即受制于特定的语境。社会的多元化必然孕育着价值、信仰与利益之间的冲突，种种冲突只有靠"协商"去解决——有关各方共同协商，以达成某一套解决争论的规则，社会秩序也借此得以维持；种种冲突可以靠协商去解决——教育主导者、社会各界和网络等亚文化影响者、受教育者等各方协调，形成受教育者的新思想。而这一过程中，高校教育新话语系统要实现主流话语与非主流话语的协调，传统话语与现代话语、后现代话语的协调，文本话语与网络话语的协调，全球化话语与地方性、民族性话语的协调。

　　总之，加强话语系统的协调性，要求高校教育新话语系统的内容要从偏重意识形态，向意识形态与、经济、文化、社会和个人生活并重转变，从偏重国家话题，向公共需求与个人需求并重转变，以建立起教育与生活世界的全面广泛的联系，拓宽教育的对话语境，从而形成一套以科学的"真"为基础、以人文的"善"为内涵、以艺术的"美"为形式、以技术的"实"为手段的新话语系统。

第九章　网络教育的内容结构优化

教育在人类追求自由而全面发展的过程中，发挥着不可或缺的功能，是人类认识世界和改造世界的重要方式。客观物质世界有着特定结构，结构决定功能，功能又反作用于结构。教育包含丰富的内容，构成了完整的内容体系结构，直接关系其目的的实现和任务的完成。网络时代，高校教育面临诸多需要解决的理论与实践问题，对这一时代高校教育内容结构进行研究和优化，将更有助于功能的发挥和价值的实现，更能满足人的全面发展和社会进步对高校教育的期盼。

第一节　网络教育内容结构优化的依据

教育内容即一定社会为了实现其根本任务和目标，在教育活动中教育者通过一定的方式和手段对受教育者传递的教育观念、社会道德规范等。对于教育的内容结构，学界比较普遍的观点认为，思想教育、政治教育、道德教育、心理教育诸内容构成了教育内容体系，形成了一定的体系结构。这一结构关系中，各内容具有不同的地位和作用，思想教育（世界观、方法论教育）是先导，政治教育（理想、信念、方向、立场、原则等教育）是核心，道德教育（行为规范，道德认知、能力和品行等教育）是重点，心理教育（心理素质和健全人格等教育）是基础。也有学者在此基础上加上法制教育，认为思想教育是根本性的内容，政治教育是导向性内容，道德教育是基础性内容，心理教育是前提性内容、法制教育是保障性的内容，五位一体，形成稳定合理的结构，从而最大限度地发挥教育的整体功能。内容结构状况不同，实施效果就不一样。

一、理论依据

网络时代对高校教育提出了新的挑战，要求教育内容结构与时俱进，不断优化。其主要理论根据为马克思主义系统结构理论。马克思主义系统观把宇宙间的任何事物都看做事相互联系、相互影响、相互作用的一个系统。当我们深思熟虑地考察自然界或者人类历史或我们自己的精神活动的时候，首先呈现在我们眼前的，是一幅由种种联系和相互作用无穷无尽地交织起来的画面，其中没有任何东西是不动的和不变的，而是一切都在运动、变化、生成和消逝。马克思、恩格斯还提出了物质结构层次理论，认为物质结构是存在很多不同层次的，而且是无限大或者无限小的。马克思主义关于系统结构的理论，对网络时代高校教育内容结构优化有如下启示：第一，要用联系的观点和发展的观点来考察高校教育内容体系中的各个组成部分，要研究需要通过什么方式结合，发挥出整体功能；并且要考虑到社会存在的发展，适时调整内容结构，推动科学发展。第二，物质结构的层次性，要求对网络教育的内容进行科学分层，构建合理的教育内容结构体系。

关于社会存在与社会意识之间的关系原理以及关于人的本质和人的全面发展的学说，都是我们进行高校教育内容结构优化的理论依据。

二、实践要求

新媒体时代，高校教育在实践领域，无论国际还是国内，都面临着新情况和新问题。就国际层面来说，随着各国经济和文化的频繁交往，各种文化相互碰撞，教育内容随着经济全球化，多极化的发展而变得错综复杂；就国内层面来说，教育越来越渗透到人们的经济社会活动中，不断涌现教育所面临的挑战前所未有；就技术层面来说新媒体技术的蓬勃发展，带来的不仅仅是传播技术的变化而引发的内容的不确定性，更多的是观念的变革。我们要有理论勇气回答这些现实问题，不断突破传统框架，勇于创新，使教育的内容不断丰富。其实，多年来，我国高校教育历经发展和调整，大多数是在形式上的，而内容方面没有发生根本的改变；在实践过程中内容结构方面存在的问题是导致高校教育实效性不高的根本原因。

（一）主导型教育将品性塑造等同于生活，背离了生活实际

主导型教育，是教育诸内容的相互关系中，重点突出教育内容，并根据教育内容的实施需要来组合其他教育内容，其他教育内容从属于和服务于教育内容。这是历史的产物，是当时社会、经济、文化共同作用的结果。计划经济体制的集中统一性，从体制上保证教育只能为运动服务，在这样的历史条件下，教育的功能只能突出地表现为单一的功能，以运动为中心，使教育成为运动首当其冲的手段。诚然，教育在促进公民社会化过程中起到重要的作用，因为无论一个人是否喜欢都不能完全置身之外。但是，品性是人的社会性的组成部分，强调性而忽略人的自然性和精神性显然是不合理的。教育的基础和重点是道德教育，形成良好的稳定的道德品行，缺乏道德教育基础的教育不过是空中楼阁。高校教育应当承载功能，但它却不

是本身，倘若将教育的终极关怀化，形成教育内容占主导地位的内容结构体系，甚至将人的德性塑造等同于生活之中，则无疑是脱离社会实际的。背离社会实际的教育是没有生命力的，其危险性将如爱因斯坦所言：或许只能成为"一种有用的武器"，而不是"一个和谐发展的人"。

（二）知识化倾向的高校教育强调知识为本，偏离了人的全面发展的终极关怀

作为高校教育主渠道的教育理论课程学习，是一枚双刃剑：一方面体现了高校进行教育的重要性；但另一方面，在内容方面明显存在的一个问题就是一直表现出"知识化"的外在倾向，即主要是作为一门课程来学习。往往把教育与其他专业教育等同起来，知识的语言成为支配性的语言，道德的语言越来越弱化，这样的教育实际上在求真、求知的过程中不求善求美。知识之外的情感、想象、意志与信仰等遭到了排斥，这实际也是学校的智力训练与道德训练之间的可悲分割，获得知识和性格成长之间的可悲分离，在这种以知识化为本的教育中，很难真正关注人的全面自由发展，因而很难给人以终极关怀。教育实际上是一种养成教育，掌握了理论知识并不等于具备了良好的道德修养和精神涵养，其结果往往或将培养出"言语的巨人，行动的矮子"。

（三）预设的理想化的教育着眼于高扬革命理想的宏观目标，脱离现实生活的根基

传统的教育内容和原则通常具有高度的理想主义，把人设计成理想化的革命者，着眼于高扬人生理想的宏观目标。经济全球化和社会转型时期的中国，社会生活各方面都发生了深刻的变化，网络时代学生的价值观念和生活方式也发生了翻天覆地的变化。高校教育内容往往是课堂里或书本上规定的道德原则、信念，脱离了现实性生活的根基，未能从根本上解决好与现实的巨大反差，与社会上所盛行的现实现象大相径庭，无法对社会生活中的种种新事物做出应有的回应，从而使理论缺乏说服力，严重影响高校教育的实效。需要强调的是，由于我国学生的特殊性（长期的应试教育的竞争熏陶），理想化的教育只能培养某种意义上的"圣人"，并不能有效地指导人们的行为。而教育的作用和功能应当以现实的、具体的人为基础，通过改变和提升人们的精神生活、培养人们发展意识和精神，寻求可持续发展，来实现人的全面而自由的发展。

（四）切莫过分强调统一性和规范性，而忽略教育对象的层次性和差异性

中国要实现民族的伟大复兴，在日趋激烈的国际竞争中立足，必须占领未来领域的战略制高点。网络时代，教育者、受教育者以及整个教育环境等都发生了很大变化，其中有些还是根本性的变化。随着网络技术的广泛应用，在经济文化全球化进程中，高校师生所面对的是一个更加复杂多变、新奇的世界，社会交往范围的扩大和形式的多样化，各种文化观念的冲击，不同角色和行为方式的转换，必然引起方式、价值观念的深刻变化。教育内容不顾教育者和受教育者的基础和需求，注定导致实效性不高。事实上，我国高校教育特别是教育理论课存在内容过于统一和规范的问题，无论是怎样层次的大学（本科教育或高职教育），无论是什么专业的学生（理工科、文科或艺术类），或者不管是怎样的地区（发达或欠发达），教育内容总是一纲一本，过于统一和规范，对于不同价值文化间的交流与对话予以漠视甚而逃避。因此，当前高校教育应当允许学校根据各自的特点、专业情况、地区特性、学生特质与需求出发，分析教育情境来确立课程的具体形态和结构，以学生为主体，以生活经验为中心，适当整合教育内容，更能切合各个学校的教育实践，体现学校、教师和学生的自主性和校际的差异性。

总之，网络教育内容结构优化，需要以跨界思维为逻辑起点，以更加兼容的态度，跨越国家地域和经济、文化界限，以更为坚定的爱国情怀面对多元文化与多样价值观的影响，以积极竞争的勇气和国际化的视野面向国际竞争，以博大的胸怀和对自然及人类社会的热爱彰显人文关怀。

第二节　网络时代内容结构优化的原则和要求

网络时代，信息的海量性和复杂性、资源的共享性与开放性、交往模式的变化等特征错综复杂地交织在一起，传统的高校教育内容不能完全舍弃，但应该结合时代特点进行充实和重组。

一、网络教育内容结构优化的原则

原则是说话、行事所依据的准则。网络教育内容结构优化，应当遵循以下原则：

（一）整体与局部统一的原则

教育本身是一个由多个要素组成的复杂的动态系统，这些要素相互联系、相互作用的形式就是教育的整体结构。目前学界关于基本结构的提法有"三要素论"（教育者、受教育者和教育环境）、"四要素论"（主体、客体、介体和环体）、"五要素论"（主体、客体、内容、方式、目标）等，无论是几要素，有一个共同的特点就是各要素相互影响、相互作用而形成一个统一的整体系统，而在这一整体系统中，又分列为各子系统，即价值结构、目标结构、主体结构、客体结构、内容结构、过程结构、评估结构和方法结构等。在整体和局部之间的关系问题上，毫无疑问，整体是核心，但是有时候，局部优化和整体优化之间并不必然具有一致性，带有一定的不同步性和不均衡性。因此，我们要坚持系统论中的整体性原理，在整体优化的基础上，坚持二者相统一的原则。在网络教育的内容结构优化问题上，我们不应该仅仅要将思想教育、政治教育、道德教育、法制教育和心理教育等各子系统的内容结构进行优化整合，又要补充和完善每一个子系统内容体系，更应该将这些内容放在整个教育系统中，综合考虑教育价值的实现。

（二）层次性和针对性相统一的原则

在高校教育实践工作中，教育内容呈现出来的诸如泛化、泛知识化和泛统一规范化等弊端，严重影响到教育的实效。其实，在高校教育改革的过程中，层次性和针对性在高校教育对象、教育目标、教育内容和教育方式上都有一定的体现，这里强调内容方面，教育内容体系是历史的产物，具有动态的特性。与教育目标的层次性相对应，教育工作教育内容也应体现层次性。一方面，针对不同的群体，教育内容应坚持先进性和广泛性的结合；另一方面，针对同一个体的不同阶段，教育内容应坚持历时性和共时性的结合，适当根据时代特征调整教学内容。

（三）提高要素质量和理顺要素关系相统一的原则

优化网络教育内容结构，不能舍本逐末，对于教育内容来说，各内容要素都有丰富的内涵，各教育内容在体系结构中都应该具有相应的地位和排列顺序，倘若各要素排列组合不同，则功能便会迥异。假如各内容要素地位不明确，主次模糊，则结构便不合理；即便是地位明确，主次清晰，但忽视个别或某些教育内容，则会造成内容体系的不完整和结构的片面性，结构依然不合理。比如只重视和维护教育的主导作用，则容易限制视野，使得教育的内容单一，而不具有实效性，这在前面已经做过论述，这里不再赘述。

（四）延续性和时代性相结合的原则

时代的发展、社会文明的不断进步和科学技术的影响，对人的素质发展提出了更高的要求，高校教育的内容结构要与时俱进，不断更新和发展。如党的十八大提出的社会主义核心价值观（倡导富强、民主、文明、和谐，倡导自由、平等、公正、法治，倡导爱国、敬业、诚信、友善），则对核心价值体系进行了高度凝练，充分体现了马克思主义价值观的基本精神和特质，体现了历史继承和时代发展的统一，既有理论的延续性，又有现实的针对性。另一方面，我们应该看到教育内容结构的优化会受到诸多因素的影响和制约，如受教育者身心发展阶段、师资队伍、社会国际国内环境等，教育的内容结构优化最终要经过实践的检验，但受教育者绝不是试验品，一旦调整出现问题，便会影响一代人或者几代人的成长和发展，因此要采取审慎的态度，不能哗众取宠，更不能人云亦云。

（五）时效性和可读性相结合的原则

网络时代，高校教育必须及时收集、整理和解答学生关注的热点、焦点问题和疑难问题，将其作为教育内容的素材，发掘其中的教育内涵，以解决学生的认识问题。

比如泛化语言，使得学生教育内容不为学生网民所点击，则教育本身就失去了应有的意义和存在的必要性。要增强学生教育内容的可读性，就要紧密把握地域的特点、校园的特点和学生的特点，了解网络时代高校教育的内容话语的变化，内容范围要广，内容表达方式要多样而具体，语言风格要活泼生动，说话要接地气。

（六）规划传播与有效控制相结合的原则

传播学认为，正确合理的传播内容有助于优化传播的效果，教育作为一种特殊的教育传播活动，有其特定的内容与表达方式，并且由于社会经济发展和历史条件及其他因素的影响，需要对其内容进行必要的调控和限制。其实，教育作为特定内容的教育传播活动，本身就具有一定的社会控制力，即为了维护社会秩序的和谐稳定、推动社会文明进步而采取的约束或引导社会成员的手段和措施。首先，这是维护社会稳定的必然要求。教育作为上层建筑、社会意识形态领域的一个重要组成部分，其内容既要由社会的经济基础决定，又要受制于上层建筑，必须具有鲜明的政治性和阶级性。人是社会关系的综合，社会交往只有遵循一定的行为准则来协调各方面的关系，整个社会才能有序运转。因此，我国高校教育，需要用正确的符合社会发展所需的观念、观念和道德规范来武装学生的头脑，指导他们的言行。其次，这也是建设中国特色社会主义市场经济体制的内在要求。"经济建设这一手我们搞得相当有成绩，形势喜人，这是我们国家的成功。但风气如果坏下去，经济搞成功又有什么意义？会在另一方面变质，反过来影响整个经济变质，发展下去形成贪污、盗窃和贿赂横行的世界。"再次，这也是应对网络时代带来的各种文化影响的需求。各类书刊、电影、广播电视节目、新闻报道、互联网信息、（微）博客、手机短信等随处可见的文化产品或服务，所提供的不仅仅是消息和娱乐，同时也是传播社会价值或观点的工具，最终它们会对全社会的精神结构产生深刻的影响。各种跨时空的网络技术不仅给学生们提供了接收信息、选择信息和传播信息的自主权和能力，同时还造成党、政府、学校和社会舆论的引导和调控方面的处境困难，尤其是突破了传统的教育权威部门的话语权控制格局，更加迫切需要加强对高校教育内容的更新与优化。

二、网络教育内容结构优化的要求

网络教育内容结构的优化或创新不是抛弃基础，否定过往，标新立异，而是在继承传统的基础上，结合时代特征，为教育内容注入新的血液。要全面考量网络对高校教育的影响，在整体要求的基础上，根据原则，进行内容结构的优化。"优"是一个定性的动态过程，表示着方向；"化"则是一个定量的表示，要以教育的目标和任务的实现为根本标准。为此，网络时代高校教育的内容结构优化，要做到正确把握教育内容的要素结构与层次结构的关系，既体现内容要素结构的完整性，又体现内容层次结构的序列性，在具体设定上力求做到"贴近社会现实、贴近专业要求、贴近学生实际"。

（一）内容结构的层次方面

1. 在横向结构方面，坚持主导性和全面性相结合，克服单一化和简单化

网络时代，高校教育内容是多类型、多向度、多层次的统一的有机整体。横向结构层次，主要是指教育内容同一层次的各要素之间的相互作用及延展关系。教育内容的全面性，体现在人与社会全面发展的整体联系上。在这个整体联系中，有一个起着主导作用的要素，决定和支配着教育的其他内容，也决定性质和方向，这个

主导作用的要素就是教育，之所以高校教育必须坚持以教育为主导，取决于它能实现一定社会阶级或集团的目的。同时，一定阶级和社会总是对其社会成员提出道德、法纪、心理等方面的全面性要求，体现人的素质的多维性、丰富性、整体性，从而形成由政治教育、思想教育、道德教育、法制教育、心理教育组成的教育内容类型结构。因此，在教育内容体系的建构中，要从教育内容的横向联系出发，在主流意识形态的引领下，从人与社会、人与他人、人与自然以及人与自己的关系层面上确定对受教育者在道德、法制、心理等方面的要求，以整合类型相近的教育内容，解决存在的内容重复交叉和单一等问题，增强高校教育内容的整体性和系统性。

2. 在纵向结构方面，坚持层次性和针对性相结合，克服缺乏层次性和针对性的弊端

层次是表征系统内部结构不同等级的范畴，是指系统要素有机结合的等级秩序，表征为次序。高校教育内容根据教育对象的角色层次、心理层次和接受水平与能力，将教育划分为三个层次：基础层次的教育内容（道德教育、心理教育等）、较高层次的教育内容（教育）和高层次的教育内容（教育），这三个层次相互联系、有机统一，呈现出由低到高的递进关系，使教育内容由低到高、由浅入深、螺旋上升、循序渐进，从低层次到高层次的递进式的教育内容系列。

（二）在内容选择上，要体现理论性与实践性的结合，克服教育内容抽象、晦涩和僵化的缺陷

目前的高校教育内容的理论性与实践性结合得还很不够，在内容结构安排以及语言描述方面，也都较生硬、晦涩，与实际需要有所脱节。受传统经济文化环境的影响，高校教育内容因经典而权威，因权威而导致层次结构僵化，削弱了内容的影响力。在这种情况下，经典的理论一旦被束缚在陈框旧条中，就不能被赋予崭新的活力，不能被大众所熟悉的语言所表述，则将无法被认同和内化，更谈不上外化为行动力。因此，只有从实际出发，坚持与时代同步，与青年学生同步，并且紧紧抓住客观运动着的物质世界的规律性与特征，抓住变化的时代脉搏，抓住高校教育内容与时俱进的要求，才能使教育入脑入心，以针对性、新颖性的多级层次要求来达到学生积极接受、主动内化的效果。为此，在内容选择上要做好以下几点：

1. 优化高校教育的内容结构要做到"三贴近"

一要贴近社会现实。当前我国学生教育存在的突出问题就是发展的滞后性，即

教育内容结构体系滞后于经济发展，滞后于国内、国外形势的发展和变化。针对这一突出问题，在学生教育内容结构体系上'要深入研究与现实相适应的教育内容。只有这样，才能激发学生对社会现实的关注，用正确的世界观、人生观、价值观、观、道德观和法制观看待我国社会主义现代化进程中出现的一系列社会问题，并且能够运用自己的聪明才智去解决问题。

二要贴近专业要求。以往传统教育存在泛知识化现象，将教育和专业理论、专业技能等智力教育等同起来，使得高校教育处于弱势地位。在网络时代，网络所传播的海量信息，其中也有许多信息是与学生所学专业息息相关的，也就是说是有益于学生专业学习的。因此，网络教育应当密切教育与专业教育之间的相互交融关系，促进高校教育的内容与专业理论、专业技能的紧密联系，使之有助于学生的专业选择、学习和素质的提升；同时，在社会生活中，道德是客观存在的，道德是人聪明、完善之本，也是社会和谐、发展之基，进行专业教育也应以培养有道德的人为前提，只有认识到这一点，才能真正实现为社会培养出全面发展的有品性的职业人。

三要贴近学生实际。首先，是与学生的学习相结合。实践证明，人们所处的社会时代、现实环境、现实的直接的实践活动以及密切相关的实际利益，才是人们所最关心的，也才是最能吸引人们注意力的。网络时代的高校学生，获取信息的渠道是全方位的，任何脱离实际的教育内容只会让受教育者产生冷漠、反感甚至是逆反心理，所以，高校教育内容除了马克思主义理论以及纲领、路线、方针、政策、法规等以外，还应有如一切对身心人格健康有益的知识、道德文化、习俗习尚、科学精神、人文精神、生活方式和行为规范、民主和法制意识、社会热点和焦点等，让学生从被动接受变为主动选择和接受。提高教育的生命力，要求我们要适应时代，积极拓宽教育视野不断深入地研究新情况、解决新问题，最大限度地吸收最新的理论研究成果并加以学习、研究和运用。比如增加创新教育的人与自然协调共存的世界观、生态道德、全球意识、媒体素养等教育内容，用新的内容去教育和武装学生，使他们得到更多实际的、有效的引导和帮助。

2. 优化高校教育的内容结构要与学生生活相结合

学生实际上是"半社会人"，正处于成人的关键时期，必然会经历一些成长的蜕变。年轻无极限，张扬是这个时代学生的个性特点。但他们面临的机遇和困惑增多，需要思考和处理的问题相应也增加，也会不断面临各种抉择。如何科学设计生涯规划以积极参与竞争，如何与人交往以适应现实社会和虚拟社会的复杂环境，如何化解压力以解决各种各样的矛盾，都是他们所要面临的具体问题，处理不好会影响他们的前途。高校教育内容既要有利于锻炼学生的现实生活能力，又要培养学生的未来可持续发展的能力。要以生为本，从关注日常生活中的实际问题入手，帮助他们排忧解难；要积极引导学生学会生存，学会尊重和关心他人，学会共同生活；要培养在活动中的积极参与和合作精神；要倡导他们研究人类面临的普遍问题，增强全球意识和人文关怀；要关注人的现实和虚拟生存环境和生活质量，维护人类的尊严，完善道德品德和全面发展问题；同时还要有意识地培养学生具有国际观念和意识，树立为全球服务的观念，具有开展国际合作交流与国际竞争的知识和能力。只有在学生生活的不同领域全方位、最大限度地贴近学生，高校教育内容才能最大范围地被学生接受、认同和转化，教育实效性才能实现。

第三节　网络教育内容结构优化设计

面对着网络教育内容结构所出现的新情况和新问题，需要在理论、原则和要求的指导下，对其进行主动调整，实现最大程度的优化。

一、政治层面：以政治教育为核心，突出高校教育的主导性内容

高校教育的内容丰富，在内容体系中，如前所论述，政治教育居于主导地位，起着决定和支配的作用。政治教育，主要是进行理想、信念、方向、立场、观点、情感方法等方面的教育。以政治教育为主导，就必须始终以理想信念教育为教育的核心内容。面对复杂的国际国内形势，我国高校教育工作面临的主要任务是，加强爱国主义、集体主义和社会主义教育，帮助学生树立正确世界观，增强国家归属感和社会责任感。在对待走什么道路、依靠谁来领导、坚持什么样的指导等诸多问题上，真正"讲政治"，真正坚持基本理论、路线、纲领和原则。道路标定方向，道路决定前途。在党的十八大报告从夺取中国特色社会主义新胜利的战略高度，提出了坚定"道路自信"的问题。我国高校教育应引导学生以厚重的理论底气、高远的视野和豪壮的实践基础坚定道路自信；自觉认识中国特色社会主义道路，是实现社会主义现代化的必然选择，是创造人民美好生活的必由之路。要通过开展扎实有效的教育，使学生正确认识社会发展规律，认识国家的前途命运，认识自己的社会责任，确立在中国共产党领导下走中国特色社会主义道路、实现中华民族伟大复兴的

共同理想和坚定信念。同时，要积极引导学生不断追求更高的目标，使他们中的先进分子树立共产主义的远大理想，确立马克思主义的坚定信念。

二、道德层面：自觉树立社会主义核心价值观，优化高校教育的基础性内容

道德教育，主要是进行世界观和方法论教育，着重解决主观与客观相符合的问题。道德教育，主要是进行行为规范的教育，内化道德规范，提高道德判断能力，培养道德情感，养成道德行为，提高道德品质。改革开放至今，在经济全球化局势之下，社会经济成分、组织形式、就业方式、利益关系和分配方式日益多样化的同时，人们活动的独立性、自主性、选择性、多变性和差异性也日益增强，社会空前活跃，各种观念相互交织，各种思潮不断涌现，对学生的产生很大的影响。网络教育，必须从学生实际状况出发，以社会主义核心价值观为引领，树立科学的世界观、人生观、价值观和道德观，以指导和推动生活、学习和工作。

核心价值观是一个民族、国家、社会及其人民普遍信奉、追求、恪守的基本价值理念和规范，是核心价值体系的精髓。我国封建社会的核心价值观可以说是"仁、义、礼、智、信"，西方资本主义社会的核心价值观可以说是"自由、平等、博爱"。具体到一些国家，则又各具特色。如美国的"多元、创新、乐观"精神、日本的"国民精神"、韩国的"爱国精神"、新加坡的"共同价值观念"等。我们党建立、建设和发展社会主义的历程，同时也是提出和丰富、推广和实践社会主义核心价值观的过程。党的七大提出的"将中国建设成为一个独立、自由、民主、统一和富强的新国家"发展目标，就包含着新国家的核心价值观。改革开放以来，我们党在推进中国特色社会主义事业过程中，一直在努力提炼、概括全民族全社会统一的社会主义核心价值观。十六届六中全会明确提出："马克思主义指导，中国特色社会主义共同理想，以爱国主义为核心的民族精神和以改革创新为核心的时代精神，社会主义荣辱观，构成社会主义核心价值体系的基本内容。"党的十七大报告也重点强调："社会主义核心价值体系是社会主义意识形态的本质体现。要巩固马克思主义指导地位，坚持不懈地用马克思主义中国化最新成果武装全党、教育人民，用中国特色社会主义共同理想凝聚力量，用以爱国主义为核心的民族精神和以改革创新为核心的时代精神鼓舞斗志，用社会主义荣辱观引领风尚，巩固全党全国各族人民团结奋斗的共同基础。"

党的十八大在已有的核心价值体系的基础上，对于"社会主义核心价值观"进

行了凝练，将过去较长的表述精简为 24 个字。党的十八大报告明确指出："倡导富强、民主、文明、和谐，倡导自由、平等、公正、法治，倡导爱国、敬业、诚信、友善，积极培育和践行社会主义核心价值观。"这三个倡导是从国家制度层面、社会集体层面、公民个人层面为社会主义核心价值体系建设指明了方向。

1. 倡导富强、民主、文明、和谐是立足于社会主义核心价值观的国家制度层面

中国特色社会主义现代化建设的总体布局就是经济建设、政治建设、文化建设、社会建设和生态文明建设，五位一体的中心或者凝聚力是一个共同的价值追求目标。我们党在过去曾经把这个共同价值追求表述为"民族独立，人民解放""国家繁荣，人民幸福"。当前，众所周知的全面建成小康社会的宏伟目标或共同愿景，其价值追求就是要达到"富强、民主、文明、和谐"，也就是说经济上要越来越富强，政治上要越来越民主，文化上要越来越文明，社会和生态上要越来越和谐。

2. 倡导自由、平等、公正、法治是立足于社会主义核心价值观的社会集体层面

这八个字体现了中国特色社会主义的基本社会属性，是马克思主义的基本要求，也是中国共产党人的一贯价值追求。马克思主义追求的终极目标就是人的自由而全面的发展。我们党自成立起，就把带领人民实现自由、民主、平等写到自己的旗帜上，并为之而不懈奋斗。新中国成立后，我们党又把这些目标写到社会主义旗帜上，使之成为激励人们发愤图强建设社会主义的强大精神动力。改革开放以来，随着我国社会主义市场经济体制的建立和社会主义民主的深入发展，广大人民群众的民主法治意识越来越强，自由平等观念日益深入人心，维护公平正义的要求也越来越高。正是适应广大人民群众这种新期待、新要求，我们党更加自觉地把自由、平等、公平、法治等理念深入扎实地体现到各项理论和实践之中。党的十七大报告强调要"树立社会主义民主法治、自由平等、公平正义理念"，党的十八大报告则把"倡导自由、平等、公平、法治"作为"积极培育和践行社会主义核心价值观"、推进社会主义核心价值体系建设的一项重要内容。由此可以看出，自由、平等、公平、法治是当代中国共产党人坚持科学发展、坚持以人为本、坚持执政为民、坚持依法治国伟大实践的集中价值体现，也是我们坚持和发展中国特色社会主义的核心价值追求。

3. 倡导爱国、敬业、诚信、友善是立足于社会主义核心价值观的公民个人层面

这八个字集中体现了社会主义国家公民的基本价值追求和道德准则要求。加强对全体公民的价值观、道德观教育是一项长期而紧迫的任务，成为摆在全党和全国

人民面前的一个重要课题。2001 年，中共中央印发的《公民道德建设实施纲要》提出，要坚持以为人民服务为核心，以集体主义为原则，以爱祖国、爱人民、爱劳动、爱科学、爱社会主义为基本要求，在全社会倡导"爱国守法、明礼诚信、团结友善、勤俭自强、敬业奉献"的基本道德规范。2006 年 3 月，以"八荣八耻"为主要内容的社会主义荣辱观被提到日程上。2006 年 10 月，十六届六中全会审议通过《中共中央关于构建社会主义和谐社会若干重大问题的决定》，明确提出了建设社会主义核心价值体系的战略任务，并把社会主义核心价值体系的基本内容作了规范性阐述。所有这些都为我们党从社会公民层面概括社会主义核心价值观奠定了坚实的理论基础。党的十八大正是在继承和发展我们党关于社会主义核心价值体系的基础上，紧密结合全面建成小康社会和发展中国特色社会主义的新需要，从公民层面提出了"爱国、敬业、诚信、友善"的社会主义核心价值观。这集中体现了中华民族传统美德、中国共产党人革命道德和社会主义道德的精华，是中国共产党人对马克思主义公民道德和价值理念的新发展。

社会主义核心价值观的三个基本层次是有机联系、内在统一的。富强、民主、文明、和谐是中国特色社会主义的基本价值追求，它体现的是我国经济建设、政治建设、文化建设、社会建设和生态文明建设的内在发展要求；"自由、平等、公平、法治"是中国特色社会主义的基本社会属性，它体现的是我国作为中国特色社会主义社会的总体价值趋向和整体目标要求；爱国、敬业、诚信、友善体现的是社会主义国家全体公民的基本价值追求和道德准则要求。上述三个层次的核心价值观相互联系、相互贯通，集中体现了国家、集体和个人在价值目标上的统一，体现了国家目标、社会导向和个人行为准则的统一，是马克思主义价值理论中国化的最新成果。

优化网络教育的内容结构，应体现社会主义核心价值观的具体内容，坚持以社会主义核心价值观为引领，引导学生转变观念，践行道德规范，养成良好而稳定的道德品行。

三、文化层面：弘扬中国传统文化，融入世界文化，奠定教育的人文精神根基

网络时代，是一个信息膨胀的时代。网络的迅猛发展及快餐时代的到来，使传统的人伦关系和人际道德面临着非常严峻的挑战。就文化层面来看，在文化多样化的发展大趋势下，包括中国在内的各国传统文化的生存和发展在不同程度上受到了

挑战，从而对教育工作的文化根基带来冲击。马克思指出："人们自己创造自己的历史，但是他们并不是随心所欲地创造，并不是在他们自己选定的条件下创造，而是在直接碰到的、既定的、从过去继承下来的条件下创造。"因此，优化网络教育内容结构，必须大力继承和弘扬中国道德教育的优良传统，正确借鉴和吸收世界道德教育的优秀成果，赋予所继承内容以时代内涵，使之具有时代价值；赋予借鉴国外道德教育内容以中华民族底蕴，使之具有中华民族文化特色，使学生树立起人文精神，特别是民族精神。

（一）继承和弘扬中华民族优良道德教育传统，并赋予时代意义

1. 生态道德教育

文化是维系一个民族的精神纽带，没有文化的民族就没有民族精神。我国教育内容的建构总是立足于中华民族根基，植根于民族文化沃土，有着强烈的民族性。在中国古代贤哲那里，他们自觉不自觉地运用着层次和结构概念，把"道""阴阳""天""地""人"看成是一个统一的整体，强调"天人合一"。"天人合一"，作为中国古老的哲学命题，其核心是强调"天道"和"人道"相通，"自然"和"人为"相通。从战国时期的子思、孟子提出的人与天相通，人的秉性天赋，尽心知性就能够知天，达到"上下与天地同流"，到庄子提出的"天地与我并生，而万物与我为一"。他认为人与天本来就是合一的，只是因为人的不同观念，不同的主观意志破坏了天人的"统一"、或者说天人的"合一"。人应当与天合一，应当消除天人间的差别。之后的中国历代家、哲学家从不同的角度丰富和完善了"天人合一"，努力追索天人相通，以达到天与人的和谐、协调、一致。这种"天人合一"的自然观，对加强生态道德教育有很大的启示。

所谓生态道德教育，是在横向比较、纵向扬弃的基础上提出的一种新德育观和新的德育范型，它教导人们，不仅人对人的社会行为，而且人对环境的自然行为均要受到伦理评价；不仅要正确处理个人与他人、个人与集体、个人与社会的利益关系，还要恰当地对待人与自然的交往行为、利益关系、短期与长期关系，摆正人在自然中的位置。因此生态道德教育将以一种更为宽阔的道德视野，教育和引导人们学会热爱自然、热爱生活、享用自然、享用生活。同时生态道德教育还是社会公德的重要内容，是否具有良好的生态道德意识，是现代社会衡量一个人全面素质的重要尺度，也是衡量一个国家和民族文明程度的重要标志。

在网络时代，生态道德教育是一种新型的道德教育活动，是指教育者从人与

人、人与社会、人与自然的道德观出发，引导受教育者树立一种崭新的人生观、自然观和生存发展观，在社会领域要不断调节人与人、人与集体、人与社会的关系，使人的行为符合集体和社会的需要，营造一种人与人相互尊重、相互依存的人文生态环境，促进社会的和谐发展；在自然领域要扩展社会领域长期所形成的道德原则、道德规范，有意识地控制人对自然的盲目行为，营造一种人与自然和睦相处、互惠互利的自然生态环境，促进人与自然的和谐共生，从而使受教育者在双生态环境（人文生态、自然生态）中自觉养成文明和谐、珍惜资源、保护环境的道德素质和文明习惯，成为既能协调处理人与人、人与社会的关系，又能协调处理人与自然关系的理性生态人。

2. 人伦自觉意识的培养

中华传统道德以儒家伦理道德为主体，同时兼收了墨、道、法以及佛教等各家中的有关思想，经过几千年的扩展、充实、更新和演变，逐渐形成了一整套比较完备的伦理道德体系，其内容涉及价值观念、道德精神、情感信念、行为方式等各个方面。儒学是一个包含、经济、军事、教育、伦理道德、自然科学等在内的庞大的文化体系，其中伦理道德是儒学最核心、最重要、最具代表性的内容。儒学大致可分为以礼为基础的伦理规范和以仁为基础的德性原则两个层面。在儒学体系中，伦理之礼与道德之仁是两个不同的维度，礼是具有外在戒律性的社会规范，仁则为涵蕴内在目的性的生活意义和行为品性。从集先秦儒家之大成者董仲舒所提出的仁、义、礼、智、信"五常德"，到宋代的"八德"即"孝、悌、忠、信、礼、义、廉、耻"，再到近现代，孙中山、蔡元培等提出了"忠、孝、仁、爱、信、义、和、平"新"八德"，当时的国民政府在"八德"的基础上，加上了"礼义廉耻"这"四维"，统称为"四维八德"。这些对我们今天优化网络教育内容建构都具有很大的启迪意义，值得我们深入发掘。人伦自觉意识的培养，便是以中华传统道德为基础。

"人伦自觉"，简要地说，是个体对人伦关系的认识和自觉。只不过这种认识和自觉，不能简单地归结于个体的认识和自觉水平，而是要求个体通过把这种认识和自觉落实于法律、道德规范影响下的身体自觉以及身体间性的互动。也就是说，"人伦自觉"是一个体现对他人的承认、回应、责任和义务，同时又面向他人、尊重他人、理解他人、关爱他人，不断追求与他人、社群融为一体，从而走向更大社会认同的动态范畴。网络时代，是在数字技术和网络技术基础之上延伸出来的社会存在形式，它基于现实社会，但同时又是现实社会的延伸，与现实社会有着完全不同的特点。网络时代的到来不仅使个体的世界观、生活理念和方式发生了明显变化，而且也极大地改变了人与人之间的关系。复杂的基于现实与虚拟社会的人际关系，迫切需要引导学生以人伦自觉来回应这种社会需要。作为调节人与人之间关系的道德伦理教育，不可避免地存在于高校教育的每一个环节及过程之中，包括处理个人与国家、社会、学校、他人及自己的关系。当前，提升学生"人伦自觉"意识和能力，主要在于激发和调动学生和高校教育工作者两方面的积极性，强化对学生的人伦教育。教育内容的建构要吸收中国传统道德的合理内核，活化传统道德资源，塑造民族共同价值观，同时又注入时代精神，不断提升当代学生的规则意识、"道德责任能力"以及与网络时代相适应的文明上网、诚信上网的意识和能力等。

3. 和谐心灵教育

"心灵"一词，有学者认为见于《隋书·经籍志》："诗者，所以导达心灵，歌咏情志者也。"古人认为心是人的思维器官，因此把人的和感情的等说成心。《诗·小雅·巧言》："他人有心，予忖度之。"《孟子·告子上》："心之官则思。"可见，作为人的生理器官，心其实和人的思维活动是紧密联系的。那么，什么是和谐呢？《诗·商颂·那》："既和且平。依我磬声。"《左传·襄》："八年之中，九合诸侯，如乐之和，无所不谐。"《礼记·乐记》："其声和以柔。"可见，"和谐"意指系统内各要素秩序井然、顺和流畅，没有抵触冲突和格斗纷争。心灵和谐，就是指人与自身的和谐，人自身的思维、情感与人的价值观念的和谐。在人类社会这个大的系统中，作为社会主体的具有独立特质的人在同外界交往过程中，与物质世界形成了矛盾关系，通常被认为是人与自然、社会和他人以及自身之间的关系，在这动态的关系过程中，形成了具有独立人格的人。这为网络教育的内容结构打开了又一个思路。

心灵和谐，从个体来说，人的心灵和谐就是人的内在中各种价值观念形成了彼此融合而无分裂的有机统一体；从社会系统的整体来说，指在社会制度的框架内，人能找到心灵的栖息之地，兼容他人与社会，在多元的价值取向中，有效地调整自己的价值观，明确正确的选择，并且充满信心，超越世俗羁绊，协调发展，服务社会。人生最美妙的事情莫过于精神中对现实生活美好渴望的追求，即个人意识的升华，内心世界的和谐是唯一可能进行更长久控制的途径。内心和谐是人拥有的一种特殊的能使人静心和自由的品质；内心和谐是人拥有的一种健全的能使人心理品质完善、知荣明辱的智慧，这种智慧品质教会人能自在地生活，实现人与自然、社会的浑然一体，真正实现从必然王国走向自由王国。和谐的人是全面发展的人，是一种灵性的安宁。在多元的人生道路选择面前能够毫不犹豫地走向正确之路，且充满着信心，这是心灵和谐的体现。理念决定人的态度和行为。心灵和谐的人，能以一种乐观欣赏和创造的人生态度来经营人生，运作事业，服务社会。高校教育工作者应该有这样一份意识和责任，在构建社会主义和谐社会的进程中，心灵和谐对协调人与自然、人与社会、人与人之间关系的和谐具有重要作用。面对当前价值的多样化与信仰根基的动摇、利益的多重化与崇尚财富的心理、文化的多元化与文化的不自觉等表现，只有通过求真、求善、求美、求实，用以充实现实的人，实现　人的意识变革，才是培育心灵和谐的新路径。

（二）借鉴外国道德成果，赋予中华民族的文化底蕴，优化教育内容结构

教育内容的建构总是具有鲜明的开放性，面向世界道德发展，是民族精神与时代精神的统一。我们所说的民族精神是一定时代的民族精神，是符合时代潮流的民族精神；而时代精神实质上是民族精神发展到一定时代的综合表现，新媒体时代高校教育内容要大胆借鉴和吸收人类社会创造的一切文明成果，以科学的态度正确对待国外道德教育资源把它作为教育内容建构的重要参照。

国外并没有提出"教育"这一概念，而是在"公民权利和义务教育""国民精神教育""道德教育""宗教教育""历史教育"的旗帜下悄无声息地进行教育。作为人类社会普遍存在的一种教育实践活动，世界上其他的国家不仅有着事实上的教育，而且有着值得我们借鉴的多种道德成果，古希腊的"节制、勇敢、智慧正义"四主德的品德要素结构，皮亚杰和科尔伯格的道德发展理论，关于知、情、意、信、行的品德过程结构等，对我国高校教育的内容结构的优化都存在许多可资借鉴之处。

教育虽然具有很强的民族性和阶级性，但随着经济和信息全球化及我国对外开放的深入发展，道德价值也具有愈来愈多的时代性和全人类性的内涵，对外国道德中属于人类共同心理诉求、共同审美意识、共同道德意识和情操等方面的成果，要大胆学习和有效借鉴。这样的高校教育才是具有博大胸怀和人文关怀的教育，也才能被广学生所接受与认同。

四、技术层面：加强媒体素养教育，发挥高校教育内容结构的正能量

优化网络教育的内容结构，需要不断更新教育内容，实现内容结构的升级。时代的发展，社会的进步，技术水平的提高，意味着反映社会发展和人的发展需要的高校教育的内容也要不断发展和更新。

马歇尔·麦克卢汉在《理解媒介》一书中提出：媒介文化已经把传播和文化凝

聚成一个动力学的过程，将每一个人都裹挟其中。网络以其强大的辐射力影响着人们的生存方式，对现代文化的塑造和人们价值观念的形成起到不可估量的作用。作为网民中数量最庞大的群体的学生，因为其知识结构的不完善、心理发展水平出现偏差以及阅读能力、社会阅历、情感特征的局限等诸多因素，导致他们缺乏辨别网络信息真伪的能力，无法准确地解读网上信息，从而容易受到负面信息的误导。生活在网络文化所制造的景观之中，我们必须学会生存，注重在教育进程中持续不断地倡导网络素养教育，使媒体素养观念和意识入脑入心，这是网络时代推进高校教育提质增效的一项重要战略举措。

媒体素养教育，就是指导受教育者正确理解传媒及其信息，建设性地享用媒体传播资源，培养他们具有健康的媒介解读和批判能力，使其能够在多元的媒体环境中，充分合理利用媒体资源完善自我、参与社会发展。因此，媒体素养不仅是一种知识体系，而且是一种技能、一种思维方法，是现代公民必备的基本素质。在内容结构上，积极整合资源，在当代学生中实施媒体素养教育工程。努力提升当代学生的媒体素养及面对媒体尤其是网络的各种信息时的理解能力、选择能力、评价能力、表达能力、创造能力以及批判和鉴别能力。网络时代，网络、手机的互动性、随意性等特点在信息传播十分迅速、方便的同时，对广大网民和手机用户的理性思维能力、完善的知识结构提出了更高的要求。在高校教育内容结构中大力实施媒体素养教育工程，将有助于提升学生对纷繁复杂的网络信息的准确理解、正确选择、合理评价的能力。通过对学生进行网络道德规范教育，引导他们在遵纪守法、符合道德规范的要求下使用网络，增强其法纪观念，提高其道德素质，努力培养他们成为一定范围内有创新性的"舆论领袖"和正面信息的传播者创造条件，从而逐步形成"线上"和"线下"道德文明建设的合力和良性循环机制。

第十章　网络教育的载体合力生成

教育载体以其特定的内涵和功能，在高校教育体系中居于重要地位。网络时代对高校教育的影响体现在包括载体的方方面面，加上高校教育社会化趋势的日益彰显，教育主客体及其身份呈现出多样化的趋势。为适应新情况、新变化，解决新问题，需要教育工作者以跨界思维为理性向度，创造覆盖面更广、承载信息更多的载体平台，生成网络高校教育载体合力，从而不断提高教育水平，增强高校教育的实效性。

第一节　网络教育载体的运行现状

一、网络教育载体的内涵、形态及功能

学界普遍认为，"载体"最早是一个用于化学领域的科技术语，是能贮存、携带其他物体的事物。20世纪90年代"载体"引入教育。最初，人们习惯使用"途径""手段"和"方法"等提法来作为教育的承载和传导过程的中介，90年代初到90年代中后期，出现了"教育载体"的概念，但在理论研究中多限于对载体种类的简单罗列。尽管目前学术界对高校教育载体的相关理论问题的研究颇为少见，也主要集中在教育载体的基本形态、特点、运用以及创新等方面，但对其研究正日益受到学术界的关注和重视。

（一）内涵

由于教育载体是一个相对新的概念，其概念说法不一、观点也各有不同。如有的认为教育载体是一种活动或活动形式。有的认为教育载体是联结教育主体与教育客体之间的桥梁和纽带，有的认为是教育的基本要素之一，也有的认为教育载体是连接主客体的中介之一，称为"载体中介"。

对此，本书比较认同张耀灿教授关于教育载体的定义：教育载体是指在教育过程中，能承载和传递教育的内容和信息，能为教育主体所运用，促使教育主客体之间相互作用的活动形式和物质实体。对于该概念的理解，我以为必须把握好以下两

个方面：

其一，构成教育载体必须同时具备三个基本条件。一是必须承载教育的目的、任务、原则、内容等信息；二是能为教育工作者所运用和控制；三是必须是联系教育主体和教育客体的一种物质形式，主客体可以借此形式发生互动关系。从这层意义上来说，教育载体应该具有目的性、承载性、中介性、可控性等特征。

其二，厘清教育载体与方法之间的关系。由于在过去的研究中，人们并没有把教育载体作为独立的内容，而将其归属于教育方法论及，因此对教育载体概念的理解，还必须与教育方法等进行比较，厘清这二者之间的关系。方法一般是指为获得某种东西或达到某种目的而采取的手段与行为方式，表现为方式、途径、步骤、手段等形式。两者的联系都是联系主客体的纽带教育方法的运用必须借助载体，比如辩论法，必须要通过辩论活动这样的形式为载体。载体能承载教育信息和内容，而方法则不能。

（二）形态

国内外研究中，由于分类标准不一，教育载体的基本形态也各有不同。无论是按照载体的基本物质样态划分为语言载体和行动载体，还是按教育载体历史发展来分传统载体和现代载体；或者是按照承载物的性质来划分为物质载体和精神载体等等，都有一个共同的缺陷，就是划分标准是依凭载体的外在形式而忽略了教育中的主体差异。笔者比较认同程静的观点：从活动主体和方式的差异性进行划分，将其划分为课程载体、活动载体、管理载体、大众传媒载体、谈话及咨询载体五大类。在对各研究进行总结归纳之后，本书认为高校教育载体的形态应该围绕教育活动过程而进行分类：

1. 课程载体

毋庸置疑，课堂教学是教育的渠道，是最显性的载体。这里的课程载体是指以教育理论课为代表的课堂教育，也包括专业课程和人文素养课程，对学生教育施行最正规的影响。课程载体具有很多明显的优势，即有明确的教育目标、内容和评价体系；载体形式相对稳定，而且有制度上的保障，等等。在当代中国，高校教育理论课堂是灌输马克思主义基本原理，宣传道德修养与法律意识、培养公民意识、树立科学的世界观、人生观、价值观的主渠道和主阵地。其他课堂除了具备传授知识的功能以外，也有意识或者无意识地贯穿和渗透出人文素养与科学精神等。

2. 物质载体

包括校园整体规划、建筑风格设计、校园景观、生态环境等的物质载体，它是学生生活学习的空间场所，是教育主体与客体相互传递教育信息的物质内容及其手段。它因为历史传统和文化价值的积淀而承载着真朴、博大的大学精神，蕴涵着巨大的潜在教育意义，这是社会和家庭所无法取代的。因此，即便在传统高校教育过程中，教育者们也会重视校园物质环境建设，注意创造积极、健康、绿色的校园物质环境，充分发挥校园物质环境对学生品德与道德情操的影响力。

3. 精神（文化）载体

包括各种校园文化活动（如各级党团组织和学生组织的各类文体活动、知识竞赛活动、辩论活动等）以及谈话咨询（如心理咨询）活动，它是教育过程中相互传递信息的精神手段。把教育内容有机融入活动中，并组织学生参加各种活动，这本身就是教育的过程。能成为高校教育载体的精神文化活动，必须是融性、科学性、趣味性和娱乐性为一体，令学生乐于参与的活动。通过各级各类活动的参与，受教育者能在受到潜移默化的感染熏陶的同时，又学会鉴别、比较、取舍、判断等，拓展知识的深度和宽度，养成竞争意识和团队精神，形成健康快乐、自信开朗的人格品质。在这一过程中，高校教育工作者要通过有计划、有目标地加强高层次的校园文化建设，开展丰富多彩的活动，如社团活动、青年志愿者活动、社会实践活动和各种谈话咨询活动等，充分发挥精神载体的作用，使得学生在潜移默化中锻就品质人性。如果说各级各类文化精神活动载体在教育过程中，是发挥了集体的教育作用，让受教育者在集体的氛围下潜移默化地受影响，那么谈话咨询活动则是个案类教育载体，因为谈话咨询是教育者与一个或者几个受教育者面对面的交谈，向其传达某种观念，集中帮助解决某种问题或认识问题的一种教育形式。其特点为针对性、互动性强，反馈快技巧性的谈话能将教育从宏大的叙事转化为深入细致的关怀，直击谈话对象心中的柔软，通过谈话咨询活动能进行适度的心理调适，优化受教育者的心理素质。

4. 管理（制度）载体

陈万柏教授认为：管理载体即"以管理为载体"之意，是指寓教育内容于管理活动之中并与管理手段相配合，以达到提高人们道德素质、规范人们行为、调动人们生产、工作、学习积极性的目的。这里的制度载体主要是指学校的管理制度（包括管理制度所投射的管理理念、所使用的管理手段等）和管理体制所折射出来的服务工作。包括教学管理、班级管理、宿舍管理、日常行为管理。其特点为具有一定的强制性和规范性，教育过程有明显的行政权威和制度威慑力的存在；教育者对载体的运用主要依托组织进行，依托组织纪律和规章制度，以书面的或者条文的形式表现出来，并具有经常性，致力于人的日常行为规范的养成。管理是一门科学也是一门艺术，科学、民主、公平、规范的管理，本身就是一种教育。比如考试作弊行为，其实所反映出来的是诚信问题，通过加强管理，则会得到有效的控制。

为有效运用管理载体，充分发挥其在高校教育中的作用，首先要提高自觉性，这就要求教育者要主动意识到管理是教育的载体并有效地加以运用，遵循教育的规律，从而提高管理水平。同时，因为覆盖高校教学生活等各个方面的优质的服务，会激发师生共同的力量，增强师生的归属感和对学校的认同感，这将有利于教育工作的开展。

5. 传媒载体

这里所说的传媒载体是指大众传媒向广大受众传播教育内容，使其在接受广泛信息的同时，受到教育。它包括传统大众传媒即广播、电视、书籍、杂志、电影、音像制品等，尤其包括网络。传媒载体不仅形式众多，超越时空，给教育者和受教者以无限大的选择和加工余地。美国学家李普曼指出：我们的"身外世界"即现实环境越来越广阔，人们已经很难直接去亲身体验它、理解它，现实环境已经成为"不可触、不可见、不可思议"的环境。此处的环境，其实也就是说由网络所创造的虚拟的"媒介环境"，人们在这里看到的是被传媒理解和演绎过了的世界。对于学生而言，他们对社会现实的理解更依赖于传媒，尤其是网络，新的历史时期，网络载体越来越成为高校教育理论研究所关注的热点和实践运用的重要载体形式。

（三）功能

在网络时代，高校教育载体是为教育工作者实现高校教育目标，完成相应的教育任务服务的。它在高校教育活动中，具有纽带、反馈、强化、渗透、储存、证实等功能。

1. 纽带功能

高校教育作为一种教育活动，需要有一种纽带把教育主客体有机结合起来，这种纽带就是高校教育载体。无论是校园网，还是校报校刊、学生管理、校园文化，高校教育工作者都能通过这些载体把高校教育的内涵传递给学生，使高校教育内容和信息作用于学生。没有这些载体，高校教育工作者和学生的关系就会断裂，无法实现二者的沟通和互动，教育内容自然无法传输给学生，教育的作用也无法发挥出来。

2. 反馈功能

高校教育的效果如何，学生对此如何反应，这是高校教育工作者必须清楚知道的。要了解学生的不同反映，就要重视高校教育载体的反馈功能。通过教育载体反馈功能的发挥，使教育工作者知晓各种反馈信息，了解教育的效果，不断改善教育的内容、方法和手段，使之更加适应学生的发展。比如，通过统计浏览网站的人数，可以看出学生对网站是否喜欢、哪些网上活动受学生欢迎；通过了解参加社团的人数，可以推测某个社团的教育是否成功；通过学生听课的反映，可以知道学生对课堂教育的认可程度。

3. 强化功能

高校教育具有很强的导向性，能通过有计划、有目的地实施教育，使学生在区分正确与错误、正义与邪恶的基础上，肯定、弘扬真善美，辨明、批评、鞭挞假丑恶，引导学生朝着健康的方向发展。但是，需要指出的是，教育不是一次性教育，受教育者不是一次性接受教育内容，教育效果也不是一次性显现，而需要借助教育载体反复强化，重复进行，才能确保学生受到深刻教育。载体的多样性又使载体的作用方式具有交叉性。同一主题的内容通过某一载体传向学生时，其他载体也能对学生产生作用和影响。比如，用广播进行集体主义教育时，网络、电视、课堂都在围绕这一主题开展，学生受到立体的、全方位的教育，受到反复的潜移默化的教育，从而达到教育目的。

4. 渗透功能

高校教育载体是高校教育工作者与学生的中介，同时又承载着教育内容和信息。许多教育载体是直接显性地对学生进行正面的宣传教育，而另一些载体的形式、作用方式和影响则是隐性的，不容易为学生感官直接感知，如校园文化载体、活动载体等。学生们在生活、娱乐、交往中不知不觉受到熏陶，逐渐接受教育的内容和信息，并运用到专业学习和社会实践中，内化为自己的品德，最终转化为自觉行为反映出来。

5. 储存功能

高校教育载体作为联系教育活动中主客体之间的桥梁，能将教育信息储存起来。比如，教育物质载体能够将爱国主义的历史和现实信息以文字、图片、声音、画面等一定的形式储存起来。当教育主体运用它进行爱国主义教育时，这些载体所储存的有关爱国主义教育的信息就能通过报刊、书籍、电影、电视、广播、网络等媒介传播出来，作用于不同的学生。

6. 证实功能

高校教育载体不仅能够将高校教育的要求、内容和信息进行跨时空的传递，还能将活生生的事物或某项活动过程呈现在人们面前，用以证实某种存在的真实性，证实教育内容的真实性，增强教育对象接受教育信息的真实感。特别是电视、电影、网络等传媒载体在这方面的作用非常明显和突出。历史文物、历史古迹、文化遗址、历史书籍等物质载体，还能成为证实教育内容存在于世的物证，给予学生直观真切的教育影响。

二、对传统教育载体运行有效性的追问

高校教育载体与教育过程密不可分，当前高校教育载体建设的突出成就，如多样化的形式，人性化的建设与管理，职业化的队伍建设等。但由于教育工作者对载体的作用和功能缺乏清晰明确的认识，因而出现运行中的缺失也是必然的，主要表现在：

（一）各种载体作用力分散状态明显，导致了高校教育载体整体性功能的分化

教育系统是一个整体而非局部、开放而非封闭的、动态而非静态的特殊生态系统。这个过程并不是简单地依靠教育理论课或者单纯的几次校园文化活动而产生效果的。而各载体力量间各自条块分割的问题明显，不同力量间缺乏彼此的呼应和配合，常常表现出自发、无序等离散状态，结构分布也并不合理。比如，作为教育主渠道的课堂教育，缺乏针对学生个人的关怀和个性心理的关注，再加上教学方法的传统与教学手段的单调，学生作为完全被动的受教育者，易于产生抵触心理，因而其功能并不能完全得到发挥。因此，整合各种载体力量，形成"载体合力"，正是在对这一时代图景的回应。

（二）一定程度的盲目跟风，导致了高校教育实效的弱化

20 世纪 90 年代以来，随着高校教育载体研究的逐步深入，教育载体的地位逐

渐被人们所认知。但由于教育载体理论研究的滞后，加之教育工作者运用载体的能力欠缺等因素，导致教育载体在运行过程中存在较大的盲目跟风和随意运用，影响了教育载体功能的发挥。主要表现在网络的运用上，很多教育工作者授课热衷于网络上流行的视频和话题，或者只是机械地阅读课件，而不做深层次的讲解，课后通过 QQ 等通信工具，取代传统有效的谈话和咨询载体，弱化了高校教育的效果。

（三）对网络及其在教育系统中的作用认识不足，导致了新载体形态的挖掘不够

一方面，网络以其传播快捷、检索便捷、传播的交互性和方式的多样性而受到一定的关注，正在被高校教育工作者广泛运用；但另一方面，人们淡化了网络需要一定的技术投资和相关人员的观念更新，尤其是网络所带来的各种负面影响也是客观存在的，对此要有足够的认识，采取必要的规避措施，使其积极作用达到更广层面上的发挥。对网络在教育的认识要在与传统媒体的比较中进行。

（四）教育传统传媒载体在网络时代出现的盲点

长期以来，传统媒体存在重主流而忽视非主流、重单向传输而轻视互动对话的倾向，阻碍了其影响力。正统和权威性是作为主流的传统媒体的突出特征，将重要的传播内容和口径对受众进行信息的灌输，这在网络时代信息的海量性及受众选择和接收信息的需求多样性的背景下，难以控制其接受度和认可度。对不同的受众群体来说，传播信息的内容是否有价值或者有多高的价值才是他们信息取舍的基本判定。因此，传统媒体的定位，不应该是主流和非主流的区别，而应该是媒体的品位和受众目标选定的价值定位。以教育理论课的教材为例，不可否认的是学生对教材的兴趣不大，甚至是持有适当的反感情绪。"8020 法则"（所谓"8020 法则"，是按事情的重要程度编排行事优先次序的准则，是建立在"重要的少数与琐碎的多数"原理的基础上。这个原理由 19 世纪末 20 世纪初的意大利经济学家维弗利度·帕累托所提出来的。它的大意是：在任何特定群体中，重要的因子通常只占少数，而不重要的因子则占多数，因此只要能控制具有重要性的少数因子即能控制全局。）在这里同样可以得到体现，现代学生更热衷于出现在传统媒体之外的 80% 的非主流信息上，因此高校教育要关注网络时代不断扩大和精准传播的 80% 的信息对学生的吸引力。此外，传统媒体因为客观上存在的原因（因技术等因素反馈难以迅速实现）

及话语权的绝对掌控，使得现代学生对其接触量越发减少，纸质传媒和广播电视传媒对学生的影响越来越小。反之，网络信息的传播对学生的吸引力会越来越大，并更容易被接受。

（五）市场经济场域中媒体的公信力和信誉度，考验着教育工作环境

当前，在商业化浪潮中，有一些传媒由于社会责任感和人文精神的缺失，往往缺少中肯的观点评论、深度的创意和人性化的活动建设，在不同程度上出现了空洞虚无、低俗媚俗庸俗的现象，不仅影响了自身的美誉度，也容易让受众对包括网络在内的媒体失去信任。

总之，网络时代，高校教育的载体运行也是一个系统，在这个系统过程中，所呈现出三个比较突出的情况：一是单个载体的有效性问题；一个是载体的综合协调性问题；一个是新的载体的挖掘度不够。因此，需要我们以系统发展眼光和跨界的思维，结合实际，打造一个合力平台，以最高效地发挥高校教育载体的作用。

第二节　网络教育载体合力的生成理路

网络教育载体运行情况不甚理想，影响到教育的实效，因此，要开动脑筋转变，一方面体现整体性原则，实现载体的整合；另一方面，寻求新的突破口，发挥网络平台的作用，形成一个载体合力的平台。

一、网络教育载体合力生成理路的理论支撑

教育是一个系统的过程，因此，系统论为教育载体合力生成理路的形成奠定了基本理论基础。系统论认为，要素是指构成系统的要件和因素。系统和要素之间是整体与部分的关系，各要素相互作用，共同形成系统对外输出信息和能量。寻求解决以上问题的对策之前，需要对教育载体的生成理路进行科学定位。张耀灿的《现代教育学》的基本观点是：教育系统的构成要素是教育主体、教育客体、教育介体和教育环体。其中，介体包括内容、方法和载体。共同构成教育主客体相互联系和作用的中介要素。介体的这三个组成部分在思政中起着不同的作用，内容是传递的信息，方法是教育主客体之间相互作用的手段的总和，载体是承载教育内容，并促进传播与交流，这三个组成部分之间相互联系，有机统一。

坚持系统性原则，就是要把教育载体视作一个系统，并力图将其组成要素按某种结构方式建构成整体大于部分之总和的有机体。当教育者、教育对象、教育内容和方法等要素都独立存在、无相互联系时，现实的教育活动就无法实施，只有当这些要素相互联系、相互作用时，才会产生现实的活动，成为教育的现实表现形式。同样，只是以某一种载体形态进行教育，单打一，势必会事倍功半。鉴于系统论的基本观点即整体性观点、动态观点、联系观点、结构观点和调控性观点，不难得出：单个的教育载体的运行效力必然小于整体，只有"合力"才会使教育载体发挥最大的运行效力。"合力"就是作用在物体上所有的力产生的总的效果，"载体合力"则是借助多种载体并进行整合而实现"合力"推送。

二、网络为"载体合力"的生成理路提供可能

与传统媒体相比，网络在打造教育"载体合力"方面更具优势：

（一）网络能够为高校教育提供共享的平台，使得"合力影响"得以扩张

技术层面上来说，网络工具的先进性、形式的多样性和宽广的选择空间，使它成为具有不同传播目的的各种传播者不约而同的工具选择。媒体工具转变为各种影响力量都可共享的信息平台，这为形成合力提供了信息资源和工具上的便利。比如教育课堂教学，可以引用先进的多媒体技术，也可以链接网上诸如视频公开课的资源，更可以在线讨论和交流，发挥施教者和受教育者的主体作用，从而改变传统教学中的单一的方式，形成"学导多元互动模式"。

（二）网络能够吸引更多的教育者和受教育者，使得受教育者的参与度得以增强

使用网络，只要拥有一个信息终端，就可以发帖子、发短信、发微信、QQ 聊天、写（微）博客，及转发各种信息，甚至网络游戏都可用以进行教育；既可以纳入正式教育渠道，成为学校行为，也可以是学生或者施教者的个人行为，成本都很低。同时，在互动过程中，受教育者在进行提出反馈意见等活动时，因为只要拥有一个客户重担，隐蔽性增强，因此享有更大的安全保障可能。从这点考虑，基于全体师生的广义的教育会变得越来越强势。

（三）网络能够加速信息的传播与扩散，使得教育的渗透性得以提升

网络兼具了人际传播与大众传播的功能，而且还具有强大的信息整合能力，能通过"资源共享"或者"媒体联动"等方式来加快信息汇集，加速信息的传播和扩散。随着3G、4G宽带网络的普及，网络意味着能集成视频、音频于一体的网络型信息传播方式的普及应用，以期实现强劲的视觉冲击力、强大的数据库和精准的信息搜索能力，都会成为网络凸现的优势，其信息选择、信息集成、信息整合、信息优化、信息运用、信息互动传播等强大生命力。比如汶川大地震中"大爱"的传播、民族凝聚力的延伸都体现了网络的威力，从而在瞬间加速了载体运行的功能。

三、"载体合力"的生成理路及特征

鉴于以上对当前高校教育载体运行的追问和反思，笔者认为网络教育工作的开展，应以跨界思维为起点，坚持继承与创新、形式多样和统筹协调的原则，在实践的基础上，坚持学生为本、以各项活动为主导，加强信息沟通、资源整合，充分发挥各种教育载体的作用，使之形成强大的"载体合力"。同时考虑到网络对学生的影响，要充分挖掘网络平台的作用，寻求新的载体形式，以充分发挥网络载体的效应。为此，本书提出的高校教育"载体合力"生成理路的构想。

"载体合力"的生成理路因网络而具有如下特征：

1. 体现了高校教育载体运行过程的系统性

长期的工作实践，将教育载体按照不同的划分标准区分出不同类型或部分，但这种区分只是形式上的区分，在实践中，虽然在实施教育过程中，各有特点，对教育的作用各有千秋，但是它们之间是无法分割的。一般来说，在这一模式中，课程载体是主渠道或者主阵地，物质载体是基石，精神（文化）载体是动力，制度载体是保障，传媒载体是平台，它们相互影响、相互作用，从而构成了高校教育载体的有机整体。

2. 体现了高校教育载体资源共享性

网络时代的高校教育，应该树立一种载体合力观。在具体的情景下，不同的载体形态可形成主导性载体因素、辅助性载体因素等层次性系统。即使在一个教育载体子系统中，也可以呈现出一定的层次性系统。网络载体与其他载体看似相互独立，并且是载体中的层次性系统，但它们之间实际上又由一根鸿线连接在一起，这就是以人为中心、以各项教育活动为主导来进行排列与分类，在共同目的的驱动

下，发挥其所具有的图文并茂、声情融会、快速传播、交流便捷的优势，能够更好地推进各种载体之间的多元互动、资源共享和信息交流，能够将各种载体的系统性凝聚成强大的"合力"。基于此，高校教育工作者要善于把握载体的系统性，通过整合各种载体资源，运用载体综合效应，以增强教育的效果。比如南京近两年开办的"舌战金陵"风暴栏目，由江苏新闻广播联合南京大学、河海大学、南京师范大学、南京航空航天大学共同举办，它以资深新闻媒体评论员或大学教授与各高校学生辩手之间的精英辩论联赛形式出现，掀起了一轮又一轮的旋风，深受学生喜爱。由于贴合学生生活的选题、前期的宣传、过程中的精彩辩论和专家的点评，给学生和社会以一次又一次的惊喜，产生了广泛的影响和良好的效果。很显然，这种形式离不开模式中各类载体的发挥运用，传媒特别是诸如微博的网络提供了一个虚拟但却事实存在的平台，实现了资源的共享。

3. 体现了教育主体的可控性

传统教育载体借助于网络，搭建了一个基本的平台，发挥着其积极的作用。通过各类课件制作、发帖子、电子邮件、短信、微博、微信、网上聊天、网上访谈讨论以及博客和播客等工具的使用，使教育载体能为教育主体所把握和操作，能够实现教育的目的，能够将教育主体的要求转化为教育客体的意识和行为习惯，从而成为教育过程中的一个自觉、有为的要素。

4. 体现了教育者和受教育者之间的平等性

网络时代，教育者和受教育者因网络而享有最多的主动权和话语权，体现了教育者与受教育者之间的平等性，共享平台充分实现了教育者与受教育者共同参与、双向互动的教育活动过程。在这一过程中，载体的传播、有效反馈等作用和功能也显而易见，其传播功能是指在教育主体与客体之间或教育过程中的双方信息的传递沟通功能；反馈功能是教育者和受教育者在互动过程中的效果评价与检测，不仅能促进教育者及时总结与反思，也能激发学生自主学习，个人在其意识形成过程中，并不是消极地接受外部信息，而是主动积极的摄取。这种建立在双方的充分理解、信任和尊重基础上的传播与反馈，在人的成长过程中实现了相互启发、相互影响、教学相长，共同进步。而边界开放、容量无限、形式多样的网络，则为高校教育主客体之间提供了更多的主动权和话语权，使这种平等性更具可能。

5. 体现了教育工作的时代性

网络拓展了高校教育时间和空间，体现了教育的时代性。作为教育客体的当代学生尤其关注并热衷于接受新事物。与传统教育阵地相对固定、覆盖面窄、信息资源滞后的局限相比，网络具有最先拥有新信息、新资源和最先关注社会热点、体现时代气息等优势，成为开展学生教育最具时代性的新阵地。因此，教育工作者必须充分利用网络技术，密切洞悉生活中的变化，尤其是要对那些反映时代特征的活动形式和内容予以格外关注，并结合教育的目标加以整合，将其纳入教育活动过程中，使高校教育更具时代性。

第三节　网络教育载体合力的动态生成

网络教育载体合力的形成，是一个动态生成的过程，既要继承，又要创新。

一、载体合力生成的基本原则

在网络技术飞速发展和广泛应用的背景下，如何利用好网络的优势、消解网络的不利因素，实现高校教育载体合力的形成，必须把握好以下几个原则：

（一）发展创新与继承传统相结合的原则

教育载体不可能墨守成规，必须开拓创新、推陈出新、与时俱进，使之具有强烈的时代性特征。发掘新的载体，一方面在于利用人的新活动方式，例如在网络技术背景下，我们要发掘利用网络载体，利用网络平台开展教育；另一方面还应该对已有载体加以改善，又称载体嫁接。载体嫁接是通过把一种载体嫁接在另一种载体上，形成一种复合载体发挥作用。这是不同于载体间互动的。例如将传统的课程载体和现代的网络载体进行嫁接，形成新的载体；将网络载体与心理咨询载体进行嫁接，开展网络心理咨询等活动。发展的基础是去其糟粕，继承精华。对那些在长期的探索实践中，已经形成的一些实用有效的载体，应该合理继承；对一些传统载体在新的形势下，出现了不适应或者不全面等情况，应当对它们进行去其糟粕，加以适当的修改和优化，使它们重新拥有价值。这样一来，我们就可以在不断发展创新教育载体的同时，良好地继承传统的教育载体手段。

（二）形式多样与系统统筹相结合的原则

教育的载体多种多样，在具体的工作中，教育者应该解放思想、不拘一格，努力开拓新的教育方式，采用不同的方法和手段开展教育，使教育百花齐放。由于载体合力对教育效果具有一定的影响因素，所以在实施教育的过程中，我们也要坚持系统性原则，就是要把教育载体视为一个系统，并力求将其组成要素按某种方式建构成整体大于部分之总和的有机体。因此，必须整合各种载体资源，通过改进优化或设计创新，充分发挥载体的综合效应，建立起不同载体间的密不可分、相互作用、相互联系的有效机制，从而使载体系统产生更大的效应，更加积极地发挥各项载体的合力，促使教育效果最大化。

（三）大胆尝试与谨慎评价相结合的原则

教育是否成功，各种教育载体的设计和运用是否成功，关键都在于学生是否真正受到了教育。我们在对各种教育载体进行大胆尝试的过程中，必须要对各项载体的使用状况、成效大小进行小心、细致、严谨的评价，在客观条件基础上建立起一整套科学的评价体系和评价机制，使我们能够对教育的效果随时进行比较准确的评估，为下一步的改革提供依据，避免载体建设中的形式主义，即只管跟风求新、不求实用有效地建设新的载体，或者开展了某些意义不大的活动，然而实际上却是"穿新鞋，走老路"，完全忽视教育的实际效果。

（四）虚拟性与现实性相结合的原则

网络为人们的实践活动提供了一个虚拟空间，与现实空间之间具有一定的差异性；同时，网络与现实社会之间存在着联系性和互动性，这种联系性和互动性统一于共同的实践主体。高校的教育网络阵地只有和现实成功对接，才有可能真正起到帮助广大青年学生健康成长的作用和效果。构建高校教育网络载体必须充分考虑虚拟性与现实性的互动关系，所以要努力开展校园文化的建设，营造良好的现实学习交流环境，保证学生不至于长期的沉溺在网络虚拟环境中，以至于导致现实学习生活中出现不良反应。教育者要注意科学有效地利用现实生活中的一些积极因素，使虚拟的网络和真正的现实之间能够和谐的交接转换，把网上的虚拟和网下的真实有机地结合起来，以形成网上网下育人合力。

（五）科学精神与人本主义相结合的原则

马克思主义人学理论的本质和核心是人的全面发展，这也是教育载体的具体要求和体现。教育载体在运用的过程中，必须切实贯彻以人为本的原则，提高人的主体意识，加强受教育者的参与程度，发展教育者与教育对象的互相联系与互动，保证载体作用的更好发挥。为此，在载体的设计和选择方面，应尽量贴近现实、贴近生活、贴近校园，不断提高教育的针对性、实效性，增强教育的号召力、感染力、吸引力。同时，要提高学生的自主能动性，依靠并相信学生，拓展载体形式，创造并保证一种最佳的自主参与前提。

二、载体合力生成的路径选择

加强高校教育载体合力建设，需要坚持继承与创新，从以下几个方面着手：

（一）在课程载体方面，充分发挥网络的话语权，完善学习资源内容的设计，打造"网络教学平台和教学资源中心"

与其他思政课程载体相区别，课程载体具有很强的稳定性和权威性，教育者的主导性比较强，并有科学的体系和一整套教学评价系统。因此，要沿袭和演绎传统的课程载体的运行方式，发挥理论灌输的作用，但同时，要擅用网络技术，使理论灌输富有新意。

1. 鉴于网络的影响力，进行学习资源内容的设计

教育内容涉及的面比较广，其学习资源内容可按照从层面、层面、文化层面上来进行设计。为方便设计，可以将课程载体的设计分为主干内容设计、辅助内容设计和扩展内容设计。主干内容设计是所传授的核心内容，它是指《思想道德修养与法律基础》《中国近现代史纲要》等课程。针对这些理论课程的特点，即政治性、思想性比较强，可以在网上以文本、图形、图像、音频和视频等多种现代手段凸现出来，化抽象为具体，变枯燥为情趣，使之成为学生乐于主动接受教育的主阵地和主课堂。辅助内容设计则包括与主干内容相关的背景知识介绍、评述、阐述，如教案、参考资料、典型案例以及与其相关的链接网站等。扩展内容设计包括指导、帮助、测试和讨论等，如新观点、优秀成果、名师讲座、道德讲堂等。通过精心设计和完善学习资源内容，实现课堂教学和互动，让教育如润物细无声般进网络、入头脑。

2. 创新教学方法和手段

课堂教学重点解决青年学生的深层问题，这种深层次的理论是活动无法完全实现的，必须要依靠具有一定理论深度的系统的课程教育来对学生进行正确的引导，用科学的理论武装人，用深刻的道理说服人，来帮助学生正确运用马克思主义理论

解决现实生活学习中遇到的种种问题。学生的思维普遍比较活跃，而且需求多样多层，传统的"满堂灌""填鸭式"的教学方法很难再吸引住学生的注意力，无法让学生对教育的内容感兴趣，所以，教育理论课的教学方法必须要进行改革和创新，转灌输、封闭和被动型教学为引导、开放和主动型教学。

教育者要针对学生的身心发展特点和实际需求，针对不同时期和不同阶段的学生所面临的不同问题，开展教学，以便更好地激发学生的学习兴趣。当然，形式多样是必要的，各种类型的教学活动，如演讲朗诵会、辩论赛、分组讨论、撰写论文等形式，将会让学生动起来，使学生在充满兴趣、积极思考的氛围中掌握所学知识。另外，教育课程载体，并不仅仅是教育理论课所承担的责任，专业课的教学理所当然在除了传授知识以外，也应有机融入教育内容。如在专业课程中，适时加强团队精神、奋斗精神、科学精神、人文精神及创新思维等内容的教育渗透。

（二）在物质载体和管理载体方面，建立导航系统，打造特色网站，增强教育辐射力

这里的导航系统包括内容检索和路径指引，将学校物质要素（校园风貌、建筑风格）、制度要素（管理与服务）与学生共享。其主要的方式是打造特色网站，如在校园网上建立"图片鉴赏"和"视频新闻"，可以将静态的学院风貌和建筑风格等以直观的视觉冲击展现出来，传递大学的文化与精神。通过图片的点击，能够以其直观性和超语言性潜移默化地影响学生的价值观、人生观和道德情感，有利于学生在不知不觉间受到感染和熏陶，启迪学生的理性，激励学生的意志，督促他们自觉地修身立德。通过"学校管理和制度"栏目的建立，以公开的方式让学生体验学校管理制度中体现"依法治校"理念，有利于培养学生的法治观念，养成学生遵纪守法的习惯。这一过程本身就是高校重要的隐性教育方式。

（三）在校园文化与社团活动的建设和开展方面，充分发挥网络优势，促进学生的精神升华

校园文化是以学生为主体，以课外活动为主要内容，而开展一定的积极向上的校园文化活动。和谐而健康的校园文化对于净化学生的心灵，美化学生的行为起着很大的作用。网络语境下，高校文化建设需要将网络文化建设纳入到校园文化建设中，拓展校园文化内涵，延伸校园文化功能。通过不断改进和加强学生教育的信息化、数字化、网络化和多渠道建设，促进教育与网络价值影响的相互协调，形成高校校园文化建设和学生教育之间的信息回路和资源整合，更好地营造健康向上、活泼生动的校园文化氛围。如在传统的校园文化即学术讲座、艺术交流、娱乐文化、辩论演讲、游戏竞技等活动过程中，学生的风采会凸显出来，将这些彰显大学精神的鲜活的材料和生活在身边的优秀学生先进材料及时地挂到网上，成为众人点击的目标，不仅发挥了榜样的育人作用，更使得这浓郁的校园文化氛围会在不知不觉中提升健康、高雅的人格。

（四）在教育者团队建设方面，利用网络与学生进行亲密接触，通过师生的共鸣和认同，增强教育的实际效果

施教者对受教者的影响在于自身的理论水平和个人魅力，而这些源于教师、班主任和辅导员等的道德和学识力量。传统的谈话和咨询活动延伸到这一模式上，则表现为教师和辅导员个人通过开设空间，撰写博客文章，上传学习辅导材料，讨论话题等，在网上公开自己的 QQ、MSN 等联系方式，建立飞信平台和 QQ 群，与学生进行心灵接触，保持信息快捷传递和工作通道的有序畅通。教师应以"学高为师，身正为范"为准则，通过经营个人空间和撰写博客文章等手段，彰显自身的理论素养和从事教育的基本能力，内强素质外树形象，不断以自己正确的方向、高尚的道德情操、严谨的治学态度和独特的人格魅力，影响和带动学生练就高尚的品质，使他们自发地在内心深处激起同样的心理体验和理性反思，形成共鸣状态，这对教育整个过程来说，会产生一种神奇的效果。

（五）在师生对话交流方面，通过"心灵家园"等论坛的建立，搭建与学生心灵沟通的桥梁

教育即生活。在复杂的多元化背景下的 80 后、90 后的个性张扬的学生，遇到郁闷、烦躁、人际交往方面的困惑，并不太愿意直接面对面地和老师交流，类似"心灵家园"这样的心理咨询场所即是很好的心理医生，通过在线交流，积极引导学生树立正确的健康的生活观、人际观，帮助排解心中的纠结。学校应充分利用网站最具有活力的 BBS 板块，深入研究其中的舆论规律，坚持及时性、正面性、柔和性的教育原则，重视发挥 BBS 的引导功能。针对 BBS 中出现的各种舆论，及时分析事件的性质、真相以及帖子本身包含的情绪，并对此做出合理反应，正面引导，解决问题。如果说高校党政领导经常登录网站，以普通用户身份用一种柔和的方式与学生进行在线交流，积极采纳学生提出的合理意见，认真解决实际存在的问题，那么现实可能激化的矛盾就会在网上得到有效化解，这是高校教育工作的一个新渠道。时尚新潮的QQ群共享，则给学生提供了一个大众交流的空间，由于能够保持信息快捷传递和工作有效布置推进，其触角已经延伸到学生心灵深处，成为学生学习、生活不可或缺的良师益友，学生和老师的共同参与，为及时了解和解决学生学习、生活中的实际问题创造了条件，真正在虚拟的网络世界里架起了一道真实的师生心理沟通的桥梁。

（六）在师生个人素养方面，注重培养和提高资讯素养，释放"载体合力"的能量，创建交互式学习环境

这里所说的交互式学习环境是指在线论坛、网络日志和交互空间等。资讯素养的主体不仅仅囿于学生，也包括教育工作者和管理人员。因为，这里所强调的基于网络语境的教育载体合力，是整合教育各种载体形成合力的前提条件。资讯素养是一个自21世纪开始兴起的新名词，是一种知识管理的策略，使人能够更有效地选择、寻找及评估传统或网上资源的技巧。它不仅为知识获得者提供了一个建立知识的框架，更强调在知识习得过程中的品德教育。网络的出现，为大众表达自己的声音提供了方便，从而使我们日常可以接触得到的资讯突然大幅增长。面对这高速及大量的资讯，我们应该确认所需用的资讯，并筹划如何寻获。所以，作为一个资讯素养人，需要知道为何、何时及如何使用各种不同的资讯工具，并对所获取的资讯做出批判性思考。只有这样，才能轻松驾驭浩瀚的网络资源，为创建交互式学习环境做准备。

三、载体合力生成的功能延伸

网络时代，网络技术的广泛应用是主流趋势，作为高校教育工作者，一方面，要探索挖掘学生教育与网络技术的结合点，积极主动开辟教育新途径。另一方面，还要主动争取和抢占网络阵地，使教育借助网络的技术优势更加广泛深入地传播，更加方便快捷地为学生们服务，真正深入到学生的内心，切实起到净化学生心灵，成为具有良好道德品质的人。

（一）充分运用网络载体合力的功能

1.校园网建设

网络环境下，抢占新阵地最为直接、方便、快捷、有效的举措是校园网建设。

把高校校园网打造成为弘扬主旋律和传播先进文化的重要平台，充分发挥校园网络阵地的作用，加强学生教育的重要阵地和全面服务学生的重要渠道，有效引导学生成长成才成人，是高校教育工作者走进学生的一项重要工程。为能够真正成为学生教育的通道，必须对校园网的性质、功能等进行定位，校园网首先应该成为学生们信息共享、查阅资料、经验交流、在线学习、情感诉求的服务性平台，在此基础上，校园网承担着高校教育的功能和责任。为此，进行校园网建设，需要把握好以下几点：

（1）关注学生需求，发挥校园网服务功能。网络时代，学校校园网应该成为主流渠道，利用校园网进行教育已经成为一种最为方便快捷的教育渠道。校园网不仅仅是发发通知、查查学习成绩的作用，这个网站，应该是一个融知识性和趣味性、思想性和关怀性的平台，是一个服务功能强、覆盖面广、信息量大的教育平台。在这里，学生们不仅可以获取他们生活、学习所必需的讯息，还可以充实他们的精神文化生活。

（2）建设校园网站的子网（教育红网），开辟教育的特色专栏。专业的教育网站可以依托专题的网站来建立，只有专题性质的网站才能够实现。这是因为专题网站能将基本理论、路线、方针、政策等引入到对学生的教育中，在唱响主旋律的同时，可以通过生动活泼的案例，引导学生树立社会主义理想信念，引导他们健康成长成才。

（3）及时更新和补充信息资源，吸引学生主动点击。网络时代，信息呈裂变趋势，校园网要留住学生，需要积极建设和适时补充包括教学软件库、素材库的网络课程库；同时，要针对学生的学习生活、心理咨询、就业指导等方面展开网上交流，还可以借助网络媒体开展网络学术交流、科技交流、娱乐活动、艺术探讨等丰富多彩的校园活动。校园网致力于为师生之间的学习交流互动搭建一个便利的平台，切实拉进了师生之间的距离，为高效地发现和解决学生的相关学习生活问题和心理问题提供了便利。

（4）发挥学生主体作用，积极投身校园网建设。校园网建设并不只是学校和教育者的事情，学生作为校园网的主要服务对象，同时也是校园网的主人翁，也应该积极地参与到校园网的建设中去，积极鼓励大家完成自我参与、自主建设、自主管理、自我维护、自我完善。通过参与校园网的建设，着力培养学生参与校园网建设的激情与热情，既能利用网络资源对学生进行教育，又能以学生的智慧推动校园网建设向全方位、高层次的方向发展。

（5）关注校园网络舆情，正面引导网络舆论。网络之所以那么受欢迎，是因为网络传播是带着的传播，受众已经学会从单纯的被动接收信息转变为主动接受和参与，并且会对自己感兴趣的话题进行跟帖，表达自己的观点，或支持或反对或质疑或同情等。所以要密切关注网上动态，了解学生状况，把握校园网舆情，积极引导校园网的舆论方向，理性分析判断，对于负面的不良信息要努力消除影响，避免对学生的造成腐蚀，影响其健康成长。

（6）充分运用包括法律、行政、技术在内的各种手段，对校园网进行严格管理。由于网络存在极高的开放性、极强的交互性、传播多媒体化，使得媒体的管理变得十分复杂。为此，需要认真学习国家关于互联网管理的各项法律法规、各项规章制度，运用技术、行政和法律手段，对校园网进行科学管理，严防各种有害信息在网上传播。要定期开展校园网的整治工作，最大范围地在学生之间开展安全网络教育，最大限度地保证校园网信息的健康、安全，切实为学生营造一个健康、安全的网络环境。

2. 手机媒体、IM 和 SNS 等建设

（1）手机媒体建设。网络时代，特别是 3G、4G 的到来，使得手机已经成为一种综合性媒体，展现出独特的传播优势，截至 2012 年 12 月底，我国手机网民规模为 4.2 亿，较上年底增加约 6 440 万人，网民中使用手机上网的人群占比由上年底的69.3% 提升至 74.5%. 短信、手机报都是最基本最常用的手机媒体运用形式。

高校学生是手机最忠实用户群体之一，很多学生甚至全天 24 小时"手机QQ""人人网"不离线，随时随地与自己的好友保持联系，拓展了手机作为人际交往工具的固有功能，使得用户的社交网络变得触手可及。因此，高校教育工作者要积极研究和探索手机短信和手机报在学生教育中的应用，充分依托手机媒体开展教育。

首先，搭建高校手机短信平台。完善学生管理服务信息系统，制作"高校手机报"，将各类信息以短信群发或点对点的形式传递给学生。当前，很多高校在新生录取通知书上，都已经为每名入学新生配备"校讯通"手机卡，并纳入信息服务系统，将手机与校园网络绑定，加强了学生与学校的沟通，同时也为传播主流价值观念搭建了平台。以"飞信""手机 QQ""微信"为代表的手机即时通信早已渗透到大学校园的每一个角落，手机 SNS 也与学生形影不离。

其次，加强针对性，制作手机教育资源。因高校学生的手机基本都是智能机，具有多媒体功能，高校可以利用手机杂志、手机图片、手机音频、手机视频等形式

制作能在手机上使用的教育理论多媒体课件，也可以开发基于手机媒体的学生教育理论课手机软件系统，充分利用现代移动通信技术的成果，增强理论教学的吸引力和感染力，提高学生教育的时效性。

（2）即时通信建设。即时通信是一种以软件为执行手段，依靠互联网平台和移动通信平台，以多种信息格式（文字、图片、声音、视频等）沟通为目的，通过多平台、多终端的通信技术来实现的同平台、跨平台的低成本、高效率的综合性通信工具，根据装载的对象可分为手机即时通信和PC即时通信。手机即时通信代表是短信，网站、视频即时通信等应用形式。

近年来，它以强大的信息实时交互、接近真实的交流情景、平等的传播方式、群体沟通功能，被人们广泛运用。即时通信除了能加强网络之间的信息沟通外，最主要的是可以将网站信息与聊天用户直接联系在一起。通过网站信息向聊天用户群及时群发送，可以迅速吸引聊天用户群对网站的关注，从而加强网站的访问率与回头率。这些都让众多网友爱不释手。截至2012年12月底，我国即时通信用户规模达4.68亿，比2011年底增长5 265万，年增长率为12.7%。即时通信使用率为82.9%，较上年底增长了2个百分点。在学生中，广泛使用的是手机短信、飞信、QQ等。为发挥网络的功能作用，应把握好两个方面：首先，要利用IM拉近与学生的距离，实行个性化的沟通。高校教育工作者利用IM，既给学生提供了表达观点和倾诉情感的时间和空间，也拉近与学生的心灵距离。IM还可以实现"一对一、一对多、多对多、多对一"等多种交流方式。对于部分存在心理问题的学生，教育工作者可以通过这种方式接近他们，了解他们的现实生活和心理特征，发现其症结的所在，轻松、友好地与他们进行交流，在获取他们信任的基础上因势利导，纠正他们的认知偏差，引导他们走出误区。

其次，要建立IM群组，实现群体交流与管理。高校教育工作者还可以和学生共建IM群组，如QQ群、飞信群等。通过"群组"，可以实现多人交流，也可以进行好友的分类管理，比如建立班级群组，学生会干部群组、学习小组群组等。除了在群内聊天、实现信息群发之外，很多即时IM工具还提供了"群空间"服务，如QQ群共享，用户可以在群空间中使用论坛、相册、共享文件等多种便捷的交流方式。在网络时代，学生的班级概念逐渐淡化，同学间的交流减少，容易缺乏集体荣誉感和社会责任心。利用群组功能，可以帮助把集体搬到网络和手机上去，在网络上建立交互性的信息活动平台。同时，学生在群组里进行交流，可以不受课堂教学的时间限制，同学们之间进行充分的对话、交流与合作，感受学校、班级集体的力量、老师的关怀和同学的友谊。这种方式，不仅简单快捷，而且可以获得特别的教育效果。

（3）SNS 建设。百度百科上关于 SNS 有三种解释，即：SNS，全称 Social Net-Working Services，即社会性网络服务，专指旨在帮助人们建立社会性网络的互联网应用服务。也指社会现有已成熟普及的信息载体，如短信 SMS 服务。二是常用解释：全称 Social Network Site，即"社交网站"或"社交网"。第三种解释是：Social Network Software，社会性网络软件，是一个采用分布式技术，通俗地说是采用 P2P 技术，构建的下一代基于个人的网络基础软件。

本书中所指的是常用的第二种解释，即"社交网"，专指帮助人们建立社会性网络的互联网应用服务。如"人人网""朋友网""开心网"等，均为社交网络服务网站。SNS 平台核心理念在于构建用户之间的人际网络，因此它更强调用户的真实性，用户的网络 ID 大多是实名，信息的真实度高，逐步聚合了包括博客、电子邮件、即时通讯等传统互联网应用，还提供了社交游戏、微博等互动类应用，已经成为互联网上最新发展的潮流，成为生活、学习和工作的重要载体，深受广大高校学生喜欢。

高校教育工作者应关注到这种趋势，积极在学生聚集的 SNS 网站上注册自己的实名账号，推动教师利用 SNS 网站作为个人搜集资料、学习授课、表达的平台，共享教育资源、交流教学心得，让教育主体的 SNS 账户成为教育知识库，形成教师、学生互动的教育系统，实现以丰富的内容吸引学生，以积极的引导学生。

（二）开拓延伸网络载体合力的价值

本书在对网络概念的界定上，已经提到网络不仅仅是一种技术，同时更是一种变革人类与信息关系的变革。"今天，你微博了吗？""微博""微信""微表情""微电影""微公益"……网络发展至今，似乎一夜之间，各种以"微"字当头的信息传播方式势不可挡，"微"风蔓延，进入人们的生活，改变着人们的生活习惯，让信息传播与沟通零距离。其实，"微文化"这个概念最早的提出时间是 20 世纪 90 年代，提出者是当时的微乐队主唱麦子，在 1997 年 7 月组建了一支名为"微"的摇滚乐队，传播自己最初的微文化理念。"微即温暖"或"生命本微"，人们更多关注的是"微"这个字的表面意义即"微小""轻微"等，但同时人们也深刻认识到这是一种积聚的力量，通过一些看似微不足道的行为，不经意却改变了人们的生活，可以说这是一个"微温暖工程"。当前，开拓延伸网络载体合力的价值，应努力做好"微"

文章：

1. 重视微博

微博（Micro Blog），是一种利用移动通信技术、无线网络及有线网络技术即时发布消息的迷你型博客。它是一个基于用户关系的信息分享、传播以及获取平台，其用户可以通过各种客户端组建个人社区，以140字左右的文字更新信息，并实现即时分享。这就打破了传统媒介的信息传播滞后性、复杂性等特征，因而自诞生以来就赢得了大量用户的青睐，影响力迅速扩大，以至有人将微博带来的时代称之为"微时代"。

微博因其信息传播渠道多样、信息传递速度快捷、信息交流互动强，使得其成为当代青年学生获取、交流信息的重要平台。当代学生思维速度快，看待事物不拘泥于固有看法，很容易接受微博这一媒介。而他们在这个"微博时代"应用微博自由抒发个人情感的同时，也必然会受到一些非主流文化和低俗叛逆信息的侵袭。微博境遇下的高校教育，受教育者更加主动，选择更加多样，信息更加丰富，这就给高校教育带来了宝贵的发展机遇，同时也带来了前所未有的挑战。作为高校教育工作者，面对"微博时代"带来的机遇和挑战，应该充分利用微博这种时代工具对学生开展及时而有效的教育工作。高校应高度重视高校微博的建设和管理，积极建立教育工作者自己的微博，主动建立"关注"发挥其正面教育功能，主动占领微博应用的制高点，发挥其教育的功能。在微博上，要把握好资料收集者、话题讨论者、问题解答者、引导者、教育者的身份，积极参与学生的讨论，密切关注学生学习、生活和工作中出现的焦点、难点和疑点，第一时间内给予答复、澄清；及时发现、处理突发性事件和重大问题，并迅速将处理结果通报给学生，与学生进行良性互动，用正确、积极、健康的文化占领这一网络载体。高校还要加强对微博的实名制引导，减少大量有害信息的出现，逐步建立学生信息发布的社会责任感。

2. 关注微信

微信，是腾讯公司推出的一款通过网络快速发送语音短信、图片、视频和文字，并支持多人群聊的免费的手机聊天软件，用户可以通过微信与好友进行形式上更加丰富的类似于短信、彩信等方式的联系。这款新型的即时通讯软件一经推出就受到广大用户的热切追捧。截至2013年1月24日，微信用户已达3亿。虽然作为同类型的即时通讯软件，微信的出现比米聊晚，但是微信背靠大树好乘凉，有着腾讯QQ作为强大的支撑，完成了华丽跨越。现如今，微信的用户数已经远远超过了其他同类型的即时通信软件。

微信，从某种程度上说是短信、彩信、飞信的用户体验与产品功能的升级版本。在网络技术的支撑下，它以智能手机为基础，以手机客户端为依托，以增强用户体验为目标，融合了短信的文字，彩信的图片，同时扩充了语音和视频功能。尤其是语音功能的出现，极大地改进了传统即时通信功能和提升了用户体验，也对传统电信运营商的移动通话业务造成了很大的冲击。微信，以 QQ 为基础完成了"一站式服务"的捆绑销售。QQ 账号与微信号相互打通，避免了重复申请账号，同时只要是 QQ 有的基本功能都能通过微信体验到。此外微信还捆绑了 QQ 邮箱、腾讯微博、QQ 离线消息等功能，实现了微信与 QQ 的互通有无。而且微信极大地优化了用户界面，简单、清爽是微信的主基调。打开微信，在主页面只能看到"微信""通讯录""朋友们""设置"四个主按钮，不用通过烦琐的查找就能找到相应的功能。微信可以通过查找 QQ 好友就能迅速添加好友，保证了微信好友关系的熟悉度和可靠性。此外，微信还与手机通讯录互通，这就保证了微信好友的强关系。熟人和陌生人是微信的关键词。熟人指代强关系，陌生人指代弱关系，微信把强关系与弱关系相互融合，符合了现代人的社交习惯和心理。微信的强关系主要是通过打通 QQ 和手机通讯录实现的；微信的弱关系则是通过基于 LBS 的摇一摇、查看附近人、漂流瓶等认识陌生人的功能来完成的。

对短信、彩信、飞信等传统即时通信工具而言，微信的出现不仅是对它们基础功能的继承，更是对它们先天不足功能的弥补。从产品功能方面看，微信整合了短信、彩信、飞信的基础功能，并在此基础上进行了升级和扩充，用户体验度更高，产品功能更加的人性化。从用户的需求方面看，用户使用整合了传统即时通信的微信得到了更好的使用效果和更大的心理满足，更符合现代人的社交方式和社交心理。正因为这样，微信这款新型即时通信软件在媒介间的"竞争中"脱颖而出，拔得头筹。随着媒介环境的改善和媒介技术的发展，基于网络技术的社交网站、PC 客户端、OTT 服务、APP 等发展得风生水起。这些新技术和新应用的出现和发展，一方面给用户提供了全新的用户体验，增强了用户的使用黏性；另一方面给用户的生活方式、社交方式也带来了全新的变化；同时它日益改变着人们的交流习惯并对人们的身份进行深层次的重新定位。微信的广泛使用，不仅对传统的即时通信、社交方式乃至网络格局产生了影响，尤其使学生越来越沉迷虚拟世界的交往，这对学生的生活、学习、身心健康都会带来不同程度的影响。因此，关注微信，充分运用微信这个载体做好高校教育工作，是一项需要认真研究和探讨的新课题。

四、载体合力运行需要规避的若干问题

（一）规避信息的海量性和分散性等造成的"合力不合"的风险

比如学生将网络视作纯粹的娱乐工具，聊天、游戏、短信为其主要功能，过度使用网络和手机，这不仅会使自己偏离学习目标、降低学习效率，而且手机噪声、通宵上网等也会给身边同学的学习生活带来了不利的影响。

（二）规避和消除不利于载体合力的各种反向作用

在强调网络为形成合力提供机会的同时，也要清醒地认识到可能的反向作用。由于网络具有开放性、隐匿性和虚拟性的特点，给有些人提供了恶意破坏的可能性。比如发表不负责任的言论，制造垃圾信息，污染媒介环境；或侵犯他人名誉权，对他人进行侮辱和骚扰等，这不仅是媒介行为的失范，更是道德行为的失范，有的甚至还冲破法律的底线。同时，还要避免网络技术可能产生的风险。网络的风险，既包含了技术层面的网络"黑客"、病毒攻击、追查 IP 地址或手机号码，也包含利用远程协助盗看使用记录、盗取邮箱和 QQ 密码等技术对教育行为所进行的恶意破坏。

（三）规避对网络的过于依赖

长期以来，以课堂教学为主，辅助以讨论、社会实践等形式是高校教育的基本手段。而网络的独特优势，对于一直苦苦探索如何有效提高高校教育实效的工作者来说，无疑是柳暗花明，而这样的机遇，又使得一些人会不同程度地产生一定的依赖，从而降低传统教育载体的作用；同时，由于学生自我控制能力相对较差，过多使用和依赖新媒介，也很容易形成"网络依赖"。这就需要我们高度重视各项载体的和谐运行，发挥其整体功能大于局部功能之和的效应。

（四）规避对网络教育环境的污染

针对当前高校教育信息监管机制不健全的现状，要采取切实可行的措施，加强对网络信息的监控和引导，设置管理关口，对信息资源进行筛选、过滤、净化，从源头上净化网络环境。同时，要切实加强舆情引导工作，做到早见事、早处置、早引导，以形成健康的网络教育环境，确保学生生活在一个文明、健康、绿色的媒体环境中。

当然，在网络语境下形成"载体合力"，提高教育的实效，还存在着机制形成、技术开发、制度保障等更为丰富和更深层面的话题，这些都值得高校教育研究者的持续关注。

第十一章　网络教育的资源整合

"整合"的主要含义是指通过整顿、协调重新组合。教育资源整合是指把纳入教育活动并有利于教育的各种要素，根据教育的需要加以整顿、协调重新组合，以利于教育目的的实现。教育是一项社会实践活动，需要丰富的教育资源作为支撑。然而，网络时代人们的思维方式发生了变化，特别是人们的教育方式、接受方式发生了革命性变化。面临新情况、新问题，高校在教育资源开发、利用与优化整合等功能方面还很欠缺，这已成为制约当前高校教育工作的关键因素。因此，转变观念，提高认识，重视和加强教育资源整合功能，是网络时代开创高校教育工作新局面的一项基础性工作，这也是深化高校教育工作的重要途径。

第一节　网络教育资源整合的基本依据

一、网络教育资源整合的必要性

网络技术的迅猛发展，为高校的教育活动提供了广阔的空间，但无形之中也增加了教育的价值实现难度。资源整合的最直接意义就是使有限的资源最大限度地满足人们的需要，使资源利用达到最大化。在网络环境下，高校教育工作要突出资源整合意识，从资源的视角来研究和探讨资源整合对教育价值实现的意义。实行高校教育的资源整合，主要基于以下几个方面原因：

（一）克服网络教育资源自身短处的内在需求

长期以来，高校教育资源存在"三大短处"：

1. 资源短缺

当前，我国高等教育已经进入了大发展时期。大众化教育发展迅猛，一方面是大批中等职业院校升格为高等专科职业院校；另一方面是独立学院的兴起，使得高校数量激增。此外，原有高校不断扩招，促成了庞大的受教育群体。由于高校教育资源的增长幅度与受教育群体的增长速度不同步，许多高校的教育资源在短时期内显得相对短缺。因此，实行教育资源整合不失为解决这一需求矛盾的有效尝试，也有利于促进不同地区教育公平。

2. 资源发展不平衡

高校教育资源发展的不平衡，主要表现在两个方面：一是地区性不平衡。由于经济和文化发展的不平衡，不同地区的政府和教育行政主管部门对高等教育的财政经费投入存在着不同。经过多年艰辛的努力，高校的教育学科建设取得了较大的成就。目前，全国马克思主义理论与教育一级学科学位层次已达到齐备的程度，硕士、博士学位点几乎遍及全国各个大区，数量多，分布广，自20世纪80年代以来培养了大批的硕士生、博士生。但目前这些研究性环节主要都分布在经济较发达的东部地区和文化氛围浓厚的北部地区，一大批有理论素养和实践经验的教育专家、学者相继向其聚拢。二是领域性不平衡。在社会领域内，社会教育资源主要有网络、影视、新闻、媒体、书刊、博物馆、纪念馆以及各类标志性建筑物等；社区教育资源主要有工厂、商店、社区、文化娱乐部门、司法机关等单位和部门，这些教育资源内容丰富但缺乏系统性和理论指导作用。而高校的教育资源虽然较为系统且具有很强的指导性，却缺乏生活气息和吸引力。在不增加或少增加教育投入的前提下，实行高校与社会、高校与高校之间的资源整合，可以最大限度地发挥现有的高校教育资源的作用，提高教育资源的使用效率。同时还有利于高校之间交流研讨，促进高校与社区间双向互动关系的形成，改善和巩固高校与社区间的相互合作关系，提高办学效益和教育教学质量。

3. 资源发展存在差异

高等教育的发展类型和层次具有多样性。从院校的生源层次来看，存在着本一批、本二批和本三批院校；从院校的办学性质来看，存在着公办院校、民办院校和独立学院；从院校的办学类型来看，存在着文科类院校、理工科类院校、艺术类院校及综合性大学。各级各类院校在教育资源方面存在着较大的差别。现实中，各种高校教育资源分散在不同的地区和不同的单位，受时空的限制无法实现有效聚合。资源整合是通过一定的手段和方式，使资源在一定程度和范围内集中。在教育资源总量一定的情况下，实施资源整合，也是各级各类高校解决教育资源差异性问题的有效尝试。

（二）适应网络教育资源新特点的现实需要

网络时代，网络以其海量的信息、迅捷的传播速度、多对多的传播方式、受众范围广以及影响结果直接显著等特色，使其在高校教育中所起到的资源性作用正逐渐被认识和重视。网络在高校教育中的地位和作用的显现，赋予了高校教育资源新的特点：

1. 潜在性

如同其他资源一样，教育资源无论其存在形态、结构，还是其功能和价值，都具有潜在性，必须经过教育工作者实施主体自觉能动地加以赋值、开发和利用，才能转化成现实的教育资源。网络时代，高校校园媒体的教育功能需要经过教育工作者自觉主动地加以开发和整合才能得以实现。

2. 多样性

教育资源的"客观状态"具有多样性，不同地域、不同时代、不同文化背景下，可供开发和利用的教育资源不同。网络时代，知识层面的、活动层面的以及环境与设施层面的高校教育资源，在概念和外延上得到了拓展。网络所承载的内容信息、文化、思维方式及其自身的知识传递的功能性作用，使得高校教育资源得到了极大的丰富。

3. 动态性

教育资源是一个与社会资源系统、人的主观价值系统和开发条件等动态适应的子系统，因而不同主体在不同情景下面对可能开发利用的教育资源是不同的。网络的开放、迅捷、及时和海量化信息承载量，赋予了高校教育资源动态的、开放的和较强情景性的特点，因而必须针对具体的时空条件和情景进行开发与利用。

4. 选择性

教育资源是客观社会资源经过主体筛选后具有主观性和客观性的资源，其涉及范围广泛，包括制度层面、精神层面和物质层面。网络在高校校园的兴盛丰富了高校教育的手段和途径，扩大了教育资源的选择性。

（三）加强网络教育资源利用的必然要求

网络时代，加强高校教育资源整合是为了合理地利用资源，使学生教育具有更强针对性和实效性。如今的高校教育资源整合虽然取得了显著的成效，但是在整合过程中仍然存在着一些不可忽视的问题。因此，必须深化对高校教育资源整合必要性的认识，深刻认识"四个必然要求"：

1. 提高高校教育资源使用效率的必然要求

一般来说，教育者在高校教育实践中遇到和直接运用的都是学生教育个别而具体的资源形态。但是，无论哪种资源形态都不是孤立存在的，而是与其他的资源形态相互依赖、相互支撑，有机结合在一起而形成一个整体。

在高校教育资源整合过程中，存在着现有高校教育资源的有限性和所需资源无限性之间的客观矛盾。只有在现有的条件下，充分把握教育资源的属性，正确地审视和理解高校教育资源之间的内部关系，再进行全面的合理整合与配置，达到资源共享，才能更好地提高高校教育资源的使用效率。

2. 提升高校教育理论课实践教学资源质量的必然要求

高校教育理论课实践教学资源的质量，是指教育理论课实践教学资源作为一个系统，它的各组成要素能否满足实践教学的要求，以及各要素之间能否实现最优组合，形成合力，使之功能效益最大化。实践教学资源的质量也是影响高校教育理论课实践教学环节顺利实施的重要因素。网络时代，高校教育理论课实践教学资源既有人、财、物等有形的要素，又有教风、学风、校园环境社会舆论等无形要素，这些要素之间的结构是否搭配合理，既反映了资源本身的质量，又直接影响和制约教育理论课实践教学的效果。即各种实践教学资源对教育理论课实施所起的作用不是简单的、直接的、机械的过程，而是一个有机的、综合的复杂过程。任何单个要素所起的作用都是十分有限的，只有将各种实践教学资源的力量联合起来实现资源共享，才能形成教育合力，达到资源综合利用的最佳效果，而这些只有通过对资源的充分整合才能实现。通过整合，可以将所需要的各种教育理论课实践教学资源按计划和要求进行调配和优化组合，使其相互联系、相互作用、相互影响，以提高资源的质量和利用效益，从而实现实践教学的既定目标。

3. 推进高校教育社会化的必然要求

高校教育社会化是指高校教育要适应社会发展的需要，贴近学生的实际生活，以学校为中心，在全社会共同关心支持下，引导学生适应社会、参与社会、服务社会，实现高校教育与社会教育相互渗透、相互作用的过程。高校教育的社会化从本质上来说就是为了促进学生的社会化，它不仅是高校的任务，也与各级部门和社会各界有密切联系，因此，社会上的相关部门和相关群体都要关注和重视学生教育，特别是要树立全员育人、全过程育人和全方位育人的学生教育观念。随着网络的广泛运用，决定了高校教育资源整合方式的多样化，只有通过多样化的资源整合方式，才能达到高校教育资源利用率的最大化和效益的最优化，从而有力地促进高校教育社会化。

4. 对学生进行立体教育和综合培养的必然要求

当前，网络的发展进程不断地改变学生的学习和生活状态，拜金主义、享乐主义和个人主义等社会思潮严重冲击着学生的道德观念，高校教育工作者必须适应时代发展的要求，以社会主义的教育方针为指导，在学生教育实践中，将学校教育、家庭教育和社会教育相结合，形成合力，并将各种校内资源和校外资源进行合理整合，充分发挥高校教育资源的作用，以提高学生教育的适应性和有效性。只有这样，才能对学生进行立体教育和综合培养，规范学生的和行为，引导其走上符合当前社会主义教育事业发展要求的道路上来。

二、网络教育资源整合的可行性

（一）需求的交互性为高校教育资源整合打下基础

高校教育资源整合的指导在于"优势互补、相互促进"。各高校既是教育资源的供给者，又是需求者，这种交互作用使得资源整合成为可能。不同地区、不同类型的高校在教育资源方面存在着很大差别，这种差别表现为三种情况：一是学校之间存在着教育资源的差异性。在大批的研究型院校中，教育资源优势主要体现在理论研究和学科建设方面。不足之处是教学与教育的实际工作相脱节的现象较为普遍，学校培养出来的博士大多又继而从事学科建设、理论研究，极少有人投身思政教学和实践工作，理论研究优势没有转化成教育实践优势。从长远看，虽然学科建设最终会大力推进教育的资源建设，但是，这些年来在客观上造成的现实是大批学者很少直接面对本科生开展教育工作，脱离教育工作第一线，教育资源"流失"。由于马克思主义理论与教育学科建设，尤其是与教育实践相脱节，造成高校教育资源的结构性"流失"严重；而以教学型为主的大批独立学院和高职高专院校恰恰弥补了这一缺陷，教育工作者（教师、行政、辅导员队伍）主要从事一线的教育工作，体验深刻，其优势在于教育观念开放、实践经验丰富以及教育信息资源密集。缺陷是队伍偏年轻化，缺乏理论归纳和总结能力不强。从整体发展来看，研究型高校与教学型高校实现教育资源的优势互补，既是促进我国高校教育资源均衡配置的必由之路，也是各高校提高教育实效性、创新性的现实要求。二是部分高校存在着教育资源闲置浪费的状况。一些重点院校和有教育学科设置的文科类院校，其雄厚的师资力量和丰富的实践基地等资源并未得到充分利用，因此愿意以某种方式提供给其他学校使用。三是部分高校的教育资源不足，存在着共享的需要。以上三种情况使得教育资源整合存在可行性和合理性。各种类型的高校通过资源整合实现双赢的同时，最终将促进高校教育整体水平的提高。

（二）有利的政策环境为高校教育资源整合提供保障

要实现高校教育资源教育整合，除了对资源的分布进行分析外，还必须从资源整合的支持系统进行考察。事实上，高校教育资源能否实现整合，以及在什么情况下能够实现整合往往受环境条件的制约。从我国现有的支撑政策来看，国家教育司非常重视青少年的教育工作，大力支持高校做好教育工作，连续出台了相关文件，并组织了四门教育理论课教材的编写，以及组织骨干教师培训和辅导员队伍培训。各级教育部门也实行教育理论课教师全员培训，推行了持证上岗制度。新中国成立以来，如此大规模的教育培训是第一次，这在高校的各学科领域里也是独特的优势，国家和行政主管部门的政策支持为高校教育资源整合提供了政策保障和便利条件。

（三）迅速发展的互联网技术为高校教育资源整合提供支持

20世纪90年代以来，信息网络技术得以迅猛发展，网络覆盖面越来越广。据统计，目前，全国高校建设有校园网、互联网已经成为校园生活中不可缺少的重要组成部分。

迅速发展的高校互联网是高校教育资源整合的技术支持，互联网具有信息量大、信息发布快、可异地传送以及不受时间、空间限制等优点，能够在一定程度上解决高校教育资源相对分散的问题。高校可利用网络技术来收集教育的资料，通过网络来丰富教育资源。目前，全国绝大部分高校都建立了教育网络或相关的校园网。从硬件设备角度看，当前开展网上教育在技术上已经比较成熟，我们只需要一些多媒体计算机，开通网络就可以参与高校教育资源的共建共享，充分发挥各类教育资源在高校教育中的作用。

总之，高校教育资源的整合与共享不仅是必要的，而且是可行的。它的必要性会随着高校的改革发展而愈显迫切，它的可行性会随着党建工作内容和技术的双重推进而与日俱增。

第二节　网络教育资源整合的理论支撑

网络教育资源整合需要理论支撑，不仅需要哲学、经济学和教育学等基础理论和最新形势政策的依据，还要充分吸收其他相关学科的理论知识，并密切关注其他学科的最新理论发展，唯有如此，才能使高校教育资源达到最佳整合，并充分发挥资源整合后的效应，更好地推进网络教育工作。

一、哲学支撑

（一）马克思主义关于社会存在与社会意识关系的原理

马克思主义从观察社会历史现象的"现实的前提"出发，详细地论述了社会意识从产生到发展的过程及其本质，马克思和恩格斯对社会现象的变化和历史发展与演进都做了全面地概括与分析，从这一前提出发，详细地阐述了有关社会意识的相关问题，主要包括社会意识是如何产生、怎样发展以及它的本质是什么，并且明确提出和系统阐述了"意识在任何时候都只能是被意识到了的存在，而人们的存在就是他们的现实生活过程"，"不是意识决定生活，而是生活决定意识"的原理。马克思和恩格斯在历史唯物主义原理中所提的社会存在决定社会意识，指的是社会存在是社会意识的根源，是第一性的；社会意识是对社会存在的反映，是第二性的，社会存在决定社会意识的发展变化。

如果要全面正确地理解社会存在与社会意识的辩证关系，不但要认识到社会存在决定社会意识，还要特别重视社会意识的能动的反作用和其相对独立性。这就要求我们在高校教育实践中，不但要弄清社会存在与社会意识的关系，还必须正确理解社会意识尤其是先进意识对社会存在的能动的反作用。只有这样，才能充分发挥教育的巨大作用，从而对高校教育资源存在的必要性和可行性有个全面的认识和高度的重视。

所以，只有加强对学生物质生活状况及其变化发展规律的研究，探寻学生产生问题的物质根源，才能较为全面地掌握学生的面貌以及变化发展的趋势。在具体实践中，必须准确把握学生的生活实际，积极争取社会中的有利力量，抵制和克服社会中的消极影响，从而深化高校教育资源配置的效率和水平，提高资源的利用率和使用质量，不断增强高校教育的针对性和实效性。这就为高校教育资源的有效整合提供了最基础的理论支撑。

（二）马克思主义关于人的本质的理论

马克思主义关于人的本质的论述，为我们科学地认识学生提供了基本的理论依据。马克思和恩格斯对前人的观点做了系统的研究和批判，弃其糟粕，取其精华，从而吸取了人类史上最具有价值的理论成果，批判地继承了黑格尔辩证法的合理内核和费尔巴哈唯物主义的基本，创立了辩证唯物主义和历史唯物主义。马克思和恩格斯结合自己的研究，在此基础之上，在人类历史上第一次科学准确地阐述了人的本质是什么。马克思在《关于费尔巴哈的提纲》中做出了对人的本质的科学论断："人的本质并不是单个人所固有的抽象物。在其现实性上，它是一切社会关系的总和。"这就是马克思主义关于人的本质问题的最经典表述，它不仅是对人的本质的科学论断，还为科学考察人的本质开辟了正确途径。

根据历史唯物主义的观点，马克思主义第一次提出了人的本质由社会关系决定的理论命题，这具有开创性的意义，自此以后，人类研究人的本质具有了科学的思维方法和准确的理论基础。社会关系作为一个整体性的系统，是十分庞大而且非常复杂的。从马克思主义关于人的本质理论看，人的形成与发展变化无时无刻不是受到社会关系的制约，这就要求高校教育必须建立在社会关系的充分发展基础之上。

以上的论证成为高校教育资源配置的重要理论依据，为高校教育资源整合确定了科学合理的目标。这也要求在高校教育资源整合的过程中应该认识到以下几个问题：首先，高校教育的主体是人，并存在于一定的社会关系之中，教育资源是被人所利用的，也一定是蕴含在一切社会关系的总和之中的；其次，学生的以及高校教育资源都应该具有一定的特点和差异，要对其做出准确地把握和判断，只有将其放在学生所处的特定的社会关系中去理解才有意义；最后，学生和高校教育资源的发展变化，必定与学生所处的各种社会关系的发展变化紧密相关。只有这样，才能充分把握和利用高校教育资源，用以增强高校教育的社会性和适应性。

（三）科学发展观理论

党的十七大报告提出"以人为本、全面、协调、可持续发展"的科学发展观，这是中国共产党在总结过去经验和教训的基础之上，对于发展的继承和弘扬，是马克思主义在新时代关于发展的集中体现。这也成为推进我国经济社会全面发展的指导，同样也是指导高校教育工作的科学世界观和方法论。

科学发展观，第一要务是发展，核心是以人为本，基本要求是全面协调可持续发展，根本方法是统筹兼顾。如何在高校教育的具体工作中正确运用科学发展观理论，增强教育的实效性，是当前教育工作者所面临的现实问题。

高校教育的培养目标，决定了在学生教育工作中必须贯彻"以人为本"的理念。人是高校教育的主体，高校的教育工作必须坚持从"以人为本"的基本点出发，不断突破在传统理念上所形成的教育的既定思维，从理论上为促进学生全面发展和教育工作改革指明正确的方向，从而使高校教育工作落实到为学生服务的根本上来，最终贯彻到不断促进人的全面发展。

全面协调可持续是科学发展观的基本要求，也是加强和改进高校教育的基本要求。必须着眼于实现教育系统内外诸要素的有机结合，提高高校教育的针对性，全面协调各种教育资源，为学生发展进步创造条件。统筹兼顾是科学发展观的根本方法。高校教育资源整合也必须掌握统筹兼顾的科学方法，正确、妥善处理各方面的关系。

二、经济学支撑

（一）供需均衡理论

供需均衡是一个经济学术语，它涉及两个概念（即供给和需求）和一种状态（供给—需求状态）。经济学中的产品生产是指厂商的行为，产品需求是指消费者的意愿行为。供需均衡理论，指的就是生产者提供的产品只有符合消费者的需求，市场的供求才会达到均衡。如果供给与需求不匹配，即供给者提供的不是消费者所需要的，那么，一方面生产者浪费了为生产其产品所耗费的人力、物力和财力；另一方面消费者的需求得不到很好的满足。所以，消费者所具有的现实和潜在的消费需求，应该成为生产者在生产过程中的目标基础，只有这样，才能生产出满足广大顾客需求的优质产品，否则，生产者的生产就具有盲目性，生产和消费的供需平衡就不能圆满实现。

高校教育资源作为一种特殊的商品，其生产者为"教育者"，即高校教育相关部门、教师和职工；需求者为高校学生，作为高校教育重要载体的教育资源在教育者和学生之间存在着"供给—需求"关系。

按照市场规则，如何配置资源、组织生产都取决于消费者的消费需求。

在高校教育过程中，学生的需求状况是分析决策参考的一个最为重要的因素。网络时代，高校教育资源必须与学生的学习、生活和实际紧密结合起来，从人本理念出发，切实做到想学生之所想、急学生之所急，只有这样才能使传统教育过程中教育内容"入耳不入心"的被动局面得到良性转变，从而充分发挥高校教育的巨大效用，也就能够为高校和谐发展提供强有力的文化基础。

在经济生活中，需求和供给是相互独立而又相互依存的，一方面需求带动供给，另一方面供给也创造需求。然而，在高校教育中强调供求一致，并不是完全按照学生的需要来提供教育资源，他们需要什么就生产什么，而是要对学生的需求进行正面引导和层次提升，使教育产品的生产不仅遵循了供求规律，而且符合高校教育的切实需要。因此，我们提供给学生的教育资源首先是能够符合学生实际需求的，决不能是无原则地、只是随意迎合学生的任何需求，而是要求必须将学生的个人需求与高校和社会的整体需求进行统一，从而能够最大限度地满足其个人需求。对于那些不符合高校和社会目标的教育资源，则是应当加以引导和纠正的。

（二）成本效益分析理论

成本效益分析是一种通过比较项目的全部成本和效益来评估项目价值的方法，成本效益分析是一种经济决策方法，就是将成本费用分析法运用于政府部门的计划决策之中，以寻求在投资决策上达到如何以最小的成本获得最大的效益。需要量化社会效益的公共事业项目价值就经常用这种分析方法来评估。

19世纪法国著名的经济学家朱乐斯·帕帕特在其著作中首次提出了成本效益分析方法的概念，并将其定义为"社会的改良"。随后，越来越多的专家和学者开始关注这一理论，并开始逐步应用于社会生活中，甚至开始渗透到政府活动中。随着现代社会经济的迅速发展，政府的职能逐渐多元化，政府投资项目也开始逐渐增多，在政府的实践应用和积极推动下，这一理论在经济运行过程中的作用也越来越明显。这促使广大的人民也开始更加关注投资，重视投资项目支出的经济和社会效益。在此基础上，成本效益分析理论在实践方面也得到了迅速发展，现如今这种能够比较成本与效益关系的分析方法已经被世界各国广泛采用并运用于各种领域。例如，成本效益分析法运用在高校教育领域，这种成本包括教育的实际成本和机会成本，其中实际成本也叫直接成本，指的是以货币支出的教育资源价值，机会成本也叫间接成本，指的是因资源用于教育所造成的价值损失，也就是说如果资源不用于学生教育，它可能获得最大的收益。

效益是检验高校教育资源整合水平的唯一标准。从本质上讲，高校教育工作的效益是一种精神效益，是人的世界观、人生观、价值观以及知识量、信息量等主观世界的某些积极变化。各类高校教育资源在形式上有很大的差异性，在作用上也有很强的替代性，必须结合高校教育实际确定使用哪种资源、使用多少以及选择使用的时机和场合，这就是网络教育资源整合所需要解决的重要问题，它直接关系到高校教育的效果。高校教育资源整合是一个动态的过程，主要是组织和支配各类教育资源为学生教育目标服务。在资源整合过程中，应该遵照成本效益分析的方法，使教育资源能够得到有效配置，形成合力，达到事半功倍的效果。

三、教育学支撑

（一）"三个面向"的教育理论

"三个面向"的教育理论中非常重要的有机组成部分就是教育理论。1983 年 10 月 1 日，中国领导人为北京景山学校题词"教育要面向现代化，面向世界，面向未来"，这个"三个面向"教育理论是基于我国正处在社会主义初级阶段的基本国情提出来的，是对我国教育事业发展的指导方针、教育的性质和方向的深刻阐述，也由此形成了鲜明的理论主题和科学体系。

随着经济全球化发展的不断深入，不同国家和地区、经济、文化的交融与碰撞也日益增强。我们已经不能再以褊狭孤立的眼光来看待整个社会，更不可能与世隔绝搞现代化，办教育事业同样也不可能闭门造车。"三个面向"的教育理论实质上对教育事业提出了三项要求：第一，教育的发展必须紧密结合社会经济发展的实际情况，与国家的战略目标和战略步骤相适应，按照我国现代化建设的要求培养相应的人才，从而带动我国公民素质在科学技术、文化知识和道德水平上的整体提高；第二，要以世界的眼光和开放的精神来看待教育问题，学会借鉴和吸取世界各国先进的科学文化知识，对于世界范围内全人类共同创造的文明成果要能够为我所用；第三，教育必须在仔细分析自身特点的基础上，认真考虑现代化建设的长远目标，运用发展的思维，以使培养出的优秀人才能够适应和满足未来社会发展的需要。

"三个面向"教育理论具有实践性、开放性和预见性的基本特征。它很大程度上突破了传统高校教育资源在空间和时间上的限制，指明了高校教育资源的开发和利用的正确方向。在网络时代，高校教育资源整合必须遵循社会主义现代化建设的一般规律，运用世界性的眼光和发展性的思维来考虑问题，这样才能实现资源整合的科学化和合理化。如果仍旧被限制在传统陈旧的教育观念之中，冲不破影响高校教育资源开发和利用的制度性障碍，就培养不出社会主义的合格建设者和可靠接班人。在对高校教育资源进行整合时，只有将其置于开放的环境中，将现实与未来相结合起来考虑，才能充分发挥高校教育资源的实用性和有效性。

（二）生活教育理论

生活教育理论是著名教育家陶行知教育的主线和重要基石，集中反映了他在教育目标、内容和方法等方面的观点主张，陶行知探索适合中国国情教育理论的努力由此可见。陶行知的"生活教育"理论从渊源上来讲是吸取和改造的杜威教育，主要包括生活即教育、社会即学校、教学做合一相互联系不可分割的三个方面。这一理论最主要的特点就是主张教育要同实际生活相结合，反对传统教育中死读书的旧观念，更加注重儿童的创造性和独立工作能力的培养。

"生活即教育"是陶行知生活教育理论的核心。陶行知指出："生活教育是生活所原有，生活所自营，生活所必需的教育。教育的根本意义是生活之变化。生活无时不变，即生活无时不含有教育的意义。"陶行知认为，教育这个社会想象，起源于生活，生活是教育的中心，教育应为社会生活服务，在改造社会生活中发挥最大的作用。"社会即学校"，是"生活即教育"在学校与社会关系问题上的具体化。

陶行知认为自古以来，社会就是学校，因为所有的教育都来源于社会，所以社会应该是人民大众唯一的、共同拥有的大学校。"教学做合"，是"生活即教育"在教学方法问题上的具体化。生活教育理论要求学生在接受教育的过程中手脑并用，劳力与劳心同行，这就大大突破了传统教育上只重视学校教育而忽视社会教育，只重视书本学习而忽视生活实践、劳心与劳力相分离的限制，迸发出强烈的时代气息。

从生活教育理论阐发的观点来看，在网络时代尤其强调高校教育的实践活动必须克服传统教育理念上的错误看法，改变过去那种以学科、课堂、教师为中心的传统教育模式，而是要树立起源于生活、最终还要回归于生活的教育理念。我们要深入发掘现实生活中的高校教育资源，使现实社会生活中教育资源的作用得以充分发挥，对理论教学和现实生活中的教育资源进行优化整合，努力实现理论教学和现实生活的相互融合与统一。

第三节　网络教育资源整合的现状分析

一、存在的主要问题

当前，在网络环境下，高校教育资源整合已初有成效，但问题也不少，概括起来主要是存在"四个不足"：

（一）新旧媒体之间互动不足

网络时代，高校校园媒体主要包括传统媒体和新兴媒体两大类，具体来看形式多样，有包括校园报纸、学生社团报纸杂志等纸质媒体、校园广播、校园电视、橱窗海报宣传栏、校园计算机网络、手机媒体等形式。目前高校校园媒体的运营基本处于各自为政、互不干涉的局面，校园媒体之间互动不足。比如，对于某一具有重大教育意义的新闻事件、信息素材，各大校园媒体一般而言都是根据自己的节目安排和节目编排习惯，选择适合自己的时间进行报道和宣传，这种分散的、小规模的报道和宣传，无法在学生中起到较深、较广的影响，这样就造成了不少有意义的媒体信息资源的浪费。

就网络网页内容建设而言，目前以工作导向为主，未充分体现资源化建设导向，即较少直接立足于丰富和完善校园网络教育资源建设，既表现为网页内容多以日常工作信息为主，记流水账，报道的成分较重；又表现为未将这些工作信息加以整理，转化为网络教育资源。如不少高校开展的优良学风班、优秀学生、优秀学生干部、自强之星等评选活动，创建评选时轰轰烈烈，信息量大，更新快访问多，一旦工作结束，便被新的内容取代，随即淡忘与消失，往后也难以查阅。互动与共享是网络的优势，在校园网上建设具有互动功能的平台，多数高校经历了"开发—控制—再开发—适度控制"的过程，因参与、互动形成的网络资源较少，直接导致学生对网站的兴趣减弱、参与减少，同时也较难形成具有参考意义的交流案例。加之管理缺失，更新不及时，较少补充新内容，也导致对学生的影响力呈减弱趋势。

（二）资源结构开发不足

当前，由于对高校教育资源结构开发不足，已远远不能满足网络时代高校教育的需要。所谓资源结构开发不足是指高校教育资源没有得到协调、合理地开发利用，部分资源在承担着教育任务的同时，另一部分资源却处于闲置状态。这具体反映在三个方面：

1. 校内与校外资源结构失调

目前，高校的管理方式属于封闭式管理，认为校内的教育资源就属于本校所有，校外的教育资源属于政府管理范围。在高校教育资源开发利用结构上，以开发校内资源为主，这种指导无可非议，但学生毕竟是活生生的个体，家庭、社区属于他们的活动范围，校园周边环境也对学生具有深刻影响，他们品德的形成是校内、校外资源合力作用的结果。在高校教育资源开发利用的过程中，有的高校只注重了校内资源的开发，忽略了与校外资源平衡协调地进行开发利用。

2. 校内显性资源与隐性资源结构失调

微观资源方面：从学科上看，过于注重马克思主义理论课上对学生进行教育，忽视了其他学科的教育功能；从载体形式上看，过于偏重文本资料，甚至以教科书为唯一教学依据，忽视了非文字性的不断生成的动态资源和其他形式的资源；从人力资源上看，只注重马克思主义理论课教师的主导作用，忽视了其他教师和学校工作人员对学生教育的影响。

中观资源方面：高校扩招后，学生人数剧增，而教育工作人员不增加，相对而言，大大增加了教育工作人员的负担，有的高校辅导员与学生的比例高达 1∶760。而其他教职员工一般只注重本职工作的完成，认为教育是教育工作者的事情，不能真正形成教育的合力机制，造成高校教育资源的开发与利用中显性资源与隐性资源结构失调。

3. 校内物质资源与其价值开发结构失调

高校内的物质硬件是高校教育的物质基础，高大宏伟的图书馆、实验楼、计算机房等物质硬件是一所高校实力的象征，但是，有的高校却没有将它们作为教育资源加以开发利用。例如，只将图书馆作为知识汇集的场所，将实验楼作为能力培养的地方等。硬件建设只是教育的物质载体，它所体现的教育功能才是具有决定意义的。在注重物质建设的同时，更应关注它的现代化物质外壳下的丰富内涵，不能造成"教育现代化的物质外壳与丰富内涵之间严重分离"。尤其是网络技术的迅速发展，各高校都建成了自己的校园网，系统不断更新换代，但对网络的教育资源开发利用不够，教育软件较少，教育软件才是最终进行教育的资源，软件的缺乏还造成硬件的闲置，有了相应的软件，"外壳"与"内涵"才算真正结合在一起，"外壳"才真正具有它存在的价值。

（三）高校教育网络资源利用不足

网络资源是高校新型的教育资源，为高校教育提供了新的教育平台。我国目前已形成相当规模的网络体系，各高校也紧跟时代步伐，纷纷建设自己的网络，开发利用网络的教育功能已初见成效，但仍存在不足之处。

1. 教育网站内容有待充实

利用网络进行教育符合学生的心理特点，符合时代特征，主动占领这个教育新阵地已是大势所趋。各高校教育部门也纷纷建立了自己的网、站、室，内容涉及党团工作、学生工作、马克思主义理论课教学等，但其主要内容却大多数为规章制度、活动通知、消息报道等，师生参与讨论、发表见解、进行心灵交流的 BBS 或聊天室很少，内容缺乏前瞻性、互动性，教育网站访问量很小。调查发现，对于教育类网站，"经常浏览"的学生仅占 4.5%，"有时去看"的占 36.3%，"想看，但不知道网站"的占 21.7%，"暂时没兴趣"的占 19.7%，"从没看过，也不想看"的占 17.8%。中国互联网络信息中心（CNNIC）调查结果显示，我国网民中，18～24 岁的年轻人居多，学生成为接触网络最广泛的群体。但调查显示，上网学生中，热衷于聊天的占 79%，选择玩游戏的占 36%，只有不到 18% 的学生上网是搜索信息，下载软件。高校教育网站影响力小，覆盖面不足，充实网站、网页的教育内容已成为我国高校教育进网络的关键，用积极、健康的文化占领网络阵地已成为当务之急。

2. 各高校网站资源有待整合

目前，全国几乎所有高校都已建立了教育网站，摸索出了自己的教育进网络模式，但这些网站大多数是校园局域网，主要限于本校校内使用，各校网站分散不均衡，互不联系，没有进行交流互动，各自为政，孤军奋战，处于相对独立游离的状态。它们不能相互呼应，取得一定经验的网站经验得不到推广，急需建立教育网站的高校没有经验可循，这势必会影响教育网络资源的充分利用。在网络这块阵地上，我国已建立了不少教育网站，经过几年发展已初具规模，打破各高校教育网站割据独立的局面，跨越时空障碍，加强各高校间的联系与合作，实现资源共享，优势互补，建立互动平台已成为高校教育网络资源建设的重要任务。

（四）高校教育财物资源不足

整合网络资源，需要一定的资金支撑。长期以来，从国家到地方，高校教育方面的物力、财力投入不足已是历史性问题，造成了必要的教育活动无法开展，必要的教育设施、设备不能建设和增加，必要的人员经费不能到位，影响了教育工作者的积极性和创造性。在经济欠发达地区投入更为有限，成为制约教育的"瓶颈"问题。例如，由于开发资金投入不足，即使掌握了网络技术，也无法顺利地建立教育网站，更无法快速地建立完善的教育信息资源库。而且，高校教育信息资源开发者素养的提高必须要通过专业的培训和利用先进的技术设备，这些都离不开充足的开发资金。虽然现在教育经费的投入有所改善，各省将高校教育经费应占政府拨给的事业费和收缴的学生培养费或学杂费总和的比例由2%～4%大致调整到了3%～5%，但实际上，不少学校都未能达到这一要求。由此，可以看出，高校教育开发资金投入不足，造成了高校教育资源短缺，影响了高校教育资源的有效整合。

二、原因分析

（一）高校教育资源整合的观念滞后且理论研究乏力

迄今为止，高校教育资源配置观念还没有发生根本转变，与网络时代高校教育发展需要和学生的变化不相符，还存在着片面、保守、教条的思维方式。教育工作中缺乏以人为本的教育理念和科学的资源观，由于对学生的资源需求特点认识和把握不足够，导致在高校教育资源整合中出现有效供给不足的情况。同时，对高校教育资源整合进行系统研究的著作与论文还很少，对高校教育资源的含义和特征缺乏必要认识，不能对现有资源进行深入挖掘是当前教育研究的薄弱环节之一。实践需要科学理论的指导，没有科学理论的指导必然导致高校教育资源整合的不合理。

（二）高校教育管理体制相对滞后且管理方法不科学

网络时代高校教育资源整合需有管理工作体制做保障。早在1994年《关于进一步加强和改进学校德育工作的若干意见》中就明确提出："各级各类学校党组织都要加强对学校教育工作的领导。不管学校实行何种领导体制，校长都要对学生的德智体全面发展负责；在党委（总支、支部）的统一部署下，学校都要建立和完善校长及行政系统为主实施的德育管理体制。要把德育贯穿在教育的全过程，落实在教学、管理、后勤服务的各个环节上。学校和教育行政部门的机构改革，应注意对德育机构做出合理安排，有所加强。要建立德育工作的评估制度，并把德育工作作为评价一个地区、一所学校教育教学工作的重要内容。高等学校德育工作应列入'211工程'评估标准。"但是，近20年来的实践证明，高校教育管理体制和"党委领导下的校长负责制"这一领导体制在实际运行中面临诸多不适应。一是尽管多数学校虽然设主管教育工作的副校长，但是他们没时间、没精力领导、组织教育工作，党政工团齐抓共管的"大思政"体系没有形成，实践中存在的"两张皮"现象。二是学校党委作为教育工作的领导者和决策者和行政（院、系）作为教育工作的具体实施者和执行者，在现实中很大程度上需要靠人的素质来实现。高校教育科学管理不到位，一些高校存在学生工作没有长期规划，也缺少阶段性计划，管理规章制度也不健全，管理人员职责和分工不清，全员教育意识淡漠，硬件设施和人员配置不全，更没有实施过程管理和目标管理的措施，甚至找不到文字档案记录等。三是网络时代，高校教育面临着新情况，在原有的管理体制和管理方法存在弊端尚未克服的基础上又出现了一些新问题，使得管理体制不健全和管理方法不科学的问题更加突出。

（三）高校教育工作者整体素质尚待加强

高校教育工作者自身素质的高低决定了其对高校教育资源能否全面认识和正确选择，更决定了其能否合理的整合资源，有效地利用资源。目前，高校教育工作者的整体素质还不是很高：一是高校教育工作者数量不足，绝大多数高校专职学生政工干部的配备没有达到教育部规定。二是高校教育工作者结构不合理，存在专兼职结构不合理，学历结构不合理，职称结构不合理。三是高校教育工作队伍不稳定，队伍流失现象较为严重。四是高校教育队伍的整体素质不高，由于工作压力、体制和管理等问题，队伍总体缺乏创造力和活力。五是高校教育工作者内部资源整合不够。日常教育工作者与"两课"教师，特别是与马克思主义理论课教师缺乏协作，理论教育与日常教育没有形成整合优势。高校教育工作者整体素质不高，将首先影响到高校教育人力资源配置，又因为高校教育工作者和教育对象都是人，所以高校教育工作者整体素质不高将影响任何一种高校教育资源作用和功能的发挥，影响了整个高校教育资源的合理整合。六是能力欠缺造成网络资源利用不足。能力欠缺是指高校教育资源的开发主体，由于能力达不到要求的标准而不能使网络资源得到有效的开发与利用。在网络时代，随着网络化、信息化、数字化技术不断发展和普及，只有充分认识和掌握科学技术前沿的"强势群体"，才能被工作对象所接纳，也才能成为实质意义上的教育工作者。教师低水平的网络应用能力，势必会影响网络资源的开发和利用。学生在网络资源的开发利用方面具有与教师同等的主体地位，但学生需要在教师的指导下才能按照教育的要求开发利用网络资源，教师网络资源开发利用能力的欠缺也限制了网络资源的开发利用，从而也会影响到高校与校外资源的联系与共享。

第四节　网络教育资源整合的路径选择

一、转变观念，科学定位资源整合

网络时代，高校教育的环境发生了重大变化，教育资源整合必须首先从转变观念入手，树立整体、全面、开放、效益、发展的新教育资源观。为此，需要树立"四个资源观"：

（一）树立教育资源辩证观

确立高校教育资源辩证观，需要我们正确处理好三个重要的资源矛盾关系：一是教育资源的有限性与无限性问题。教育的人力资源、财力资源、物力资源、组织资源等就其物质性而言是有限的，但网络所提供的教育资源以及教育工作者利用资源的潜能是无限的。二是教育资源的有用性与有害性问题。网络所提供的资源海量、鱼龙混杂，既可以成为教育的有利资源，也可能对学生造成不良的影响。三是教育资源量与质的问题。量与质的辩证关系要求我们在不断丰富高校教育资源的同时，也要不断提高资源的"质"，提升资源的利用率。

（二）树立教育资源层次观

高校教育资源是可以从纵横双向划分的矩阵系统。从横向来划分，教育资源可以分为人力资源、财物资源、信息资源、组织资源、制度资源和文化资源等。就文化资源而言，又可从纵向来划分为传统文化资源、国外文化资源与网络文化资源等。教育资源的层次观要求我们对各个层次的资源进行有效整合，让教育贴近学生生活实际，改变过去对有些教育资源不客观、不现实、理想化过重、人为拔高的情况。

（三）树立教育资源整体观

网络教育资源是丰富多彩的，融传统与现代、虚拟与现实、国内与国外、整体与部分为一体。一般来说，教育者在教育中直接碰到和运用的总是个别而具体的资源形态。然而，无论哪种资源形态都不是孤立的，而是同其他与之相关的资源形态结合在一起的。这就是资源的整体性质。要提高教育资源的利用效益，就必须树立对教育资源的整体观，协调好教育工作者队伍内部以及教育工作者和非教育工作者之间的关系，既要看到具体的教育资源的特性，又要看到相关的各种资源的整体优势，避免资源的重复建设与浪费。

（四）树立教育资源发展观

网络时代，由于高校教育资源是同网络的发展和人的发展需要以及教育者的开发能力联系在一起的，因而便具有了历史性质，不仅其品类、数量、规模在不断的变化中，而且其功能也在不断地发展着。教育是精神文明建设的重要组成部分，客观上应与物质文明和文明同步发展。高校教育工作者应坚持资源化建设导向，主动充实网络教育资源；同时要善于将各类信息加以系统分类整理，变信息资源为网络教育资源。

二、坚持整合原则，规范资源整合

网络教育资源整合是依据一定的目的和需要而进行的信息加工活动，是涉及技术可行性、整合后的知识间的关系性以及高校教育功能、学生的满意度等多方面因素的复杂工作，所以在整合的过程中高校要制定出相关的原则、标准来对教育资源的整合过程予以约束、规范，只有这样才能充分发挥教育资源的强大功能和优势，更好地为学生服务。归纳起来，高校教育信息资源整合原则为以下几种：

（一）开放性原则

开放性，是网络时代的重要特征。当今世界，全球化趋势日益加剧，只有致力于推进世界教育资源供应体系和需求市场的共同开放，不同教育资源才能借助于不断扩大的开放发挥互补效应。任何一个实行闭关锁国、地方保护主义政策的国家和地区都不可能在开放的时代背景中领先。要保证教育资源开发成果辈出，必须以开放的眼界，放眼整个人类资源市场。具体而言，就是要学会利用国际、国内两个资源市场，加强区域之间的教育资源整合，实现合理开发，有效使用。教育资源系统本身是一个开放的体系，它不断地同外界的其他不同系统之间发生着信息交流，实现不同地区之间资源的互补和动态交流。但同时也应当看到，网络技术的发展使得高校处于一个开放的信息环境之中，也使高校教育环境日趋复杂。因此，高校在构建教育环境中必须坚持社会主义的方向，开放高校校园媒体信息，在学生自由的选择接受和发布信息的同时，学校应给予积极的、主流的引导和约束。

（二）创新性原则

创新是一个民族的灵魂和生命力所在。创新就是要突破已有的、不合时宜的旧框框，建立起符合时代新需求的新方法、新体系。网络教育资源的整合也离不开创新，创新是教育资源整合应坚持的重要原则。人们总是希望能够看到新闻传媒中有新的东西出现，千篇一律的事物很容易让人产生审美疲劳，导致人们对校园媒体所传播的内容是关注度下降，校园媒体的作用就随之减弱。因此，校园媒体教育资源在进行整合和利用的过程中，应该坚持创新的原则。

（三）系统性原则

高校教育资源整合是一项系统工程，按系统论基本原理，一方面高校教育资源整合系统自身的动态平衡，是维持该系统可持续存在的基础；另一方面各高校教育资源系统之间彼此释放的功能应互相契合，建立良性的互馈机制。在教育中，最忌讳的是各种教育因素的无系统性、不协调性所导致的各种教育影响的相互冲突，使教育的效果被抵消，甚至使被教育者产生混乱，导致负效应。因此，在系统整合高校教育资源过程中，应在充分开发和利用人力资源的基础上，使优秀的高校教师掌握和采用最有效的介体资源，创造最有利的环境资源，充分利用雄厚的网络资源、文献资源，有效协调高校教育系统内部各部门、各单位之间的关系，使高校教育系统的内部各要素，目标一致、紧密配合，实现高校的各种教育资源的最佳整合，以充分发挥高校教育系统的整体功能。坚持系统性原则，最优化是系统论的一个组织原则，可以理解为选择解决某种条件下各种任务的最好方案，使之在资源整合过程中尽量高效、合理、协调。总之，保证高校教育资源整合系统的功能契合，保持系统内部的动态平衡，是网络教育资源配置环境协调发展的最基本原则，应严格遵循。

（四）实效性原则

高校教育资源整合应以学生需求为出发点和落脚点，只有紧紧把握学生需求，以学生满意的方式提供给他们所需要的信息资源，提高信息资源整合的全面性、综合性，时效性和准确性，才能真正确立起在网络环境下经得住考验的教育资源体系。所以，在整合的过程中高校必须站在学生的角度去分析、设计和规划，尽可能地方便学生使用，增强教育资源检索系统的可操作性和实效性。

在整合高校教育资源过程中，还应兼顾到各种校园媒体的经济性和效率性之间的平衡。根据资源本身的属性特征，高校网络媒体教育资源的整合必须遵循经济性的原则，充分体现实效性。所谓经济性原则，就是指要追求资源整合能实现的最佳效益，能用最少的投入来追求德育资源价值的最大化，要尽可能用少的物质支出和精力支出，达到最理想的效果，具体包括开支的经济性、时间的经济性、空间的经济性。整合高校网络媒体教育资源要立足经济性，追求实效性，实现效益最大化。在经费上，要用最节约的开支取得最优化的效果。

在人力资源上，要充分发挥学生个体、学生团体的力量，让学生积极主动有质有量的参与到校园媒体的运作过程中来。

（五）科学性原则

在高校教育资源整合的过程中，高校要对信息资源的整合对象、整合内容、整合方式等进行科学的论证，运用一定的技术手段和方法，确定不同类型、不同层次的信息资源整合的范围、比例，并且制订出明确的计划，科学有效地开展整合工作。只有这样，才能使高校教育资源得到合理的组合，使整合后的教育资源取得最好的组织结构和功能，最大限度地发挥网络时代高校教育资源的总体效用。另外还要看到，由于教育资源本身以及学生需求都具有明显的层次性差异性，所以高校教育资源整合过程中还要按不同类型不同层次、不同方式进行多维的整合，切忌随意拼凑。

（六）超前性原则

教育的功能不仅在于处理人们已经表现出来的问题，纠正其行为偏差，而且更重要的是要善于预测人们的走势，可能出现的问题，防患于未然。同样，在网络环境下，整合高校教育资源，也必须以超前性原则为指导，根据当前社会的发展趋势和人们发展态势，前瞻性地开发未来教育所需要的资源，从而提前做准备，增强教育对受教育者的影响。例如，鉴于网络技术的发展和互联网用户激增的趋势，当前应该加强对网络技术资源的利用，率先将其引入到教育活动中，抢占教育网络阵地，让网络成为教育资源开发的重要内容。

（七）增效性原则

高校教育资源整合应切实体现以效益为主的原则，即高校教育资源整合要有利于重新合理地组合现有资源，使其发挥更大的合力作用，实现1+1＞2的增效效应。经济活动讲效益，高校教育资源整合也要讲效益，任何设定目标的社会实践活动都必须讲求效益。只有重视效益，合理整合资源，避免造成资源浪费，才能达到比整合前增效、增量的目的，最大限度地避免各种资源浪费，提高教育资源的利用率。

（八）可持续性原则

随着人们对资源稀缺性特点的认识，可持续发展战略逐渐被各国作为国策加以贯彻实施。在教育资源整合系统中，教育自然资源、社会资源和人才资源开发都必须严格遵循可持续发展原则，贯穿始终。因此，贯彻可持续发展原则，就是要求教育资源的整合既要满足当代人进行教育的需要和愿望，培养有平等公正意识的、能与自然协调的、可持续发展的新人，又不至于违反教育规律和社会发展的规律，影响下一代人和未来社会的发展。

具体来讲，合理整合教育教育资源，就是要及时确保教育资源的补偿和再生，避免教育资源的缺乏和枯竭，从而保证教育的"再生产"和"扩大再生产"。在这一过程中，必须注重发展的持续性、稳定性、整体性、协调性等。此外，不仅要求节约利用，合理配置资源，而且要求对资源进行保护和更新建设，做到在整合中保护，在保护中整合。总之，不利于整合的保护是无价值的，不作保护的整合是不可持续的。

三、加强网站建设，充分发挥资源共享的功能

当前，为适应网络时代的要求，要通过高校教育资源整合，突出抓好以下"五个网站"建设：

（一）教育主题网站建设

高校教育主题网站，常称校园"红网"或"德育网"（简称主题网站），它以学生为主要服务对象，以中国特色社会主义理论为构建网络内容的理论支撑，以学生熟悉的网络软件和信息技术为手段，通过开辟喜闻乐见的栏目，补充现实教育手段的不足，有目的、有计划、有组织地全方位渗透马克思主义世界观、人生观、价值观，准确传达路线、方针、政策和主张，帮助学生排除干扰、辨别是非，提高素

质，为实现伟大中国梦而勤奋学习科学文化知识。主题网站是高校教育的重要载体和集中表现形式，是高校传统教育的补充和延伸，是传播红色的平台、提供师生交流的平台、实现信息共享的平台、引导心理健康的平台、创新思维方式的舞台。正因为如此，各级教育行政主管部门和各高校均非常重视加强主题网站建设，如四川省、山西省等在"十一五"初期，就出台了《普通高校教育主题网站建设意见》，要求省域内高校建成教育主题网站和网页，着力构筑高校网络教育的重要阵地，大力推进校园网络文化建设，积极拓展学生教育的有效途径。从实施的情况看，不少高校建成了有特色的主题网站，网站栏目和网页设计较新颖，内容紧贴时事和学生生活，更新较及时，特别是网络技术的充分运用，使网页愈加生动，吸引力进一步增强，网站点击率高，学生受到先进文化潜移默化的感染和熏陶，收到润物无声的效果。这些成功经验值得总结推广。

（二）内设教学、科研机构网站建设

高校内设教学、科研单位包括内设行政机构、科研机构和教学单位。现在高校校园网络的建设，除了专题性的网站外，多属于工作平台性质。在这样的架构下，高校内设行政、科研机构的网页建设，多数均没有教育价值取向的内容设计，但在事实上，这些内设机构网页上的内容，作为一种隐性教育资源，也应从教育视角进行建设，使其充分地发挥作用。高校的教学院系，作为教育教学的基层单位，其网页建设的学科专业特色较强，与学生所学专业关联度高，学生关注度高，实际浏览次数多。因此，教学院系网页中的党建栏目、学生工作栏目、团学活动栏目等，也应承载大量的教育资源，成为网络时代高校教育资源的重要阵地。

（三）其他专题性网站建设

在高校开展党建和教育工作的过程中，总会结合一段时间的中心和重点工作建设专题性网站，如在"保持共产党员先进性学习教育""学习实践科学发展观""创先争优""群众路线教育"等活动中，建设保持共产党员先进性教育活动专题网站、学生党员科学发展观学习实践活动专题网站等。在网络时代，这些专题网站建设，应特色鲜明、主题明确、学生集中关注度高，使其成为开展高校教育活动的重要载体、高校教育资源的重要补充。

四、优化资源整合，提高资源利用率

当前优化高校教育资源整合、提高资源利用率，可从以下几个方面入手：

（一）扩大整合主体范围，充分发挥微观资源和宏观资源的作用

1. 从微观资源方面分析

首先，理论课教师应该成为网络教育资源的主要整合者。理论课教师具有丰富的教育理论知识，具有一定的教学经验，熟悉本校及所属地区的教育资源分布情况，熟悉学生的状况，加之熟练掌握网络技术，他们是整合教育资源最合适的人选。

同时，教师本身具有的、知识、经历等，其言行、教学方式等都是重要的教育资源，教师本身是这种资源的拥有者，当然应该是这种资源的整合和利用的主体。其次，学生应该成为开发的主体。现代社会的发展，使得网络成为学生生活中不可缺少的部分，网络在学生之间的交流和学习中所起到的作用变得越来越重要，他们在相互交流的过程中既受到网络所传播的信息影响、也受到对方的影响，他们的经历、生活经验等都成为教育资源，所以，学生不仅是高校教育资源利用的主体，同时，也应该成为整合的主体。

2. 从宏观资源方面分析

高校领导者和教师都应该转变各自为政的，尤其是学校领导的关系到整个学校及校外教育资源的整合，学校领导首先要重视网络教育，只有从上重视，才能谈资源的整合和利用。学校领导是教育决策系统的核心，只有重视教育，才会在制度、规范的制定上有所体现，才会在奖惩等方面进行合理分配，所以，学校领导是制度层面的静态资源的开发者，也是高校教育人力资源的整合利用主体。学校领导也是校内、外资源整合的协调者。网络时代，建立学校、家庭、社会三位一体的教育网络，形成全员育人的局面已是大势所趋。

（二）创新整合模式，实践探索高校教育资源整合

从技术操作层面探索高校教育资源整合模式，有学者提出有"三种整合模式"可供参考。

1. OPAC 整合模式

OPAC 即：Online Public Access Catalog，联机公共检索目录，是高校 OPAC 进行

信息资源整合的最基本方式，值得高校教育资源整合借鉴。OPAC 书目系统资源整合包括馆内资源整合和馆际间的资源整合两种方式。馆内 OPAC 系统资源整合主要指 OPAC 书目住处与其电子全文图书、电子全文期刊、视听资料的对应链接以及书刊与其评论信息、来源信息的对应链接。学生检索到书目信息后，可以立即阅读书刊的全文，还能浏览与之相关的文字、音频、视频等资源。馆际间 OPAC 系统资源整合主要是通过执行 Z39.50 协议，聚合不同平台上的异构 OPAC 数据库，建立书目整合检索系统。整合后，学生只需通过一个 OPAC 系统界面即可检索到相关教育的 OPAC 资源。这里的"Z39.50"协议是一个对于整合数字信息资源有重要意义的计算机网络协议，它在信息资源的整合中正在发挥着越来越大的重要作用。

2. 跨库检索的整合模式

由于不同的数据库有着不同的编码结构和表达方式，每个数据库使用的检索技术和数据存放格式不同，各数据库以不同的检索界面呈现给学生，学生要掌握这些检索系统的使用方式并非易事。因此，对不同的教育资源数据库的信息资源进行整合，构建同一个检索平台，实现多数库的跨库检索。跨库检索的实现机制，就是学生登录到同检索界面提交用户名和密码，指定检索配置，包括提交检索词，选择要检索的数据库和站点、检索方式等，然后提交选择，系统调用每一个选定的数据库和站点，并把检索表达式转化成系统可识别的表达式，让每个数据库自主完成检索过程，数据库返回的是包含有相应记录信息的静态页面。同时，系统还要对各静态页面进行格式转化以及信息解析工作，提取所需要的信息，转化成统一的格式，最后再对检索的记录进行整合排序，把整合好的统一结构的记录提供到统一的检索界面。

3. 指引库建设的整合模式

在网络教育资源整合过程中，要把杂乱庞杂的信息资源整合成用户易于接收的形式提供给学生，就必须开发出具有二次信息检索功能的指引库。但指引库实际上只是采用超文本技术建立的虚拟数据库，从物理上并不存储各种实际的信息资源，但学生通过对其的访问却可以检索到有关教育的实际资源，即它可以指引学生到特定的网址获取所需要信息。指引库的建立首先要搜索相关网站，这种搜索可以采取自动搜索技术、用户登录和手工查找等方式，然后集成相关站点的相关页面信息和数据库信息，确定检索体系以及所使用的检索语言，同时建立各种索引，例如关键词索引、分类索引等，最后建立便于用户使用的人机检索界面，可使用户直接点击或浏览所要查询的主题。

（三）有效运用资源，增强高校教育的效益

1. 适用人力资源

人力资源是从事高校教育的专兼职人员。整合网络所提供的高校教育资源，需要有专门的队伍进行专门的研究和操作。要增强教育的效益，首要的还是必须充分发挥好人力资源的优势。

2. 善用财物资源

财物资源是构成高校教育所需要的物力和财力的各种成分的总和。高校教育的网站建设和技术维护都要依赖于具体形态的物力资源，也离不开高校教育的经费投入与支持。物力资源与财力资源一起在高校教育过程中起着一种物质基础和支撑作用。因此，必须确保资源投入的总量与实际需要相适应。

3. 活用文化资源

网络教育内容是教育文化资源整合的结果，没有教育文化资源就没有教育内容，教育也就无从谈起。教育文化资源越丰富，教育内容的选择性也就越广越充实。因此，我们要善于借助网络技术，大力开发整合教育的文化资源，为其教育内容改革提供充足来源。

（四）以校内资源为中心，优化整合校际资源

各高校的教育资源各有所长，应该在整合利用本校资源的基础上，优化整合校际资源，促进资源共享。网络的发展为高校教育资源共享提供了可能。首先，加强校际合作，促进教师资源共享。教师资源共享形式多样，可以互聘教师、交流教育经验、跨校选课、进行远程教育等。其次，加强校际资源共享，创造新的资源。各高校教育资源的整合主体具有各自的和智慧，在校际合作情况下，不仅可以整合利用本校资源，还可以利用外校资源，从而可能产生新的想法，形成新的资源。最后，建立以中央网站为中心的高校教育网络平台。可以建立以中央网站为枢纽、各高校教育网站为支撑的网络系统，共同组成网站网络，自己作为网络的子系统，可以共享其他网站的资源，这既体现了统一性，又体现了多样性。

五、建立健全管理体制，为资源整合提供保障

（一）要整合好传统媒体与新型媒体资源

加拿大传播学者迈克·卢汉提出："报纸是人体的延伸，广播是耳朵的延伸，电视是视力、听力的同时延伸。"以此，网络则是报纸，广播，电视等传播媒体的延伸。高校校园媒体在高校文化建设，特别是高校教育中的作用是通过它的导向性和影响力来实现的，而这种导向性和影响力又要通过校园媒体的整合和延伸来实现。因此传统媒体承担校园宣传工作的首要因素当之无愧。在网络技术高速发展的今天，网络已经成为我们生活的主流媒体，它不仅对学生的学习和生活产生重大影响，而且在高校教育中所起到的作用也越来越显著。

无论是传统媒体还是新型媒体，每一个媒体都有对自己的定位，即对自身传播的性质、任务、传播对象的规定。如何充分利用各个媒体的资源，充分发挥各个媒体的传播优势，以达到最佳的教育效果，是高校媒体联动和整合的主要目标。

因此，我们要整合好传统媒体与新型媒体资源，通过极强的视觉吸引力和声音感染力，充分发挥两者在高校教育中的作用。

（二）要实行管理模式的变革

高校的媒体管理工作多由学校党委宣传部或共青团组织、学生工作部门以及学生社团负责，这体现出高校媒体运作中的把关性和操作主体的学生化倾向，学生在校园媒体中的主动权在提升，这一趋势有其存在的必要性和合理性。但在网络时代，文化多元、信息激增、受众兴趣和选择方式日益多样化，如果一味固守现有管理模式，势必影响到高校教育资源的进一步优化整合。因此，高校校园媒体有必要实行管理模式的变革，实质性的变革措施就是依据校内各大媒体形态已经基本完备的现实状况，组建校内媒体的综合管理协调部门，统一负责全校各种媒体的有机配合和协调运转，从而形成校内新闻宣传的整体系统合力，打破以往高校报纸校园广播、电视或校园网络分别由多个部门分散管理、各自为战的格局。只有这样，高校媒体才有可能获得一个较有利的、有序、有效的发展空间，并依托其中，扬各自优势，避各自不足。目前我国许多高校已在实践探索中组建起了能较好地实现上述功能的校园传媒统一管理机构"新闻中心"，有了这个机构，党委宣传职能部门对媒体的管理相应转变为对媒体传播内容上的必要指导和要求，相关具体运作则交由新闻中心去实施，从而实现真正意义上的宏观舆论调控。这样，高校校园媒体传播就

可以获得更多的、能遵循自身运作规律的发展空间，为其顺应时代发展争取到一个较为有利的环境。例如将各媒体的新闻资料综合起来由负责报纸的媒体编辑出版报纸，由负责网络的媒体发布网上新闻，由负责广播的媒体播出一些时事的新闻，由负责电视的媒体制作视频新闻。新闻中心负责新闻采写和平衡协调各媒体，新闻中心的采编人员在熟悉全面工作的前提下，具体负责某项工作，从而使媒体整合的广度和深度得以延伸。新闻中心的运作可以有效地解决稿件的综合处理、相互传递、技术手段、时间差等问题，统一策划和采访新闻、撰写通稿、编排版面，制作节目等相互配合、相互补益，使理论和实践更好地相结合。即是说，整合后，新闻中心的采、编、播、制作、管理、发行等工作融为了一体，成为统一的信息集散地。

（三）要建立健全运行管理的相关制度

高校校园传媒主管部门要统一制定媒体运行、管理的一系列规章制度，保证校园传媒工作的制度化和规范化，以制度建设推动教育资源整合。首先，重视队伍建设，突出专业化，通过建立人才引进制度，规定校园传媒的用人标准和选拔程序，保证通过竞争选拔专业知识牢固、专业技能扎实的新闻传播人才。其次，建立一套完整的工作制度和纪律，制定校园传媒传播工作中的具体行为规范。再次，建立培训制度，定期和不定期举办业务培训班，以提高校校园传媒工作队伍的实际工作能力。从次，建立绩效考评制度，定期对校园传媒工作者的工作进行考核，对在宣传工作中表现突出的，给予奖励和表彰。最后，强化网络监控，有效引导网络舆论等基本内容，从而为高校教育资源整合提供保障。

六、加大投入，为资源整合提供支撑

加大资金投入，增加高校教育资源的总供给量。如果没有相应的资金投入，是难以取得所需要的教育资源的。一些地方教育资源储备较为丰富，但整合利用不够，其原因常常是缺乏必要的资金投入。因此必须加大投入，以增加高校教育资源的现实供给量。随着经济的发展，国家应加大高校教育投入比例，并且要有计划地逐年增加；地方应结合本地经济发展状况和教育发展需要进行投入，制订切实可行的投入计划，保证投入到位；每个单位应根据自身教育活动开展情况来加大投入，进一步完善网络技术硬件建设，为高校教育资源的有效整合提供资金支撑。

参考文献

[1] 费孝通 . 论人类学与文化自觉 [M]. 北京：华夏出版社，2004.

[2] 刁生富，李香玲，等 . 网络舆情与教育创新 [M]. 北京：知识产权出版社，2020.

[3] 葛荃 . 中国文化教程 [M]. 北京：高等教育出版社，2006.

[4] 李秋芳主编 . 廉政文化建设理论与实践 [M]. 北京：中国社会科学出版社，2011.

[5] 邵景均 . 新中国反腐败简史 [M]. 北京：中共党史出版社，2009.

[6] 冯刚 . 改革开放以来高校教育发展史 [M]. 北京：人民出版社，2018.

[7] 冯刚 . 教育研究热点年度发布 2019[M]. 北京：团结出版社，2020.

[8] 骆郁廷 . 教育原理与方法 [M]. 北京：北京师范大学出版社，2020.

[9] 沈壮海 . 教育有效性研究 (第三版)[M]. 武汉：武汉大学出版社，2016.

[10] 朱维东 . 新时代意识形态研究 [M]. 北京：人民出版社 ,2018.

[11] 张志丹 . 意识形态功能提升新论 [M]. 北京：人民出版社，2018.

[12] 李萍 . 意识形态问题研究 [M]. 南宁：广西人民出版社，2018.

[13] 崔家生 . 网络教育研究 [M]. 济南：山东画报出版社，2016.

[14] 李超民 . 新时代提升网络教育话语权研究 [M]. 北京：人民出版社，2020.

[15] 张瑜 . 教育视域下校园社交网络传播圈研究 [M]. 北京：清华大学出版社，2020.

[16] 徐建军 . 学生网络教育理论与方法 [M]. 北京：人民出版社，2010.

[17] 唐亚阳 . 网络教育学 [M]. 北京：人民出版社，2016.

[18] 吴满意，景星维，唐登云 . 网络教育理论前沿问题研究 [M]. 成都：四川大学出版社，2019.

[19] 翟中杰 . 网络教育过程导论 [M]. 北京：人民日报出版社，2000.

[20] 张再兴，等 . 网络教育研究 [M]. 北京：经济科学出版社，2009.

[21] 赵惜群主编 . 网络教育理论与实践研究 [M]. 长沙：湖南大学出版社，2012.

[22] 陈少平主编 . 高校网络教育研究 [M]. 北京：中国书籍出版社，2015.